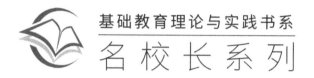

基础教育理论与实践书系

名校长系列

新课程改革背景下的学校发展研究

许子栋◎主编

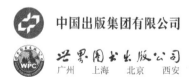

中国出版集团有限公司

世界图书出版公司

广州　上海　北京　西安

图书在版编目（CIP）数据

新课程改革背景下的学校发展研究 / 许子栋主
编 . —广州：世界图书出版广东有限公司，2024.1
ISBN 978-7-5232-1108-3

Ⅰ . ①新… Ⅱ . ①许… Ⅲ . ①高中—学校管
理—研究 Ⅳ . ①G637

中国国家版本馆CIP数据核字（2024）第023311号

书　　名	新课程改革背景下的学校发展研究
	XINKECHENG GAIGE BEIJING XIA DE XUEXIAO FAZHAN YANJIU
主　　编	许子栋
责任编辑	华　进
装帧设计	传欣设计
出版发行	世界图书出版有限公司　世界图书出版广东有限公司
地　　址	广州市海珠区新港西路大江冲25号
邮　　编	510300
电　　话	020-34203432
网　　址	http://www.gdst.com.cn
邮　　箱	wpc_gdst@163.com
经　　销	新华书店
印　　刷	广东虎彩云印刷有限公司
开　　本	787 mm × 1 092 mm　1/16
印　　张	16.75
字　　数	303千字
版　　次	2024年1月第1版　2024年1月第1次印刷
国际书号	ISBN 978-7-5232-1108-3
定　　价	62.00元

本书编委会

主　编　许子栋

副主编　蔡金海　余昕蓓

编　委　岳绍龙　李荣庆　陈　绪　马雪峰

陈　斌　陈新润　唐海桦　李建卫

宋吉峰　张　诗　邹　玥　卢湘楠

欧阳琦　万炜杰　蔡　芸　彭荣清

刘小菊　姜志莲

序　言

我从事教育事业36年，先在内地重点高中工作，经过十年的磨炼和成长期，懂得了什么是教学和怎样上好一节高中政治课。后来我调到内地教研室当教研员5年，经常去学校听课和指导老师上课，因此，懂得了怎么做教研和怎样抓教学质量管理。

2002年8月，我调入深圳，正值全国第八次新课程改革的兴起。2004年2月，在当时学校科研处叶德卫主任（现为龙岗区教育局副局长）的支持和领导下，我率先在龙城高中开发高中文科综合校本课程"龙岗走向城市化"，带领一批老师和学生到社区、街道参观，从事社会实践活动，把学习的空间和场所拓展到社会和生活实际，把学校的小课堂与社会的大课堂关联起来。学生通过参观、走访，亲身感受社会生活的变迁，用所学的政治、经济、历史、地理、人文知识去分析有关社会现象，感悟农村城市化改革的必然，并为社会治理和社区建设提出自己的建议。20年前的这次尝试，在今天看来，无论是在理论层面的研究还是在实践层面的探索上，都有不完善的地方。但这段经历告诉了我，什么是课程开发，怎样去开发校本课程。同时，在龙城高中的这段课改经历，放在今天的新课程改革的背景下来看，的确还有一些借鉴意义。比如，当下正在流行学科项目化学习、跨学科学习等，实际上，从课程育人的角度，应当走向综合化、实践性。今天我们提倡的这些新型教学方法与学习方式，跟20年前的文科综合的教学实践如出一辙。

2018年后，随着高中新课程方案和新课标的颁布，我在布吉高级中学副校长的岗位上推动了学校的课程改革。经过4年的探索和实践，我建构起布吉高中课堂教学的新范式——"三动（生动、活动、灵动）课堂"，九大文化学科均提出了本学科的教学方法。2022年12月，由我主编的《走向深度学习的"三动"高效课堂》一书由东北师范大学出版社正式出版。该书近50万字，反映了我校的教学改革，把布吉高中的课程改革推到了一个新高度。在进行课堂教学改革的同时，我深知，没有学校系统的改革和保障支持，教学改革难以为继。因此，这几年，我还在学校推动了一系列的改革和探索，比如不断完善布吉高中的课程体系，大力推动学校教学评价的改革。目前，"九段论教学评价"已初见成效。同时我还借助自己教研员的经验积累，完善学校的校本教研，推动教师的专业发展，特别是年经教师的培养工程，促进了梯队教师的培养和发展，不断提升教师的课程开发力和新课程的胜任力。

我在推动学校教学改革的过程中，每一步都不是那么顺利和简单。要让教师做出改变——从思维到行为的改变，十分不易。改革过程中，既要得到校长的支持，还要赢得大多数人的拥护；既要吃透政策和上级文件，还要学习相关理论和前沿知识；既要做好顶层设计，还要找到实施路径；既要做好示范和表率，还要善于提炼和总结。

过程虽然艰辛，但我感到收获很大：一是促进了学生的成长（比如2022届高考，100人过特控线、75%的本科上线、9人纯文化过600分）；二是促进了教师的专业发展（近几年教师的业务竞赛和获奖人数及比例在区内排第二）；三是提升了学校的办学水平和教育教学质量（2022年学校获得深圳市教育工作先进单位，龙岗区仅有2所学校，公办高中仅此一家获此殊荣）。我没想到，在我退休之前，还能干点事情，而且是为学生的发展、教师的发展和学校的发展。当然我不会把这些功劳都记在自己的头上，没有学校的支持、没有师生的配合，这么艰巨的任务是不可能完成的，我在其中，充其量只是起了个发动、带头、摇旗呐喊的作用。

20多年的课改经历，本人积累了一些经验和做法，现总结出来，或许能给他人和同行们一点点启发。课改没有完成时，教改永远在路上！愿我们在教改的路上笃定前行，不断取得新成果！

许子栋

2023年10月6日

目 录

▶▶ 第一部分
新课程改革背景下的学校办学与发展

　　党的二十大报告指出，教育是国之大计，党之大计。进入新时代，人民群众对美好生活的向往是我党的奋斗目标，教育是最大的民生工程。从国务院出台《关于深入推进义务教育均衡发展的意见》，到"十三五"规划提出"提高质量、促进公平、优化结构"等一系列战略任务，再到党的二十大提出"加快建设高质量教育体系"的重要任务，是基础教育阶段每所学校必须回答好并实践好的重大议题。面对世界百年未有之大变局和中华民族伟大复兴战略全局，学校教育应满足新时代对人才培养的要求，创办"老百姓家门口的好学校"，办人民满意的教育。学校应该以办学理念为引领，推进教师队伍建设，统摄学校制度和文化建设，推动"双新"实施课程改革，改进学校管理和治理模式，从而推动学校朝着优质化、特色化方向发展，成为新型优质化学校。这应该成为学校管理者的价值追求和使命担当。

第一章 学校办学理念的提炼

办学理念是校长基于"办什么学校、做什么教育、培养什么人"的深层次思考的理性回答。从某种意义上说,办学理念是学校生存理由、生存动力、生存期望的有机构成,是学校的灵魂所在,是办新型优质学校首先要解决的问题。

一、我国学校的历史演变

何谓"学校"?这个熟悉而又陌生的概念,要给它一个准确精练的概念,揭示它的深刻内涵和广泛的外延,还真不是一件容易的事情。

结合古今中外学者的不同说法,我们认为:学校是由专职人员和专门机构承担的有目的、有系统、有组织的,有计划的以影响受教者的身心发展为直接目标并最终使受教育者的身心发展达到预定目的的机构。

其实,就这个"学校"的定义而言,这是现代人对所谓"学校"内涵的基本界定。应该说这个定义还是相当精练和准确的。不过,要深入研究学校的内涵与本质,我们还需要厘清我国学校发展的大致历史脉络。

据有关教育学者考证:人类最初的教育活动与人类的生产、社会生活是融为一体的。早期的教育,我们的祖先主要是通过言传身教来传授知识、技能的。随着语言文字的诞生与社会的深入发展,特别是生产力水平的显著提高、物质财富的不断增加,社会的分工越来越细,一些人就可以从繁重的体力劳动中脱离出来,专门从事脑力活动;随着语言文字的不断丰富和发展,各类初级的音乐、舞蹈、绘画、雕塑、建筑等艺术样式也在劳动中诞生了。这样,独立的教育机构——早期的"学校",便孕育而生了。学校的出现标志着人类教育活动进入一个自觉而有序的历史时期。

原始社会后期,我国就有了专门对青少年进行教育的特殊场所,这就是"学校"的萌芽，也就是早期的学校。孩童、青少年在这里接受一些简单的知识与基本技能的训练，学习做人的道理与生存的能力，参加各种劳动和社会生活，如建筑房屋、耕种、收获、照看牲畜等，学习唱歌、跳舞、游戏等，学习礼仪和行为规则等。

西周称学校为"辟雍"，是少数奴隶主贵族读书的场所。古代的学校称为庠、序、学、校、塾等。学校在开始产生时并不都是专门的教育机构，而是兼为习射、掌握基本生活技能和劳动技能的场所。

到了西汉时，我国的学校迎来了全新的发展。当时，学校分中央和地方两种。朝廷在中央设太学，是当时的最高学府，大致相当于今天的"大学"。地方置学宫，相当于现在的幼稚园、小学、初中、高中。只不过，当时还没有分得这么细，基本是"一条龙"，颇有"大杂烩"的意味，学校人数很少，规模很小，开设的课程更少，基本上是社会科学，几乎没有开设现代意义的"自然学科"。

到了唐朝，办学达到古代极盛时期，学校分类更细，开设的课程种类相对较多。

明清时的学校基本承袭隋唐，但科举制的发展使学校成为科举制的附庸和装饰品。

清末，开始兴办近代教育。清光绪二十八年（1902年）的《钦定学堂章程》中称学校为"学堂"。到了1907年，新式学堂逐渐遍设各地。

辛亥革命以后，新学制将"学堂"改称"学校"，并一直沿用至今。

19世纪末20世纪初，辛亥革命元老、中国现代教育奠基人何子渊、丘逢甲等有识之士开风气之先，排除顽固势力的干扰，成功创办新式学校。随后清政府迫于形势压力，对教育进行了一系列改革。

1905年末颁布新学制，废除科举制度，并在全国范围内推广新式学堂，西学逐渐成为学校教育的主要内容。它们已经具备了现代学校的基本属性与本质内容，可以说是现代学校的雏形，标志着我国现代学校的诞生。

1949年，中华人民共和国成立后，中国建立了全新的教育体系，普通民众及其子女普遍获得了受教育的机会。

改革开放以来，中国的教育事业蓬勃发展，初步形成多层次、多形式、学科门类基本齐全的教育体系。人们接受学校正规教育的机会更多了。九年制义务教育基本普及，青壮年文盲率大大降低；中等职业教育为国家培养了大量适用人才；高等教育发展迅速，已形成规范的本科教育、硕士研究生和博士研究生教育体系。

就我国目前的学校而言，学校教育主要包括学前教育、小学教育、初等教育、中等教育和高等教育。这个属性决定了我国的学校类型主要分为五种：幼儿园、小学、初中、高中和大学。

通过以上历史的追溯与探究，我们不难发现："学校"，其实就是人们为了更好地学习、成长和发展而设立的一种社会组织形式。它不仅是一个传授知识、技能的地方，更是一个培养人的品格、价值观、人生观、世界观和社会责任感的重要场所。从社会角度来看，学校是社会的基石，它为社会培养和输送各类人才，推动社会的发展和进步。学校不仅为学生提供知识教育，更重要的是为学生提供综合素质的培养，主要包括思维能力、创新能力、团队合作能力、探究学习能力等方面的增强与提升。从个人角度来看，学校是个人成长和发展的重要阶段。在学校里，学生不仅可以学到各种知识和技能，更重要的是形成正确的人生观、价值观、世界观和社会责任感。学校教育对于一个人的职业生涯和人生发展也有着深远的、不可替代的巨大影响。然而，当前我国的学校教育也存在一些问题。例如，过于注重考试成绩，忽视了学生的综合素质培养；教师的教学方法单一，缺乏创新性和趣味性；校园文化缺乏多样性和生动性，无法满足不同学生的不同需求等。因此，我们认为学校应该更加注重学生的综合素质培养，提高学生的创新能力和社会责任感。同时，学校也应该提供更加多样化的课程和活动，满足不同学生的差别需求。此外，学校还应该注重校园文化建设，营造一个积极向上、和谐包容、共生发展的校园环境。总之，学校是社会和个人发展的重要场所，它的重要性不言而喻。我们应该重视学校教育，努力提高教育质量，为学生的未来发展奠定坚实的知识、本领、生存能力的基础。

综上所述，现代意义上的学校，在我国也就不过短短两百多年的历史，尽管在前一百年，我国的学校发展极其缓慢，办学观念明显带有封建时代的浓郁色彩，但经过历代先贤的努力抗争与苦心经营，我国的各级各类学校还是取得了前所未有的发展。中华人民共和国成立以后特别是改革开放以来，我国的各级各类学校更是取得了长足发展，基本上实现了与国际上发达国家的学校接轨的办学目标，极大地满足了个人、国家和社会发展的需求。

二、办学理念的内涵与外延梳理

一所学校，无论是幼儿园，还是小学、初中、高中，抑或是大学，无论办学历史有多久、学生有多少、规模有多大、层次有多高，在办学的过程中，总要有一个办学精神来统摄学校的过去、现在和将来的发展，即一所学校总要有自己的办学理念。

理念在本质上就是一种精神。办学理念其实就是一所学校的办学宗旨、办学精神。不过这种说法不够理性、严谨、周密、科学，过于简单，目前没有得到学界特别是教育界的普遍认可。

我们认为，理念是概念、观点、观念或思想及其价值追求的复合体。从这个意义上，理念就是一整套概念体系或观念体系。而办学理念是学校成员对学校的理性认识、理想追求及所持教育观念的复合体，是学校自主建构起来的总体的办学指导思想。在欧美和我国港澳地区，这种指导思想有时直接被称为学校教育哲学，也就是我们所说的"办学理念"。

三、办学理念的价值与意义

有学者指出："办学理念是建立在对教育规律和时代特征深刻认识基础之上的，它必须回答'学校是什么''学校具有什么使命''学校在现代教育体制下发挥什么作用'等基本问题。"

简而言之，办学理念就是学校的教育理想和信念，是学校办学的行动指针。从这种意义上来说，办学理念不是一个抽象的概念，更不是一个响亮的口号；不是一种僵化的教育模式，更不是一种时髦的教育政策。办学理念既是学校精神内涵的精准折射，是学校文化的积淀，也是学校所在地域背景的准确反映，更是社会与时代发展的理想升华。

有鉴于此，我们认为：办学理念是一所学校办学历史的积淀，是学校发展现状的高度概括，是全体教师的一种美好愿望，是对莘莘学子的一种永久期待，是学校办学思想、办学模式、教学方式、育人模式的智慧总结与升华。办学理念对内是一个纲领，是一种凝聚力，一种向心力；对外是学校的一面旗帜，是学校核心竞争力的体现，更是一所学校的面子和品牌。所以，我们可以把办学理念与学校的办学目标、办学模式、办学特色、校训校风等区分开来，赋予它更加深刻、丰富、凝练的本质内涵。

一所学校，是否有与时俱进的办学理念很大程度上决定了学校的性质、模式与存在的价值，是学校能否持续发展的命门，是一所学校办学的发展动力、价值导向和生存保障。正因如此，许多人把办学理念视为学校发展的灵魂和命脉，是一所学校区别于另一所学校的重要标志。办学理念是学校的生命线，是学校持续发展的基础和前提，是一所学校成功办学的关键。

四、办学理念的特有属性

如前文所述，办学理念在学校的发展过程中，具有极其重要的价值和意义。那么办学理念究竟有哪些特殊属性呢？笔者结合当前教育领域里的理论实际和自己20年的艰辛实践与探索，总结如下：

（一）办学理念的第一属性——精神性

办学理念的本质是精神层面的，属于学校的上层建筑部分，是学校文化的精神领袖，是形而上的哲学。办学理念是学校办学的理想、信念、价值观，是学校成员对学校精神类各文化要素的提炼、概括与升华，是用来指引学校建设、教育教学和教研管理、培育学生等活动的最高价值标准，是学校发展的核心、灵魂和指针。它不是学校具体的工作原则、策略或方法，而是学校全体成员的办学理想、信念、愿景的具体体现，是学校成员对于学校的教育、教学、管理、专业发展、人才培养模式等工作的价值追求与精神寄托。正因如此，"精神性"成为办学理念的第一属性。

（二）办学理念的第二属性——战略性

办学理念的"战略性"一般指的是在办学过程中，学校要有一个比较长远的思想指针，也就是对学校发展有一个长远而又可持续发展的指导原则。"战略性"不是一件事、一个步骤，也不是一个具体的行动，而是长期以来为获得成功而采取的许多措施的集合体。"战略性"在于系统、全面地思考问题，能够把握学校的全面发展，对学校的发展趋势有全局性的预见、统领与指引。

办学理念对学校发展具有举足轻重的作用。这种作用，既有近期的、中期的，也有长期的，具有特殊的"战略性"。

符合当地实际的先进的办学理念，不仅有利于教师的专业发展、学生的健康成长，更有利于学校的长远利益，是学校立于不败之地的精神长城。

（三）办学理念的第三属性——独特性

学校的性质不同，种类不同，层次不同，特色不同，地域不同，时代不同，形式不同，因此学校的办学理念也应该因时而化，因势而变，赋予其不同的精神内涵与文化价值。

　　每一所学校都要依据自己的地理位置、办学历史、种类、层次、定位等因素，制订出自己的办学理念。既要考虑法律、路线、方针、政策等，更要考虑学校的教师、学生、职工等群体的切身利益，在多方听取意见、广泛讨论、多次论证的基础上，提出符合学校实际和长远发展的具有"独特性"的办学理念。

（四）办学理念的第四属性——概括性

　　学校办学理念是学校文化的核心，是学校文化体系中多种文化要素的高度概括和凝练。在用具体的语言表述学校办学理念时，该语言必须高度概括，简单、明确，学校成员和学校所在社区的多数人士能够比较快地理解，不容易产生歧义。在含义丰富、深刻的同时，还要语言优美，读起来朗朗上口、易记。如果不能够把学校文化大体系中比较重要的文化要素凝练进来，如果不够通俗、多数人不易看懂，如果在理解方面容易产生较大的歧义，都不是提炼得很好的办学理念。

　　办学理念是一种高度概括的语言形式，它可以是几个字，如北京大学的办学理念就是"兼容并包，学术自由"，区区八个字，简单明了，朗朗上口，把北京大学博大的情怀、追求学术自由的精神和校园文化的内涵充分表达出来了，为北大的发展奠定了坚实的基础。直到今天，北京大学的办学理念仍然闪烁着智慧的光芒，成为北京大学的精神圭臬。又如清华大学的办学理念"自强不息，厚德载物"，也是简简单单的八个字，却准确而又高度地概括了培养清华学生全面发展和社会责任感的重要性，言简意赅，字字千钧。再如布吉高级中学的办学理念"让每一个学生都体验成功"，也只有区区的十一个字，虽然比清华、北大的办学理念多了三个字，在文化内涵上也远远不及后两者，但还算是简明扼要的育人箴言，教师、学生乃至社会各界人士对此的接受度都比较高，因此一直沿用至今，已经有二十八个年头了。

　　我们再来看看深圳市其他名校的办学理念。深圳外国语学校高中部办学理念：爱国、求知。深圳中学办学理念：敢为人先，学术见长。深圳市平冈中学办学理念：全人教育。这些学校的办学理念都是高度"概括性"的典型，可谓"英雄所见略同"。

（五）办学理念的第五属性——引领性

　　学校文化，有不同的界定。目前，最流行的学校文化，可以大致分为精神文化、制度文化、物质文化、教学文化、管理文化等。在众多文化中，学校精神文化对于学校制度文化、物质文化具有统摄作用。在学校精神文化中，一般包含了学校办学理念、办学使命、办学目标、办学要略、办学特色、学校精神、校训、三风（校风、教风、学风）、教育信条、管理思想与基本的管理方法、学校形象（组织形象）定位和人员形象定位、师生誓词、学校宣言等。

从以上分类中，我们不难发现在学校精神文化中，办学理念无疑是其中的核心，是所有学校文化中的总纲领。学校的办学目标、办学使命、办学特色、制度建设、校园建设、教学模式、课堂组织、课外活动等都要紧紧围绕办学理念来组织实施。

学校的办学理念必须在一定程度上体现出国家和与学校有关的各利益主体对于学校、教育、教育的核心价值观的理解，显性或隐性地包含国家教育方针中的核心思想，要能够间接地、概括地、抽象地回答办学目标、办学要略、办学特色、学校精神、校训、三风等是什么的问题。

办学理念的特殊性和重要性，决定了学校决策者在提炼办学理念时，必须站在时代的高度、国家的高度、民族的高度和社会的高度，审时度势，高瞻远瞩，千思万虑、千锤百炼地去概括出具有"引领性"的办学理念，从而在某个相对长远的时期，引导学校各种文化的全面建设和健康发展。办学理念，不说一百年不过时，至少是五十年不过时，才能充分昭示办学理念的"引领性"。

（六）办学理念的第六属性——渗透性

学校办学理念是学校工作的灵魂和学校发展的指针。它不仅指导着学校的教育教学工作和学生的健康成长，还影响着学校的整体文化氛围和发展方向。然而，许多学校在办学过程中往往忽视了办学理念在学校工作中的渗透性，导致学校的各项工作缺乏连贯性、有效性和前瞻性。从学生的角度来看，学校的办学理念应该以学生为中心，关注学生的个体差异和全面发展。如果学校只注重考试成绩和升学率，而忽略了学生其他方面的发展，那么这样的办学理念只会让学生失去学习兴趣，同时也影响了学生的综合素质发展。从教师的角度来看，学校的办学理念应该以教师为基础，重视教师的专业发展和工作生活的综合平衡。如果学校只注重教学成绩和科研成果，而忽略了教师其他方面的发展，那么这样的办学理念只会让教师失去对工作的热情和动力，同时也影响了教师的教学水平和教学效果。从管理角度来看，学校的办学理念应该以管理为保障，注重学校的规范化、制度化和民主化的建设。如果学校只注重眼前的利益和功利性的成果，而忽略了学校的整体规划和长远发展，那么这样的办学理念只会让学校失去社会认可和信任，同时也影响到了学校的可持续发展。总而言之，学校办学理念应能渗透到学校的德育、教学、管理、校本科研、社团活动、校园人文环境建设等各种活动之中，从而引领各种活动的开展。因此，学校应该注重办学理念在学校工作中的渗透性，从学生、教师和管理等多个角度出发，制订全面、协调、可持续的发展策略。同时，学校也应该注重培养学生的创新精神和综合素质，打造具有特色和活力的校园文化，为学生的成长和发展提供更好的平台和更多的成长机会。

（七）办学理念的第七属性——相对稳定性

办学理念的相对稳定性，指的是学校在办学过程中，其办学理念、办学目标、办学方式、办学成果等方面，在一定时期内保持相对稳定的状态。这种相对稳定性对于学校的发展具有重要的作用和意义。首先，办学理念的相对稳定性能够为学校的发展提供一个明确的方向和目标。在学校的发展过程中，会受到各种内外部因素的影响，如果学校的办学理念、办学目标等方面缺乏相对稳定性，就容易导致学校的发展方向不明确，目标模糊，不利于学校的长期发展。而办学理念的相对稳定性，能够使学校在发展过程中保持方向和目标的清晰性和稳定性，从而更好地实现长期发展的目的。其次，办学理念的相对稳定性能够为学校树立品牌形象和特色。学校的品牌形象和特色是其发展的重要标志，而品牌形象和特色的树立需要有一定的稳定性和延续性。如果学校的办学理念、办学目标等方面频繁变化，就难以形成稳定的品牌形象和特色，也不利于学校的长期发展。而办学理念的相对稳定性，能够使学校在树立品牌形象和特色方面保持一定的稳定性和延续性，从而形成更加鲜明、独特的品牌形象和特色。最后，办学理念的相对稳定性能够为学校的可持续发展提供保障。学校的可持续发展需要有一定的稳定性和连续性，而如果学校的办学理念、办学目标等缺乏相对稳定性，就难以保证学校的可持续发展。办学理念的相对稳定性，能够为学校的可持续发展提供一定的保障和基础，使学校在发展过程中保持一定的连续性、稳定性和传承性。

办学理念的相对稳定性对一所学校的发展稳定是非常重要的。这基本上是所有学校的共识。全国许多知名的中学，都非常重视办学理念的相对稳定性。北京四中和南京一中的办学理念在相对稳定性方面就做得非常成功。如，北京四中的办学理念是"以人文本，以发现、培养为宗旨，为学生的成长、成功、成才提供最佳的服务"。这个理念自1998年开始确立，至今已保持了25年。在这个理念的指引下，北京四中成为中国知名的高级中学之一，为国家培养了大量的优秀人才。再如，南京一中的办学理念是"让学生快乐地学习，教师幸福地工作"。这个理念自2007年开始确立，至今已经保持了16年。在这个理念的指引下，南京一中也在不断进步，办学质量飞速提升，逐渐成为江苏省一所知名的重点中学。这两个学校的办学理念都保持了相对稳定的一段时间，并且在这期间不断得到完善和发展。办学理念的这种相对稳定性不仅有利于学校的长远发展，也有利于学生的成长和教师的成就感。因为只有在相对稳定的办学理念下，学校才能够集中精力谋发展，形成自己的特色和文化，才能够为学生提供更好的教育环境和贴心服务。当然，办学理念的相对稳定性并不意味着办学理念就必须一成不变。随着时代的变化和社会的发展，办学理念也需要不断地适应和更新，从而更加适应学校的当下与未来。但是，这种改变和更新必须在一定的时间内保持相对的稳定性，不能够频繁地改变，否则会给学生教师、学校、社会各界带来不必要的困惑和混乱。因此，办学理念的"相对稳定性"是非常重要的。学校应该在确立办学理念时进行充分考虑和论证，并且在使用这个理念时尽量保持其稳定性和连续性。只有这样，学校才能够实现长远的发展目标，确保学生的健康成长。

综上所述，办学理念的相对稳定性对于学校的发展具有重要的作用和意义。学校应该保持办学理念、办学目标等方面的相对稳定性，从而为学校的长期发展、品牌形象和特色的树立、可持续发展的保障提供有力的支撑。

五、办学理念的类型

办学理念是学校教育的基础，是学校办学的灵魂和指导原则，对于学校的办学质量和可持续发展意义非常重大。它决定了学校的教育目标、教育方式和前途命运。就我国学校目前的办学现状而言，办学理念可谓百花齐放，可以分为多种类型，包括以培养学生全面素质为主的全人教育理念，以就业为导向的职业教育理念，以及关注学生个性化发展的个性化教育理念等。具体而言，我们可以将办学理念大致分为以下四种类型：

（一）以学生为中心的办学理念

这种理念强调学生的全面发展，注重学生的个性、兴趣和潜能的发挥，以培养具有创新精神和实践能力的高素质人才为最终目标。

（二）以教师为中心的办学理念

这种理念注重教师的专业发展和教育教学能力的提升，强调教师的创新和实践能力，以培养具有高素质、高水平和高质量的教师队伍为最终目标。

（三）以社会为中心的办学理念

这种理念强调学校教育的社会责任感，关注社会发展和需求的变化，以培养符合社会需求的高素质人才为最终目标。

（四）以学术为中心的办学理念

这种理念注重学术研究和学术创新，强调学校的学术水平和学术影响力，以培养具有创新精神和学术素养的高素质人才为最终目标。

南京师范大学附中的办学理念是"全人教育，出类拔萃"。这是一种以培养学生全面素质为主的全人教育理念。学校注重学生综合素质的培养，不仅关注学生的知识学习，还注重学生的心理、体育、艺术、品德、人格等方面的发展。这种办学理念对于学生的全面成长和未来发展具有很大的参考价值和指导意义。

华南师范大学附属中学的办学理念是"以人为本，素质为先"。这是一种以关注学生个性化发展为主的个性化教育理念。学校注重学生的个性和兴趣爱好，鼓励学生自主选择课程和学习方式，注重培养学生的创新能力、探究能力和实践能力。这种办学理念对于学生的个性化发展和未来发展也具有很大的指导性和前瞻性。

深圳中学的办学理念则是"建设具有国际视野的未来学校"。这是一种注重创新和未来的教育理念。学校注重培养学生的创新精神和实践能力，注重国际教育和交流，努力为学生提供更好的学习和成长环境。这种办学理念对于学生的未来发展和国际视野的培养也具有很大的价值。

以上事例充分说明：不同的学校有不同的办学理念，但都有一个共同的目标，就是培养出更好的学生人才和教师人才。我们认为，学校的办学理念要因地制宜，根据学校的历史、文化、地理位置等因素来制订，同时也要注重创新和未来发展的需要考虑，为学生提供更好的学习环境和成长环境。

一句话，不同的办学理念类型有不同的教育目标和教育方式，学校应该根据自身的实际情况和需求，选择适合自己的办学理念，以实现学校的健康发展和学生的全面发展。

六、办学理念的提炼、形成

(一) 办学理念的提炼

提炼办学理念，是学校发展不可或缺的一环。办学理念是学校的灵魂，是学校发展的指导思想，是师生共同奋斗的目标和方向。那么，如何提炼办学理念呢?

第一，我们需要深入了解学校的历史和文化。每个学校都有自己的历史和文化，这是学校独特的特点和优势。提炼办学理念，需要深入挖掘这些历史和文化，将其转化为学校发展的优势和动力。第二，我们需要明确学校的定位和目标。学校要有明确的定位和目标，才能更好地制订办学理念。定位和目标是学校发展的方向和基础，也是师生共同奋斗的目标和方向。第三，我们需要考虑社会和时代的需求。学校是社会的一部分，必须适应社会和时代的需求，制订符合社会和时代发展的办学理念。第四，我们需要注重实践和行动。办学理念不能只停留在口头上，需要将其转化为实践和行动。只有通过实践和行动，才能更好地体现办学理念的价值和意义。

总之，提炼办学理念需要深入了解学校的历史和文化，明确学校的定位和目标，考虑到社会和时代的需求，注重实践和行动。只有这样，我们才能制订出符合学校发展、符合社会和时代需要的办学理念，引领学校走向更加美好的未来。

(二) 办学理念形成的要素与机理

办学理念，是关乎一所学校存在与发展的核心价值观，是关于教育教学的理念、目的、方法等教育基本问题的深层次思考。形成办学理念，需要从以下几个方面进行思考：一是要建立教育信仰。办学理念需要有一种教育信仰的支撑，这种信仰应该是关于教育的理性信念，是对于教育本质及其价值的坚定认同。只有具备教育信仰，才能真正理解并坚守办学理念。二是要基于学校实际。办学理念应基于学校的历史、地域、文化等实际，从学校的实际情况出发，反映学校的特色和需求，这样才能更好地为学校的发展服务。三是要关注学生发展。办学理念的核心应在于促进学生的全面发展，注重学生的个性、兴趣、能力、品德等方面的培养，以培养出具有创新精神和实践能力的新时代人才为目标。四是要强调教师素质。办学理念中要重视教师的综合素质提升，注重教师的专业发展和教育教学能力的提高，同时也要关注教师的职业发展和生活状态，为教师提供良好的工作环境和成长平台。五是要追求教育质量。办学理念应注重教育的质量，要以高标准、高品质的要求，追求教育的卓越，不断改进和创新教育教学模式，提高教育教学的质量和水平。

一言以蔽之，形成办学理念需要建立教育信仰、基于学校实际、关注学生发展、强调教师素质、追求教育质量等方面进行思考。只有真正理解并坚守办学理念，才能为学生的全面发展提供更好的教育服务，为学校的发展注入新的活力。

（三）办学理念形成的主要步骤

办学理念是学校的灵魂，是学校发展的指引灯塔。要提出和提炼办学理念，需要经过以下几个步骤：一、明确学校定位。首先需要明确学校的定位和目标，包括学校的类型、层次、办学目标、服务对象等，这些因素决定了办学理念的方向和内涵。二、梳理学校历史。了解学校的历史、传统和文化，梳理出学校的优势和不足，为提出和提炼办学理念提供历史和文化积淀。三、分析时代背景。了解时代发展的趋势和需求，分析社会、经济、科技、文化等环境的变化，为办学理念的提出和提炼提供时代背景和社会基础。四、整合凝聚共识。学校领导和全体师生要共同参与、讨论、研究、协商，形成共识，确定具有代表性、独特性的办学理念。五、表述与宣传。将办学理念用简洁、明了、富有感染力的语言进行表述，并通过多种渠道进行宣传，使全校师生深入理解、共同遵循。

在办学理念的形成方面，成都四中、东庐中学和金陵中学都是很好的例子，为我们提供了很好的借鉴。

成都四中既是成都市的著名重点中学，也是四川省的重点中学。成都四中的办学理念是"以人为本、民主治校、科学管理、质量兴校"。这种理念体现了对人的尊重和治理学校的民主制度，同时强调了科学管理和质量的重要性。这种理念的实施可以激发教职员工的积极性和学生的动力，从而推动学校的发展。

江苏省著名的东庐中学的办学理念是"以人为本、以学定教、注重发展、追求卓越"。这种理念强调了学生的主体地位，关注学生的学习需求和特点，注重培养学生的能力和发展，追求卓越的教学质量和教育效果。这种理念的实施可以促进学生的学习和成长，提高学校的教育质量和知名度。

金陵中学的办学理念是"全人教育、追求卓越、开放创新、服务社会"。这种理念强调了全面发展和卓越成就的重要性，同时注重开放创新和社会服务。这种理念的实施可以培养学生的创新能力和社会责任感，提高学校的社会认可度和影响力。

综上所述，这三所中学的办学理念都是非常优秀的。虽然办学理念不同，但都强调了人的主体地位和教育质量的重要性。对于其他中学来说，可以借鉴它们的办学理念，结合自身特点和发展需求，形成自己的办学理念，从而推动学校的全面发展和提高教育质量。

七、提炼办学理念要注意的几个问题

提炼办学理念是学校教育中非常重要的一环，它不仅代表着学校的核心价值，也指引着学校的发展方向。因此，办学理念的提炼也需要注意一些问题，以避免出现一些负面清单。

首先，提炼办学理念要避免过于笼统。一些学校把办学理念定义得过于宽泛，缺乏具体的指向性，导致理念无法真正落实到实践中。办学理念需要具有可操作性，能够指导学校的具体行动。

其次，提炼办学理念要避免过于功利化。一些学校为了追求短期的利益，忽视了学生的长远发展和教育的本质，这样的办学理念不仅有违教育的初衷，也会损害学生的利益。办学理念需要注重学生的全面发展，以培养优秀的人才为最终目标。

再次，提炼办学理念要避免过于陈腐。一些学校的办学理念过于老套，缺乏时代感和创新性，无法吸引学生的关注和社会的认可。办学理念需要具有时代特征，要与当前的社会发展和教育趋势相符合，不断地更新和升级。

最后，提炼办学理念要避免空洞。一些学校的办学理念缺乏实质性内容，无法引起师生的共鸣和认同。办学理念需要具有鲜明的特点，能够真正地反映出学校的核心价值和精神风貌。

下面以华师附中（指华中师范大学龙岗附属中学，下同）、黄冈中学、洋思中学、衡水中学的办学理念为例，看一看优秀中学的办学理念具有哪些优缺点，以供借鉴。

华师附中的办学理念可以概括为"以学生为本，以教师为根，以文化为魂"。

（1）以学生为本是华师附中的核心办学理念之一。学校一切教育活动都要以学生的发展为中心，注重学生的全面发展和个性发展，通过各种方式和手段激发学生的学习兴趣和潜力，培养学生的创新能力和实践能力，为学生成长为未来社会的优秀人才奠定坚实的基础。

（2）以教师为根是华师附中的另一重要办学理念。教师是学校最宝贵的资源，是学校发展的关键。华师附中注重教师的专业发展和培训，鼓励教师不断学习和创新，提高教学水平和教育质量，为学生提供更好的教育服务。

（3）以文化为魂是华师附中的办学理念之魂。学校注重校园文化建设，通过文化传承、文化创新和文化交流，营造良好的校园文化氛围，培养学生的文化自信和国际视野，为学生成为具有全球视野和文化交流能力的优秀人才提供保障。

综上所述，华师附中的办学理念"以学生为本，以教师为根，以文化为魂"体现了学校注重学生和教师的共同发展，注重校园文化的建设和发展，是一个具有前瞻性和可持续性的办学理念。在未来的发展中，华师附中应该继续坚持这一办学理念，不断创新和改进，为我国教育事业的发展做出更大的贡献。

而黄冈中学、洋思中学、衡水中学的办学理念，我们认为它们有着不同的特点和重点。

（1）黄冈中学的办学理念是"以人为本，以学为纲，因材施教，全面发展"。这句话强调了学校要关注学生的个体需求，注重学生的自主学习和能力提升，通过个性化的教育方式，实现学生的全面发展。

（2）洋思中学的办学理念是"以德为先，以人为本，以学为主，以质为魂"。这个理念强调了德育的重要性，认为学生的品德培养应该放在首位，同时也要关注学生的主体性和自主学习能力，注重学生的综合素质发展，以高质量的教育培养学生的未来竞争力。

（3）衡水中学的办学理念是"尊重个性，挖掘潜力，一切为了人的发展"。这句话强调了学校要尊重学生的个性差异，注重学生的潜能开发，通过多样化的教育方式，实现学生的个性化发展。

综合来看，这三所学校的办学理念都强调了学生的个体需求和自主性，注重学生的综合素质发展和个性化教育。但是，它们的具体实施方式和侧重点有所不同，这也在一定程度上反映了不同学校对于教育理念的不同理解和实践方式。

对四所优秀中学的办学理念，我有一些简单看法：

华中师范大学附中的办学理念在思想内容方面有着独特的之处：注重培养学生的创新能力和实践能力，推崇"自主、合作、探究"的学习方式，鼓励学生自主选择、自主思考、自主探究，从而更好地发掘学生的潜能。这种注重学生自主性的思想内容，让学生在学习中充分发挥自己的主观能动性，从而更好地实现自我价值和自我实现。

在艺术形式方面，华师附中的办学理念也表现出了高水准：办学理念简洁明了，富有逻辑性，让人易于理解和接受。同时，该办学理念还具有强烈的感染力和吸引力，能够让人们产生强烈的共鸣和认同感。这种艺术形式的优点，让人们更加愿意去接受和践行华师附中的办学理念。

黄冈中学、洋思中学、衡水中学的办学理念在思想内容方面也有很多可取之处。例如，它们都注重培养学生的综合素质和能力，注重学生的全面发展，强调学生的实践能力和创新精神。这些优点也值得我们学习和借鉴。但是，在艺术形式方面，这些学校的办学理念可能就没有华师附中那么简洁明了、富有逻辑性了。它们可能更加注重表达学校的特色和文化内涵，但是缺乏一定的感染力和吸引力，让人感觉有些平淡无奇。因此，这些学校可以在艺术形式方面进行一些改进和提升，让自己的办学理念更加具有感染力和吸引力。

综上所述，华师附中的办学理念在思想内容、艺术形式方面都具有很多优点，值得我们学习和借鉴。其他学校可以在自己的办学理念中注重思想内容的表达和艺术形式的提升，从而更好地推动学校的发展和学生的成长。

在我们看来，学校应该根据自身的特点和优势，制订适合自己的教育理念和实施方案，以实现学生的全面发展和个性化教育。同时，学校也应该不断反思和改进自己的教育方式和方法，以适应时代和社会的发展需求，为学生的未来发展打下坚实的基础。

总之，提炼办学理念需要避免过于笼统、功利化、陈腐和空洞等问题，注重学生的全面发展，具有时代特征和实质性的内容，能够真正反映出学校的核心价值和精神风貌。只有这样，我们才能制订出优秀的办学理念，指引学校向着更高、更远、更大的目标奋勇迈进。

第二章　如何提升学校的管理质量和水平

学校管理是一项非常重要的工作，涉及学校的日常运作和长远发展。学校管理的主要目标是提高教育质量，为学生提供更好的教育环境和学习体验。为了实现这一目标，学校管理者需要采取一系列有效的管理措施。

首先，学校管理者需要制订明确的管理政策和规定。这些政策和规定应该涵盖学校的各个方面，包括教学、学生管理、科研、人事、财务等。同时，这些政策和规定应该与国家的法律法规相符合，确保学校的合法性和规范性。

其次，学校管理者需要建立完善的管理机制和组织结构。这些机制和结构应该确保学校的各项工作能够有序进行，各部门之间的沟通和协作能够顺畅有效。同时，学校管理者还需要加强对学校各项工作的监督和管理，确保学校的各项工作能够得到有效的落实和执行。

此外，学校管理者还需要加强对学校师资队伍的管理和建设。教师是学校教育质量的核心，他们的专业素养和教育水平直接关系到学生的学习效果和教育质量。因此，学校管理者需要采取一系列措施，包括提高教师的待遇和福利、加强对教师的培训和管理、建立完善的教师评估机制等，以提高教师的专业素养和教育水平。

可以说，学校管理是一项非常重要的工作，没有管理，就没有学校。学校管理者要采取一系列有效的管理措施，包括制定明确的管理政策和规定、建立完善的管理机制和组织结构、加强对学校师资队伍的管理和建设等，以提高教育质量和学生学习的体验。

以下本人就如何提升学校的管理质量与办学水平谈一谈自己的浅见。

一、学校管理概念的内涵及分类

学校管理指学校领导者通过对学校各种事物进行计划、组织、领导、控制和创新的系列活动，以实现学校教育目标的过程。也就是学校管理者在一定社会环境条件下，遵循教育规律，采用一定的手段和措施，带领和引导师生员工，充分利用校内外的资源和条件，有效实现工作目标而进行的一种组织活动。

学校管理是由管理者、管理手段和管理对象三个基本因素组成的。学校的管理者主要是指学校的正副校长以及各个职能部门的负责人员，此外也包括学校的教职员工。学校的管理手段主要包括学校的组织机构和规章制度。学校管理对象是学校的人、财、物、事（工作）、信息、时间和空间等，是学校管理活动的客体或被管理者。

学校管理是一项重要的工作任务，不仅关系到学校教育教学水平的提高，也影响着学生的成长和发展。

从管理学的分析角度来看，学校管理可以分为以下几个方面：

（1）教学管理：教学管理需要制订合理的教学计划，安排优秀的教师，提供完善的教学资源，监督教学质量，确保学生的学习效果。

（2）学生管理：学生是学校的重要组成部分。学生管理需要制订规范的管理制度，加强学生的思想教育，帮助学生解决学习和生活中的问题，提高学生的综合素质。

（3）人力资源管理：学校领导者需要重视人力资源的管理。需要制订科学的人力资源规划，选聘优秀的教师，培养有潜力的人才，建立完善的人才激励机制。

（4）财务管理：学校需要进行合理的财务管理，制订科学的预算，合理使用资金，确保学校的经济运行。

（5）安全管理：学校需要建立完善的安全管理制度，确保师生的人身安全和财产安全。

（6）学生管理：学生管理是学校所有管理的核心。学校作为教育机构，其核心目的是培养人才，而这个目的的实现，很大程度上取决于学校如何有效地进行学生管理。

第一，学生管理在学校管理中有着极其重要的地位。学校是一个复杂的系统组织，其中最活跃、最富有变化性的元素就是学生。学生的行为习惯、思想观念、自我管理等方面，都是学校培养人才的重要内容。有效的学生管理能够帮助学校维护良好的教育环境，提高教育教学质量，进一步促进学校的良性发展。

第二，学生管理对于学生的成长发展也至关重要。学生在学校不仅需要学习知识，更要学习如何成为一个有道德、有责任感、有担当的人。通过有效的学生管理，学校可以引导学生树立正确的价值观和人生观，培养学生的自我管理和团队协作能力，提高学生的综合素质和社会适应能力。

那么，如何进行有效的学生管理呢？我认为，这需要从以下几个方面着手：

（1）建立健全的学生管理制度。学校应该建立一套完善的学生管理制度，明确学生的权利和义务，制订合理的行为规范和纪律要求，使学生有章可循，有规可依。

（2）重视学生的思想教育。学生管理不仅是行为上的管理，更是思想上的引导。学校应该注重对学生进行思想教育，培养学生的爱国情怀、社会责任感和职业道德，引导学生树立正确的人生观、价值观和世界观。

（3）加强学生心理健康辅导。学生在成长过程中会遇到各种心理问题，学校应该建立健全的心理健康辅导机制，及时发现和解决学生的心理问题，帮助学生健康成长。

（4）丰富校园文化活动。校园文化活动是培养学生综合素质的重要途径，学校应该组织多样化的校园文化活动，让学生在参与中锻炼能力、增长知识、提升素质。

在进行学生管理时，学校还需要注意以下问题：

（1）要以生为本。学生是学校的核心，所有的管理制度和方法都应以学生为中心，关注学生的需求和发展，尊重学生的个性和差异，以实现学生的全面发展和提升。

（2）要注重引导和激励。对于学生的行为和思想，学校应该以引导和激励为主，惩罚为辅。通过树立榜样、奖励优秀等方式，引导学生形成正确的行为习惯和思想观念，提高自我管理和自我约束能力。

（3）要注重家校合作。家长是学校教育的重要合作伙伴，对学生的成长有着不可忽视的影响。学校应该加强与家长的沟通与合作，共同关注学生的成长，及时发现和解决学生在家庭、学校和社会中遇到的问题。

（4）要注重持续改进。学生管理工作是一个持续不断的过程，需要根据学生的变化和社会的发展不断调整和完善。学校应该定期收集学生、家长、教师等各方面的反馈意见，及时调整管理策略，以适应不断变化的教育环境。

学生管理是学校管理的核心，具有重要的地位和作用。为了提高学校管理水平和学生综合素质，我们需要从建立健全的学生管理制度、重视学生思想教育、加强心理健康辅导、丰富校园文化活动等方面着手，同时注重以生为本、引导和激励、家校合作和持续改进等问题。只有这样，才能培养出更多优秀的人才，为社会做出更大的贡献。

综上所述，学校管理是实现学校教育目标的重要活动，需要从多个方面进行管理和创新：学校领导者需要注重人力资源管理和财务管理，选聘优秀的人才，充实教职工队伍；合理使用资金，好钢用在刀刃上，充分发挥资金的力量；管理者一定要发挥主观能动性，运用现代管理理念与管理手段，充分调动全体教职员工的积极性与创造性，以提高学校的综合实力和竞争力；同时注重学生管理和安全管理，关心学生的成长和发展，确保师生的安全和学校的健康发展。

二、学校管理的价值及意义

学校管理在学校教育中扮演着重要的角色。它的作用不仅在于维护学校的正常秩序，还能够帮助营造良好的学习环境、工作环境与生活环境，提高教育教学质量和办学水平。

（一）学校管理的作用在于维护学校的正常秩序

学校是一个相对封闭的环境，学生和教职员工需要在规定的时间内完成规定学习任务和的工作任务。学校管理通过制定各种规章制度，确保学生和教师的行为符合规范，保证学校的各项活动有序进行。如果学校没有有效的管理，那么学校的秩序就会混乱，学生的学习和成长也会受到影响。

（二）学校管理有助于营造良好的学习环境

学校管理不仅关注学生的学习成绩，还关注学生的综合素质和全面发展。在学校管理的引导下，教师可以更好地完成教学任务，学生可以更好地学习知识、发展技能。同时，学校管理还注重校园文化的建设，通过开展各种文化活动、实施各种文化政策，营造良好的校园文化氛围，为学生提供更好的学习环境和成长空间。

（三）学校管理有助于提高教育教学质量

学校管理的目标是提高学校的教育教学质量，使学生更好地发展和成长。学校管理通过各种方式实现这一目标，例如制订教学计划、优化教学内容、改进教学方法等。同时，学校管理还注重教师的培训和发展，提高教师的教学水平，促进教师专业发展，从而为学生提供更好的教育服务。

总之，学校管理在学校教育中具有重要的作用和意义。它不仅有助于维护学校的正常秩序，还有助于营造良好的学习环境，提高教育教学质量。因此，学校管理者应该充分重视学校管理，努力提高管理水平和管理艺术，为师生的全面发展和健康成长提供更好的教育服务。

三、学校常设机构的职能及存在的问题

我国学校内部的常设部门包括办公室、德育处、教学处、教务处、科研处、总务处、安全办、财务室等。这些部门在学校的日常运转中发挥着重要的作用，但是也存在着不少问题。

我国学校内部的常设机构及其职能是一个非常复杂的话题。这些机构在学校的日常运作中起着非常重要的作用，同时也需要在法律和法规的框架内行使部门的管理职能。

首先，我们需要了解学校常设机构的具体职能。这些职能通常包括教学管理、学生管理、财务管理、人力资源管理等。这些职能在学校内部起到了非常重要的作用，能够保证学校的正常运转和教育教学活动的正常开展。

在我国目前的中小学校中，各个常设部门都扮演着非常重要的角色，它们的作用是不可或缺的。在此，我们根据自己的管理实践和经验，对学校的办公室、德育处、教学处、教务处、科研处、总务处和安全办等职能部门进行简单概述。

学校办公室是学校的行政中心，负责协调和管理学校的日常事务。学校办公室的作用在于为学校提供管理服务和支持，使学校能够正常运转。例如，学校办公室负责协调各部门的工作，处理学校的文件和资料，管理学校的财务和资产，以及与家长、社会各界进行沟通和联系。这些事务虽然看似琐碎，但却是学校正常运转的基础。

德育处是负责学生思想教育、品德教育和行为管理的部门。德育处的作用在于为学生提供全面的思想教育和品德引导，帮助学生树立正确的世界观、人生观和价值观。例如，德育处组织开展班会、团队活动、志愿服务等丰富多彩的活动，让学生在实践中感受道德、践行道德，提高学生自身的品德素养。

教学处是负责教学计划、教学管理和教学评估的部门。教学处的作用在于为学校提供高质量的教学服务，确保教学质量和水平的稳步提升。例如，教学处制订教学计划和教学大纲，组织教师进行课程开发和教学资源建设，开展教学评估和教学质量监控，为教师提供培训和指导，帮助学生实现全面发展。

教务处是负责学生学籍管理、课程安排和考试管理的部门。教务处的作用在

于为学生提供有序的学习环境和良好的学习体验。例如，教务处负责安排学生的课程和考试，组织开展各种学科竞赛和文艺比赛等活动，为学生提供丰富的学习资源和良好的学习环境。

科研处是负责科研管理、学术交流和学术成果转化的部门。科研处的作用在于为学校提供高水平的科研支持和学术氛围，推动学术成果的转化和应用。例如，科研处组织开展科研项目和课题研究，为教师提供科研经费和设备支持，组织学术交流和学术讲座活动，推动学术成果的发表和应用，提升学校的学术影响力和竞争力。

总务处是负责学校后勤保障、物资管理和环境建设的部门。总务处的作用在于为学校提供良好的后勤保障和服务，确保学校各项工作的顺利开展。例如，总务处负责管理学校的食堂、宿舍、医疗室等设施，维护校园环境卫生和绿化，提供各种物资和设备保障，为学校各项工作的开展提供有力的支撑。

安全办是负责学校安全管理、突发事件处置和安全宣传教育的部门。安全办的作用在于为学校提供安全稳定的校园环境和安全保障，确保师生的生命财产安全。例如，安全办负责制定学校安全管理制度和应急预案，组织开展安全宣传教育和演练活动，加强校园安全巡查和隐患排查，及时处置各类突发事件，为学校各项工作的顺利开展提供安全保障。

住校部是负责学生住宿管理的。我国的初中、高中、大学通常都设有住校部，一些地方的中心小学也设有住校部。住校部的职能是多样化的，不仅仅局限于管理学生宿舍，更涉及学生生活的方方面面。首先，住校部是学生宿舍的管理者，负责安排和分配宿舍资源，确保学生能够安全、舒适地生活在宿舍里。其次，住校部还要负责监督和管理宿舍的清洁、安全和维修工作，确保学生生活在一个干净、安全的环境中。第三，住校部宿管是学生生活的指导者，要对学生进行生活教育，教授生活技能，帮助学生更好地适应学校生活。第四，住校部还要为学生提供心理咨询和就业指导等服务，帮助学生解决心理问题和就业困惑。第五，住校部是学生纪律的维护者，要维护宿舍纪律，确保学生能够按时作息，遵守学校规章制度。第六，住校部还要协助学校对学生进行思想教育，引导学生树立正确的价值观、人生观和世界观。第七，住校部是学生活动的组织者，要组织各种形式的活动，丰富学生的课余生活，培养学生的兴趣爱好和团队协作精神。第八，住校部还要为学生提供各种文化、体育、艺术等课外活动，让学生全面发展。总之，学校住校部是一个综合性职能部门，我们应该充分认识到住校部的重要性，积极支持其工作，共同维护学生健康、和谐的生活环境。

综上所述，学校各个常设部门的作用都是不可或缺的。各个部门相互协作、相互支持，共同推动学校各项工作的开展。在未来的工作中，我们应该进一步重视各个部门的作用，加强协调和管理，为学生提供更加优质的教育和服务。

我国学校经过上百年的发展，其内部机构的设置非常科学，分工具体而明确，然而，我们也需要看到我国学校的常设机构也存在一些非常严重的问题和弊端。

（1）学校内部的部门设置存在重复现象。机构设置过多会导致管理效率低下，浪费资源，影响教学质量。例如，教学处和教务处都有负责学生课程和考试的相关职能，财务室和学校各处室都有相似的预算管理任务。这种重复设置不仅浪费了学校的资源，还可能导致相互之间的推诿和矛盾。

（2）学校内部各部门之间的协调不够，一些机构的职能存在重叠和交叉，导致工作重复或者互相推诿。不同部门之间的职责交叉和信息共享不够充分，容易导致工作效率低下和管理成本增加。譬如，教学处和科研处就存在着严重的交叉管理现象，造成职责不清、相互扯皮的想象。

（3）一些部门存在权力过大，缺乏监督和制衡，导致决策不科学、不公正。

针对以上问题，笔者提出以下建议：

（1）精简部门设置，需要明确各机构的职责和职能，避免工作重复和交叉，优化管理流程，提高管理效率。学校可以根据实际情况将一些职能相似或相近的部门进行合并或精简，减少重复设置和资源浪费。

（2）加强部门之间的沟通与协调。学校可以通过定期召开部门负责人会议、建立信息共享平台等方式，加强部门之间的沟通和协调，提高工作效率和管理效率。

（3）建立跨部门的协作机制。学校可以鼓励不同部门之间的人员进行交叉任职、交流学习，培养更加全面的管理人才，促进跨部门的合作和协作。

（4）需要建立有效的监督和制衡机制，保证机构的决策科学、公平、公开、公正。

总之，学校常设机构是学校正常运转和教学质量的重要保障。然而，这些机构也需要进行改革和优化，以提高管理效率、明确职责和职能、建立有效的监督和制衡机制。学校内部的常设部门需要不断优化和改进，以更好地适应学校的发展需要和管理要求。只有这样，学校才能更好地履行其教育使命，培养更多优秀的人才。

四、学校如何提高管理质量和管理水平

学校管理是一个复杂而且重要的任务，它不仅涉及学生的教育，也涉及教师的工作环境和学校的运营。在这个新时代，学校管理需要新的思考和方法来提高

管理质量和管理水平。

学校提高管理质量和管理水平是非常重要的，因为这不仅关系到学校的运行效率，还直接影响到学校的教育质量和学生的成长。

要提高学校的管理质量和管理水平，我们需要从以下几个方面着手。

（一）建立健全学校的各项规章制度

这是提高学校管理质量和管理水平的重要手段。规章制度是学校管理的基础，是保证学校各项工作有序、高效运行的关键。学校需要根据实际情况制定科学、合理、完善的规章制度，明确各个岗位的职责和权利，使学校的管理工作有章可循，有据可查。

（二）建设一支精干的管理队伍

这支队伍应该具备高效的管理能力、良好的协调能力、敏锐的洞察力和决策能力。他们需要不断学习先进的管理理念和方法，不断优化学校的管理流程，提高管理效率。

（三）建设一支高水平的教职工队伍

教职工特别是教师是学校教育工作的主体和核心力量，他们的素质和能力直接关系到学校的教育质量和学生的健康成长。学校要特别注重教职工的专业发展，他们是学校最重要的人力资源，他们的专业发展和工作满意度是学校成功的关键。学校应该为教职工提供持续的专业发展机会以及一个支持性和激励性的良好工作环境。因此，学校需要不断提高教职工的综合素质和综合能力，加强培训和进修，使他们能够更好地履行育人职责。

（四）更好地利用现代信息技术

在当今的信息时代，技术可以为学校管理提供更多的工具和解决方案。例如，学校可以使用数字化平台来提高行政效率，使用在线学习工具来支持个性化学习，使用数据分析来更好地了解学生和教师的表现。

（五）更好地与学生和家长沟通

有效的沟通是建立良好的学校社区的关键。学校应该使用多种渠道与家长和学生沟通，包括面对面的会议、电话、电子邮件和社交媒体等。

（六）学校需要建立良好的学生支持系统

学生是学校培养的对象，更是学校的核心主题，是学校工作的中心之中心，重点之重点，他们的学习和成长是学校最重要的根本任务。学校应该为学生提供个性化的学习支持，包括学术支持、心理支持和职业指导。

总的来说，学校要提高管理质量和管理水平需要从多个方面入手，包括建设精干的管理队伍、高水平的教职工队伍和建立健全的规章制度等。学校管理需要一种综合的方法，将技术、教师发展、沟通和学生支持结合起来，以提供更好的教育和服务。学校应该不断改进和创新，以适应时代的变化和满足社区的需求。只有这样，学校才能够更好地履行教育职责，为学生的成长提供更好的保障。

五、名校是如何提高管理质量和管理水平的

在前面的四个部分，我们着重论述了学校管理的内涵、价值、作用以及如何提高管理水平、管理质量。下面，我们想列举几所全国著名重点中学的管理案例，来看一看它们是如何提高管理质量和管理水平的。

（一）成都七中

成都七中是一所历史悠久、教育质量高的名校。该校一直致力于提高管理质量和管理水平，取得了很好的成绩。笔者简单归纳了一下成都七中提高管理质量和管理水平的四个方面的做法：

（1）建立了一整套科学的管理制度。成都七中在管理上有着严格的规定和制度，从学生管理到师资管理，都有一套完整的体系。这种科学的管理制度可以保证学校的正常运转，提高教育教学水平。

（2）非常重视管理人员的培训。管理人员的培训包括班主任、辅导员、行政人员等。通过培训，七中的管理人员掌握了先进的管理方法和技能，提高了管理艺术和管理水平。

（3）在长期的办学实践中，与家长建立了良好的家校关系。成都七中非常重视与家长的联系和沟通，成立了全国最早的家长委员会。学校通过家长会、家长信、微信公众号、钉钉群等方式，及时了解家长的意见和建议，促进家校合作，共同推进学生的成长。

（4）营造了良好的校园文化氛围。成都七中注重校园文化建设，通过各种文

化活动和社团组织，培养学生的自我管理能力和团队协作精神，让学生自觉遵守校规校纪，形成良好的校风校貌。

（二）北京师范大学附属中学

北京师范大学附属中学也是全国非常著名的学校，不仅以教育质量高而闻名教育界，也以管理好、质量优在全国赢得了良好的口碑。在学校管理方面，北师大附中至少给我们提供了四点启示：

（1）重视管理制度的建设。在长期的办学实践中，北师大附中建立了完善的管理制度，明确了各项规章制度，让管理人员和教师都有明确的职责和权限。同时，北师大附中极其重视制度的执行，确保制度的有效性和权威性。

（2）重视教师的培训。学校全方位、多渠道提高教师的专业素养和管理能力，通过定期组织培训、分享会等方式，让教师不断学习和成长，全力以赴提升教师的教育教学水平和管理能力。

（3）建立了完善的信息管理系统，实现了教育的信息化管理。学校通过信息化手段，更加高效地管理了学生、教师、课程等方面的信息，提高了管理效率和管理水平。

（4）注重校园文化建设，营造良好的校园氛围。学校通过开展各种文化活动、课外活动等方式，增强学生和教师的凝聚力和归属感，提高学校的整体管理水平。

总而言之，北京师范大学附属中学从建立完善的管理制度、加强教师培训、建立完善的信息管理系统、注重校园文化建设等方面入手，不断更新管理理念，不断创新管理方法，不断提高管理人员的素质和能力，以适应不断变化的教育教学环境和社会发展需求。

（三）深圳中学

深圳中学作为深圳市最著名的高中，无疑是一所备受瞩目的学校。它的学校管理方法值得我们深入探讨和学习。

（1）管理模式高度制度化。深圳中学建立了一套完善的管理制度，确保了学校的日常运行和学生的正常学习。同时，深圳中学也注重对制度的解读和执行，让学生和教师都明确了各自的责任和义务。

（2）注重学生的全面发展。深圳中学不仅关注学生的学业成绩，还重视学生的体育、艺术、科技等多方面的能力培养。学校提供了丰富的多样的课程和活动，满足学生不同的学习需求。

（3）提倡开放和包容的管理理念。学校鼓励师生之间、学生之间的互动和交流，鼓励他们发表不同的观点和意见。这种开放的态度，使得学校能够更好地了解学生和社会的需求，从而做出更符合实际的决策。

（4）注重培养学生的创新和实践能力。学校设立了各种实验室和创意工坊，鼓励学生进行探索和实验。这些创新实践，不仅帮助学生掌握了知识，更培养了他们的创新精神和解决问题的能力。

总的来说，深圳中学的学校管理，既注重制度化，保证学校的正常运行，又注重学生的全面发展，培养他们的综合素质。同时，学校十分开放和包容，鼓励学生的创新和实践。这样的管理方式，无疑给我们提供了很好的学习和借鉴的榜样。

（四）红岭中学

红岭中学是深圳市福田区重点中学。最近几年，这所中学崛起的速度非常快。目前，红岭中学在深圳市民心目中的地位仅次于深圳市传统意义上的四大名校——深圳中学、深圳外国语学校、深圳实验学校、深圳高级中学。其实力远超深圳其他十多所市属高中。如此赫赫有名的高中，其学校管理又有哪些特点和优势呢？作为深圳教育观察者，我们认为深圳市福田区红岭中学的学校管理特点有以下几个方面：

（1）有着非常严格的管理制度。从学生入学开始，学校就制订了非常详细的管理规定，包括作息时间、课堂纪律、学生行为规范等，确保每个学生都能在学校规定的时间内完成各项任务，并保持良好的学习状态。同时，学校对于教师的教育教学方法也有着严格的要求，确保每个教师都能按照学校的要求进行授课，提高教学质量。

（2）注重学生的全面发展。除了学习成绩外，学校还非常注重学生的体育、艺术等方面的培养，定期开展各种课外活动和比赛，让学生能够在不同的领域得到发展，提高学生的综合素质。

（3）注重家校合作。学校与家长之间有着非常良好的沟通，定期举行家长会，听取家长的意见和建议，让家长参与到学校的管理和决策中来，增强家长对学校的认同感。

总的来说，红岭中学的管理特点在于注重制度建设、注重学生全面发展、注重家校合作。这些特点为我们提供了一些启示，即在教育管理中，要注重制度建设，确保学校的正常运转；要注重学生的全面发展，提高学生的综合素质；要注重家校合作，增强家长对学校的认同感。

（五）龙城高级中学

近几年，龙岗区龙城高级中学强势崛起。我觉得龙城高级中学的学校管理真的很先进，有很多特色。

（1）学校有一套非常科学的管理制度，确保学校各项工作的有序进行。比如，在学生的管理方面，学校制定了严格的行为规范和纪律制度，确保学生能够保持良好的行为举止。同时，学校对于教师的培训和管理也非常重视，有完整的教学评价和反馈机制，能够保证教师的教学质量。

（2）学校也非常注重学生的全面发展。除了课程学习，学校还设置了丰富的课外活动和社团组织，如艺术、体育、科技等，让学生有更多的机会发掘自己的潜力，发挥自己的特长。这样不仅有助于学生身心健康的发展，也有助于提升学生的综合素质和竞争力。

（3）学校也非常注重家校合作，与学生家长有密切的联系和沟通。学校定期举行家长会、家长讲座等活动，让家长了解学生在学校的学习和生活情况，同时也让家长参与到学校的管理和教育中来。这样不仅有助于提高家长对学校的信任度，也有助于学生的健康成长。

总而言之，龙城高级中学的学校管理非常先进，特色在于注重制度建设、学生全面发展和家校合作。我觉得这样的管理方式非常有利于学生的成长和发展，不仅能够提高学生的综合素质，也能够为学生未来的发展打下坚实的基础。

（六）布吉高级中学

深圳市龙岗区布吉高级中学是一所区属重点高中，学校管理方面有自己的特点。

（1）该校的办学理念是"让每一个学生体验成功"。这充分体现了学校注重学生的个体发展和成功体验，有利于激发学生的学习兴趣和积极性。

（2）学校注重学生生涯规划和阳光德育，这是学校管理的一大特点。学生生涯规划让学生更好地了解自己的兴趣和职业方向，有助于他们在未来的发展中做出明智的选择。而阳光德育则注重培养学生的道德品质和综合素质，让学生成为有责任感、有担当的人。

（3）学校的"课程全，效果佳"也是学校管理的特点之一。学校开设了各种课程，不仅注重知识的传授，还注重学生实践能力和创新精神的培养。这些课程的效果得到了良好的体现，学生的学习成果和综合素质都得到了显著提高，真正实现了低门槛进、高水平出的办学目标，让每一个学生真真实实地体验到了成功的喜悦。

这些特点有助于学生的综合素质提高和个人发展。布吉高中是一所值得关注和推荐的优秀学校。

纵观以上名校的办学案例，我们不难发现它们的一些共性规律。它们都重视从制度、人员培训、家校关系和校园文化等方面入手，提升学校的管理质量和管理水平，从而确保了学校的稳定发展和高质量的教育教学水平。

六、我国学校管理普遍存在的问题

笔者认为，我国学校管理中存在的弊端主要有以下几个：

（一）管理过于集中化

学校管理层在决策时往往过于集中化，缺乏对基层的关注和参与。这导致基层管理者和教师缺乏自主性和创新空间，无法根据实际情况做出更加适合的决策。

（二）管理缺乏科学性

学校管理应该是一门科学，需要运用科学的方法和工具来进行研究和分析。但是，很多学校管理缺乏科学性，管理者缺乏专业知识和技能，导致管理效果不佳。

（三）管理体制不健全

学校管理需要有一套完整的体制，包括人员管理、财务管理、学生管理等等。但是，很多学校管理体制不健全，导致管理混乱、效率低下。

（四）激励机制不完善

学校普遍存在着干多干少一个样、干好干坏一个样，绩效分配搞平均，有能力、有成就得不到奖励与提升等弊病，教师的积极性和创造性没有充分激发出来，严重制约了学校的发展和教育质量的全面提升。

针对以上问题，笔者在此提出以下几点建议：

（1）分散决策权。学校应该赋予基层管理者和教师更多的决策权和自主性，让他们可以根据实际情况做出更加适合的决策。

（2）加强科学管理。学校应该运用科学的方法和工具来进行研究和分析，提高管理的科学性、针对性和有效性。

（3）完善管理体制。学校应该建立一套完整的体制，明确各部门的职责和权利，提高管理的效率和规范化程度。

（4）建立奖惩机制。学校要敢于突破条条框框的束缚，建立学校内部的奖励机制和惩罚机制。多劳多得、优劳优酬，鼓励先进，鞭策落后，对于不称职的教职员工要敢于劝退，优胜劣汰，保持学校的活力。

总之，我国学校管理中存在的弊端需要引起我们的重视和反思。我们需要采取有效的措施，加强科学管理，完善管理体制，提高管理的效率和规范化程度，为学生的全面发展提供更好的制度保障。

七、新世纪，我国学校管理如何与世界接轨

随着新世纪的到来，我国学校管理面临着与世界接轨的严峻挑战。在这个瞬息万变的社会环境中，我们需要深入思考如何提高学校管理的水平，以适应全球化趋势的需要。

要实现学校管理与世界接轨，我认为需要从三个方面进行改进。一是在管理理念上进行创新。传统的管理理念已经无法适应现代社会的发展需求，我们需要更加注重人的因素，充分发挥师生的积极性和创造力。二是加强国际交流与合作。通过与国际学校的交流，借鉴国际先进的管理经验，提高我们的管理水平和质量。三是推进信息化管理。随着信息技术的发展，信息化已经成为学校管理的重要趋势，通过信息化手段提高管理效率和质量，更好地满足学生和教师的需求。

在实施学校管理与世界接轨的过程中，我认为有两点是非常重要的。一是要注重个性化管理。每个学生都是一个独立的个体，他们有着不同的需求和特点，我们需要根据他们的需求和特点，提供个性化的管理和服务。二是要注重可持续发展。学校管理是一个长期的过程，需要不断地进行改进和创新，以适应社会的发展需求。因此，我们需要注重可持续发展，保证学校管理的持续性和稳定性。

总的来说，我们认为要实现学校管理与世界接轨，需要在管理理念、国际交流、信息化管理等方面进行改进，注重学校个性化管理和可持续发展。只有这样，我们才能更好地适应全球化的要求，为学生的成长和发展提供更好的学习环境和成长条件。

第三章　如何形成学校的办学特色

无论什么类型、什么级别的学校，都要有不同于其他学校的内在本质与外在标志，这大概就是我们所说的办学特色。我们在这里想阐释一下关于办学特色的六个方面的问题。一是何谓办学特色；二是办学特色的价值与意义；三是办学特色的共性与个性；四是我国学校办学特色的弊端与表现；五是学校如何形成自己的办学特色；六是我国的办学特色如何与世界接轨。

一、办学特色的内涵

要弄清楚"办学特色"的内涵，我们首先要弄清楚什么是"办学"，什么是"特色"的问题。

所谓"办学"，简而言之，就是"兴办学校"。其实，这种解释是不全面的，也是不符合现代教育学、管理学原理的。按照最新的国际教育理论，现在我们所说的"办学"不仅仅是"兴办学校"，而且还包含了"经营学校""管理学校"等内在含义。也就是所谓的"办学"就是指个人、社会组织或者政府部门等根据所在国家的国情、法律、政策、路线、方针以及社会需要等兴办、经营、管理学校的谋划与手段。

所谓"特色"，则是指"事物所表现的独特的色彩和风格等"。也就是一个事物或一种事物显著区别于其他事物的风格和形式，是由事物赖以产生和发展的特定的具体的环境因素所决定的，是其所属事物独有的"特性"，顾名思义即不同于一般，而是要有所创新、有个性，而且这一个性能够形成传统，代代相传的特有属性与标志。

关于"办学特色"，专家有不同的解读，可谓"仁者见仁，智者见智"。

有人认为：办学特色是一所学校整体的办学思路或者在各项工作中表现出的积极的与众不同之处。

西华师范大学教育科学学院教授张继华认为：办学特色是指学校在长期的办学过程中所表现出来的有别于其他学校的独特办学风格、独到的办学理念以及在人才培养、科学研究、校园文化等方面的特色。

北京师范大学教育学部教授钱志亮则认为：办学特色是指一所学校在发展过程中，根据学校所处地域的历史文化传统、学校发展水平、教育资源配置的状况等，遵循教育规律，发挥本校优势和传统，选准突破口，以点带面，实行整体优化，逐步形成的比较持久稳定的发展方式，具有明显有别于其他学校的办学风格和被社会公认的、独特的个性风貌、优良的办学特征等。它表现为一所学校与众不同的校风、学风、师资水平、学科专业、制度规范、教学与研究方式，培养出与众不同的学生。

各位专家的解读虽然侧重点有所不同，但就其内涵的揭示来看，都是非常全面而又深刻的。

我认为：办学特色是指学校在长期的办学过程中所表现出来的独特风格与独特魅力。它不仅包括学校的历史、文化、传统、师资、设施等方面，也包括学校的办学理念、教育教学方式、课程设置、学生活动等多个方面的综合体现。从学校的角度来看，办学特色是学校在长期办学过程中所积累的独特经验和优势，是学校在市场竞争中的重要砝码。通过"特色"的打造，学校可以更好地吸引学生、家长和社会各界的关注与垂青，提高学校的知名度和美誉度，同时也可以为学校的发展提供强有力的价值认同和精神支撑。从学生的角度来看，办学特色是学校为学生提供的教育教学服务的质量和水平的优劣。学生是学校的核心，也是学校的未来。一所具有特色的学校，必然是以学生为中心，注重学生的全面发展和个性化需求，提供更加优质的教育教学服务。因此，办学特色的打造不仅仅是学校的需要，更是教师的需要、学生的需要和社会的需要。学校应该以学生的发展为根本，注重特色的打造，不断提高教育教学的质量和水平，为学生的成长提供更加优质的教育教学服务。同时，学生也应该根据自己的兴趣和特长，选择适合自己的"特色"学校，接受更加全面的教育和培养，实现自己的全面发展和人生理想。

二、办学特色的价值和意义

办学特色，这是一个非常有价值的概念，它对于学校的发展和学生的成长都具有非常重要的意义。

（1）办学特色能够提高学校的竞争力。在教育市场竞争激烈的情况下，拥有一项独特的办学特色能够让学校脱颖而出，吸引更多的学生和家长。这也就意味着，学校能够获得更多的优质生源和更多的教育资源，从而形成一种良好的循环。

（2）办学特色也能够促进学生的个性化发展。在特色的办学理念和教学模式下，学生能够得到更加全面、深入的培养，他们的兴趣和潜力也能够得到更好的挖掘和发挥。这样，学生就能够更好地适应未来的社会和工作需要，获得更加广阔的个人发展空间。

从以上两个方面来看，办学特色对于学校和学生都具有非常重要的价值和意义。然而，要打造一种有效的办学特色并不是一件容易的事情，需要综合考虑多方面的因素，包括学校的定位、师资力量、学科设置、学生特点等。因此，学校应该根据自己的实际情况，制订出一套适合自己的特色办学方案，并且不断地完善和优化。同时，学生和家长也应该对学校的办学特色进行关注和监督，提出宝贵的意见和建议，共同促进学校的发展和学生的成长。总之，办学特色是学校发展和学生成长的重要因素，它不仅能够提高学校的竞争力，还能够促进学生的个性化发展。因此，我们应该充分认识其价值和意义，积极探索和打造适合自己的办学特色，为学校和学生的发展贡献力量。

三、办学特色的共性与个性

办学特色是学校在长期办学过程中形成的一种具有独特个性和优良传统的教育模式。它不仅反映了学校的教育理念、师资力量、课程设置、教学方法等方面的情况，也体现了学校的文化氛围、校园环境、师生关系等方面的特点。办学特色不仅有利于提高学校的教育质量，也有利于培养具有创新精神和实践能力的高素质人才。

（一）办学特色的共性

1. 坚持以学生为中心

办学特色的核心是关注学生的全面发展，注重培养学生的创新精神和实践能力，强调学生的主体性。

2. 强调学校的文化传统和地域特色

办学特色是在长期的办学过程中逐渐形成的，是学校历史和文化传统的积淀，同时也与当地的文化和地理环境密切相关。

3. 注重课程设置的综合性和创新性

办学特色在课程设置上注重综合性和创新性，注重培养学生的综合素质和创新能力，强调学科之间的交叉融合。

4. 强调实践性和应用性

办学特色注重实践性和应用性，注重培养学生的实践能力和应用能力，强调理论与实践相结合。

（二）办学特色的共性

每个学校的办学特色都不同，具有各自的特点和优势：

1. 学校的历史和文化传统不同

每所学校都有自己独特的历史和文化传统，这是形成办学特色的重要基础。

2. 学校的地理位置和地域文化不同

学校的地理位置和地域文化也会对办学特色产生影响，不同地区的学校在课程设置、教学方法等方面也会有所不同。

3. 学校的师资力量和教学水平不同

学校的师资力量和教学水平也是形成办学特色的重要因素，不同学校在教师队伍、科研实力等方面也会有所不同。

综上所述，办学特色是一种具有共性和个性特点的教育模式，学校应该根据自己的历史和文化传统、地理位置和地域文化、师资力量和教学水平等方面的情况，形成自己独特的办学特色，以提高教育质量，培养具有创新精神和实践能力的高素质人才。

四、我国学校办学特色的弊端

我们认为，我国学校办学特色存在一些弊端。

（1）一些学校为了追求特色，往往会忽略学生的基础知识和基本技能的培养。这样会导致学生缺乏扎实的基础，难以适应未来的发展需求。

（2）一些学校在追求特色时，往往会忽视学生的个性和差异。这样会导致学生缺乏独立思考和创新能力，同时也容易造成学生的心理问题和社交问题。

（3）一些学校在追求特色时，往往会忽视教师的专业发展和培训。这样会导致教师的教学水平和教育理念难以得到提升，无法满足学生的发展需求。

因此，学校在追求特色时，应该注重学生的基础知识和基本技能的培养，注重学生的个性和差异，同时也要注重教师的专业发展和培训。只有这样，才能培养出具有独立思考和创新能力的学生，提高学校的整体教育水平。针对这些弊端，学校在制订办学特色时，应该充分考虑学生的发展需求，注重学生的基础知识和基本技能的培养，同时也要注重教师的专业发展和培训。只有这样，才能培养出具有独立思考和创新能力的学生，提高学校的整体教育水平。

五、学校如何形成自己的办学特色

学校要形成自己的办学特色，需要从多个角度去考虑问题。

（1）要深入分析自身的优势和劣势，找到自己的独特之处，从而确定办学的方向和目标。比如，如果学校在艺术教育方面有很好的资源和师资力量，就可以把艺术教育作为自己的特色之一，并在课程设置、教学理念、活动安排等方面进行体现。

（2）要注重教师队伍的培养和建设。教师的专业素养、教学水平和创新能力是学校形成办学特色的重要保障。学校应该注重教师的培训和职业发展，激发他们的创造力和工作热情，增强他们的专业能力和教学水平。

（3）要注重学生的素质培养和个性化教育。学校应该注重学生的全面发展，不仅注重知识的传授，还要注重学生的素质培养和个性发展。学校可以通过设置多元化的课程、提供多样化的学习方式、开展丰富多彩的课外活动等，为学生提供更加全面的教育服务。

（4）要积极推进家校合作和社会资源整合。学校应该与家长、社区、企业等建立良好的合作关系，充分利用社会资源，为学生提供更加广阔的学习和活动空间。同时，学校还应该与家长保持密切联系，及时了解学生的情况和需求，更好地满足学生的教育需求。

综上所述，学校形成自己的办学特色需要从多个角度去考虑问题，包括自身的优势和劣势、教师队伍的培养和建设、学生的素质培养和个性化教育、家校合作和社会资源整合等。只有全面、系统地考虑问题，才能形成具有特色、符合自身情况的办学模式，更好地为学生的成长和发展服务。

（一）华南师范大学附属中学的办学特色

华南师范大学附属中学的办学特色在于其全面发展和个性发展相结合的教育理念。这所学校注重学生的综合素质培养，不仅关注学生的学术成绩，还注重学生的兴趣爱好和个性发展。学校提供了丰富的多样的课程和活动，包括艺术、体育、科技等领域，让学生有更多的选择和机会发展自己的个性和特长。这种教育理念的形成可以追溯到学校的创办历史。华南师范大学附属中学成立于1952年，是由广东省人民政府创办的一所省级重点中学。学校从创办之初就注重学生的全面发展，提出了"以人为本，因材施教，注重特长，全面发展"的办学思想。随着时代的发展，学校不断更新教育理念，不断丰富和完善自己的办学特色，逐渐形成了现在全面发展和个性发展相结合的教育理念。这种教育理念非常值得借鉴。

（1）它符合现代教育的趋势，注重学生的个性和特长发展，让学生有更多的选择和机会，更好地发挥自己的潜力。

（2）这种教育理念有助于培养学生的创新能力和实践能力，让学生更好地适应社会发展的需要。

（3）这种教育理念有利于学生的身心健康和快乐成长，让学生更加自信、乐观、积极向上。

因此，我们建议其他学校也可以借鉴华南师范大学附属中学的教育理念，注重学生的个性和特长发展，提供更多的课程和活动，让学生有更多的选择和机会。同时，学校也应该注重培养学生的创新能力和实践能力，让学生更好地适应社会发展的需要。在学生的身心健康和快乐成长方面，学校应该注重学生的心理健康，提供更多的心理咨询和支持服务，让学生更加自信、乐观、积极向上。

（二）深圳高级中学的办学特色

深圳高级中学的办学特色是"以人为本，以学立校"。这个特色是在学校长期办学经验的基础上逐渐形成的。

（1）深圳高级中学非常注重学生的个性化发展。学校为学生提供了多种选修课程和拓展活动，让学生可以根据自己的兴趣和特长选择课程，从而激发学生的潜力和创造力。此外，学校还注重培养学生的综合素质，不仅注重学生的学术成绩，还注重学生的品德、体育、艺术等方面的培养，让学生得到全面的发展。

（2）深圳高级中学注重师资队伍建设。学校拥有一支高素质、有爱心、负责任的教师队伍，他们不仅具有丰富的教学经验，还注重不断学习和提高自己的教学水平。学校还为教师提供了多种培训和交流机会，让教师能够不断更新自己的教学理念和教学方法，提高教学质量。

（3）深圳高级中学注重校园文化建设。学校注重营造良好的校园文化氛围，让学生感受到学校的温暖和关爱。学校还组织各种文化活动和社团活动，让学生可以在轻松愉快的氛围中学习、生活和成长。

总之，深圳高级中学的办学特色是以学生为中心，注重学生的个性化发展、综合素质培养和师资队伍建设，同时注重校园文化建设，为学生提供良好的学习环境和成长氛围。

（三）平冈中学的办学特色

平冈中学是深圳市龙岗区的一所著名中学，其办学特色可以从多个角度来分析和评价。

（1）从课程设置来看，平冈中学以"全面育人、整体育人"为宗旨，注重学生的综合素质培养，不仅关注学生的科学文化知识掌握，还注重学生体育、艺术、心理等方面的全面发展。学校开设了各种形式的课程和活动，如体育课程、艺术课程、科技活动、社会实践等，让学生在不同领域得到锻炼和提升。

（2）从教育教学方面来看，平冈中学注重学生的自主学习和思考能力培养，以"启发式教学"为原则，采用多种教学方法和手段，如问题解决、讨论式教学、案例分析等，引导学生主动参与、积极思考、发现问题、解决问题。

（3）平冈中学还注重培养学生的创新精神和创造能力，通过各种科技创新活动、发明比赛、创新课程等，激发学生的创造热情和创新能力。

（4）从校园文化方面来看，平冈中学注重学生的文化建设和文化传承，以"整体育人"为理念，打造了具有自身特色的校园文化品牌，如校园科技文化节、艺术文化节、体育文化节等，让学生在文化氛围中得到熏陶和启迪。

综上所述，平冈中学的办学特色是以"全面育人、整体育人"为宗旨，注重学生的综合素质培养、自主学习和思考能力培养、创新精神和创造能力培养、文化建设和文化传承。这些特色的形成，既有学校的自身积累和发展，也有龙岗区教育部门的支持和引导，以及社会各界的关注和支持。对于其他学校而言，可以借鉴平冈中学的办学理念和做法，结合自身实际情况，努力打造具有自身特色的校园文化品牌，为学生的全面发展提供更好的支持和服务。

（四）布吉高级中学的办学特色及其形成过程

布吉高级中学位于深圳地理中心的大布吉片区，近距离通达地铁三号线大芬站、丹竹头站。学校成立于1995年，2008年被评为广东省国家级示范性高中。校园布局合理，环境优雅，被学生和家长赞为最干净整洁的学校，高考工作年年荣获市、区教育局表彰，是一所名副其实的优质高中。

学校现为独立高中，有60个教学班，学生近3000名，来自深圳各区，并基本实现全寄宿管理。

布吉高级中学的办学特色：艺体特色学校。这是因为在长期的办学实践过程中，布吉高级中学深深意识到创办"艺体特色"有自己的许多优势：

1. 学校历史悠久，实力雄厚

学校1995年创办，用26年的时间实现了由一所薄弱的村镇办学校向国家级示范性高中的跨越，被誉为龙岗区素质教育的典范。2008年，被确立为国家级示范性高中。2012年，被评为广东省书香校园。2013年，被评为深圳市首批素质教育特色学校。2015年，被评为广东省依法治校示范校。2017年，被评为全国校园特色学校。2018年，被评为广东省中小学心理健康教育特色学校。2018年，被国家确立为全国青少年足球特色学校。高考工作年年荣获市、区教育行政部门表彰，连续13年荣获深圳市高考超越奖和特色奖。布吉高级中学是一所学校历史悠久、实力雄厚的优质高中。

2. 师资队伍结构合理，艺体教师人数高于深圳市同类学校

学校现有专职教师265人，高级教师及研究生以上学历教师130余人。名师荟萃，学科带头人、骨干教师占教师总数70%以上。学校拥有英语正高级教师胡福强，语文特级教师、正高级教师易东晖，语文特级教师、正高级教师贺可春，物理全国优秀教师李健华。

学校相继成立了龙岗区首个名班主任工作室、深圳市名班主任工作室——魏胤君工作室，龙岗区名师工作室易东晖工作室、贺克春工作室、李健华工作室、邹国云工作室，市级名师工作室姜少梅工作室。

在艺体方面，学校共有艺体教师42名，其中美术教师团队由中青年教师14人组成，涵盖国画、油画、版画、摄影、书法、壁画、设计等8个美术专业，其中高级教师6名，国培计划成员、国家高级摄影师、省级优秀教师、市级学科带头人各1名，学校美术师资水平总体水平居全市前列。音乐教研专职教师11人，其中音乐专职教师8人，舞蹈专职教师1人，传媒专职教师2人，中学高级职称教师5人，研究生学历2人，区级骨干教师1人。专职体育教师17人，全部学历本科以上，其中高级教师4人，研究生2人，市学科带头人2人，市名师1人，市优秀教师2人，区骨干教师1人，科组在全国性刊物上发表论文10篇以上。2012年体育科组被评为市优秀科组。

3. 艺体教育特色鲜明，硕果累累

学校一直以来高度重视艺体教学工作，以科学发展观为指导，以全面落实素

质教育为目标，以加强实效课堂研究、提高教师业务能力为抓手，充分挖掘整合学校的艺体美教育特色。

在艺术方面，学校是深圳市首批艺术特色学校；2010被选为中央教育科学研究所艺术教育研究中心理事成员单位、示范基地；2011年被评为龙岗区"一校一品"美术高考特色创建资格单位；2015年美术科组被评为深圳市特色科组。

美术教学成为与语数英一样重要的基础课程，师生美术活动参与率达到100%；美术高考特色已基本形成品牌，并在深圳市有一定影响。

近年来，学生参加市级以上美术类竞赛，获奖五百多人次；113幅学生美术作品，作为纪念品赠予大运会参赛的各国运动员。

美术教师获市级以上奖项57项，其中在市级公开课竞赛中连获3个一等奖。教师在省级以上刊物发表论文21篇，2项国家级美术课题获立项；区中小学美术工作室中，学校有2个入选。

高考喜报连连。布吉高级中学是深圳市普通高中最早开办美术专业班的学校之一。28年以来，全体布高美术教师在"团结奋进、追求卓越"的精神感召下，贯彻"让每一个学生都体验成功"的办学宗旨，对美术生悉心培养，成功带领近千名学生走出了专业成才之路，为清华大学、北京电影学院、中国人民大学、中央美术学院、复旦大学、中国美术学院、广州美术学院、上海戏剧学院、湖北美院、四川美院、西安美院、北京服装学院、南京艺术学院、四川大学、华南农业大学、华东师范大学、华南师范大学、华南农大、中山大学、深圳大学等著名大学输送了一批又一批的学子。

学校美术教育真正实现了低进高出、高进杰出的目标，以实际业绩验证了"让每一个学生都体验成功"的办学宗旨，美术高考已成为学校的一大特色。

美术特色创建成绩受到各知名媒体的广泛关注；其经验成为多个培训课程的经典案例；20余所省内外兄弟学校来校就美术教育交流取经；师生多幅美术作品在社区交流中赢得广大群众的赞叹；作为华文教育基地，曾有多所海外学校来我校开展美术学习、交流活动，学校美术教育走出了国门。

音乐教研组自成立以来培养了近千名专业生。在2021年广东省音乐、舞蹈、广播电视编导术科统考中，高三全体音乐、舞蹈、传媒专业同学不负众望，再次取得优异的成绩。舞蹈专业连续10年本科通过率100%。近些年来，学校音乐类高考成绩节节攀升，其中多名同学分别被北京舞蹈学院、星海音乐学院、四川音乐学院、北京师范大学、华南师范大学等重点院校录取。

传媒专业自2013年开设以来，一大批学子在广东省专业统考及各大高校校考中考取优异成绩，如暨南大学、南京艺术学院、浙江传媒学院等。与此同时，在该课程的引领下，学生的微电影作品和校园综艺作品斩获全国中小学校园影视大赛奖项，戏剧作品获深圳市中小学生艺术展演比赛奖项，舞台作品荣获龙岗区中小学艺术展演奖项。《电影鉴赏与影评写作》入选"深圳市好课程"和"龙岗区校本课程"，《校园广播与声音艺术》入选龙岗区中小学校本课程。

在体育方面，学校先后被确立为省市体育田径传统项目学校，龙岗区体育特色学校，龙岗区体育"一校一品"学校，全国校园足球特色学校。区田径运动会18年夺冠，市田径运动会16年全市前六，区足球赛11连冠。学校有200多人次达到国家二级标准，并有20多人达到国家一级运动员标准；其中多人代表深圳市参加广东省运动会取得优异成绩。3名学生通过体育特长生考试考上北京大学，多名学生通过体育特长生考试考上浙江大学、中山大学、北京师范大学、中南大学、东北师范大学、陕西师范大学，北京林业大学、北京航空航天大学、西南大学、北京体育大学、华南师范大学、湖南师范大学、河海大学、南昌大学等。

学生群众基础雄厚，学校有社团57个，其中体育类社团就有20多个，共400多人，特别是田径、男子足球、女子足球、定向越野、男子篮球、女子篮球、健美操、羽毛球项目表现突出。人数众多，其中高一田径队18人，高二田径队17人，高三田径队18人；学校足球队男队42人，女队22人。

体育校本课程开发小有成就。陈国东老师主编的好课程《活力足球》先后被确立龙岗区校本课程和深圳市好课程。

4. 艺体教育设施设备完善，为艺体教育活动顺利开展提供了强有力的保障

以校园改造为契机，构建了由琴房、舞蹈房、音乐理论教室、模块教学室、研究室、多媒体影像室以及美术展览中心、社团活动中心组成的艺术教育楼，为艺术教育的专业化提供了保障。同时，设立美术走廊、增设校园电视台美术栏目、图书馆美术图书专柜、美术资料库、美术宣传栏等，营造了浓郁的校园美术氛围。

学校有钢琴35台，数码钢琴55台，舞蹈功能室2间，理论课教室4间，合唱教室2间，古筝功能室1间。

通过设备和校园升级改造、加强物质环境和文化环境建设，营造良好的体育教育氛围，学校建成了120米风雨田径跑道和50米室内田径馆，400米标准田径场，为我校学生活动及训练创造更优越的条件。

除了必备的艺体硬件建设，学校还为艺体中心配备了相应的软件建设，确保了艺术和体育教育教学的顺利展开。

5. 学校领导重视，给予了全方位的大力支持

学校成立了以闫斌校长为组长，许子栋副校长为副组长，段小华副校长、余

军奇副校长、李新平副书记及学校各部门负责人为组员的艺体特色学校创办领导小组，为创办工作提供了人力、物力、财力保障。

创办"艺体特色高中"，布吉高级中学从以下六个方面入手。

（1）转变办学思想，确立布吉高级中学未来"艺体特色高中"发展方向

乘着深圳"双区"建设的春风，深圳教育迎来了前所未有的大发展、大变革。作为龙岗区教育局直属的"老三所"重点高中之一，布吉高级中学迎来了新的发展机遇和严峻的挑战。为了使布吉高级中学适应深圳教育未来的发展趋势，学校新一届领导班子审时度势，经过周密调查和广泛讨论，慎重决定转变办学思想：布吉高级中学由深圳市普通高中逐渐向"艺体特色高中"迈进。从2020年起，学校逐年向龙岗区教育局、深圳市教育局逐级申报深圳市"艺体特色高中"。

（2）把握深圳市教育发展形势，制订布吉高级中学"艺体特色高中"三年发展规划

布吉高级中学依据深圳市教育局出台的《普通高中新课程新教材实施国家级示范区建设工作三年规划》《深圳市普通高中特色化办学指导意见》和《深圳市新建公办普通高中特色办学实施办法》三大文件精神，结合布吉高级中学的发展实际，以申报深圳市"艺体特色高中"为契机，制订了布吉高级中学《2021—2024年布吉高级中学创建深圳市"艺体特色高中"三年规划》，为我校"艺体特色高中"的建设指明方向和发展路径。

（3）认真研究新课标新课程新高考，做好国家课程、省级课程、校本课程建设

近几年来，布吉高级中学积极创办"艺体特色高中"，除了组织语数外、理化生、政史地九大文化学科认真研究新课标新课程新高考，做好国家课程、省级课程、校本课程建设，还组织音体美、信息技术、通用技术、心理学科等同步开展新课标新课程新高考研究，认真做好国家课程、省级课程、校本课程建设，力求全方位、多渠道着力提升高中学生综合素养和创新能力，搭建"让每一个学生都体验成功"的立交桥。

在艺术方面，以美育人，多元发展。面向每一位学生，关注各个教育环节，通过鉴赏、体验、设计和创作，在学生成长的关键期，把对"美"的追寻引燃，并渗透入生活和学习之中，激发潜能，感受成功，获得幸福，促进学生终生发展。

在体育方面，以创办"艺体"特色高中为契机，加强田径、足球两个方面的特色建设；开掘一切可利用的资源，使每一个学生的潜能得到充分的开发，让每一个学生享受到优质教育，朝着"教育理念人本化，师资队伍专业化，评价监督多元化，教育设备现代化"的方向发展，促进全体学生身体素质的整体提升。

（4）依据学校发展需要，扎扎实实做好"艺体特色"教师队伍建设

学校办学思想的转变，新课标新教材的内容和要求给我校美术、音乐、舞蹈、传媒和体育教师专业能力和队伍建设带来很大的挑战。布吉高级中学在创办"艺体特色高中"的过程中，进一步加大"艺体特色"教师队伍建设，挖掘现有教师力量，补充教师数量，改变教师结构，适时引进高端人才，加大培训力度，锻造一支作风端正、专业过硬、无私奉献、善打硬仗的"艺体特色"教师队伍。

（5）开全国家课程，做好通识教育、艺体高考、竞技比赛三篇大文章

布吉高级中学在多年的办学实践中，除了积极创办深圳市"艺体特色高中"外，坚持多年来的一贯做法，在全校三个年级的文化班级中，每周开设一节艺术欣赏课、两节体育课和两个大课间活动，做好全体学生的通识教育，提升学生的艺术素养和综合体质。进一步做好三个年级美术班、音乐班、舞蹈传媒班和三个年级体育生的高考考试科目的教育教学工作，提升高考升学率，把更多的艺体学生送入高等学府深造。与此同时，学校发挥一直以来的艺体学科优势和深圳市体工大队的优势，积极开展艺体竞技比赛，让更多的师生走出校园，参加龙岗区、深圳市、广东省乃至全国的各类相关比赛，彰显布吉高级中学艺体学子非凡的实力，为校、为市、为省乃至为国争光。同时，创设条件，为学生走出国门，参与各类相关的国际比赛提供便利。总之，布吉高级中学28年的办学实践证明：学校有实力、有能力，也有魄力开全国家课程，做好通识教育、艺体高考、竞技比赛三篇大文章。

（6）立足深圳特区，办人民满意的"艺体特色高中"

建校以来，布吉高级中学始终立足于深圳特区的坚实大地，不忘初心，筚路蓝缕，为龙岗区乃至深圳经济特区的教育做出了杰出贡献。为了适应深圳市教育发展的新形势，布吉高级中学目光敏锐，坚定转型，开拓进取，积极创办深圳市"艺体特色高中"，矢志不移，志在必得，力争把学校打造成深圳人民满意的"艺体特色高中"。

多年来，特别是近三年以来，布吉高级中学本着"让每一个学生体验成功"都体验成功的办学理念，学校逐渐成为特质鲜明的艺体特色学校。这一办学特色是布吉高级中学在长期的办学过程中逐渐形成的。归纳起来，布吉高级中学的办学特色主要有四个方面的特点：①注重学生的个性发展和多元智能，通过设置多样化的课程和活动，让每个学生都能找到自己的兴趣和优势，获得成功的体验。此外，学校还推行以学生为中心的教学方式，倡导自主学习和合作探究，让学生在自主探究和合作学习的过程中获得知识和技能，增强自信心和创造力。②注重

培养学生的综合素质和创新能力，通过开设各类选修课程和活动，如科技竞赛、创新实验、社会实践等，激发学生的创新精神和实践能力，培养了学生的团队协作和解决问题的能力。③注重师资队伍建设，拥有一支高素质、有爱心、负责任的教师团队，关注每个学生的成长和发展，善于发现学生的潜力和特长，帮助学生实现自我价值和梦想。④学校积极开展家长沟通和社区合作，与家长、社会共同关注学生的成长和发展，形成了良好的教育环境和氛围。

综上所述，深圳龙岗区布吉高级中学的办学特色是让每一个学生体验成功，这一特色是在学校长期办学过程中逐渐形成的。学校通过多样化的课程和活动、以学生为中心的教学方式、综合素质和创新能力的培养、高素质的师资队伍、家长沟通和社区合作等多种方式，为每个学生提供合适的教育和发展机会，让每个学生都能在这里找到自己的梦想和价值。

六、办学特色如何与世界接轨

随着全球化的不断深入，国际交流与合作越来越普遍，学校作为人才培养的重要基地，也需要不断地与世界接轨，以适应这种发展趋势。

（1）要认识到办学特色与世界接轨的重要性。学校的办学特色不仅是一种文化传承，也是提高学校竞争力的重要手段。在与国际接轨的过程中，我们可以借鉴国际先进的教育理念和教学方法，优化我们的课程体系，提高我们的教育质量，为学生提供更优质的教育资源。

（2）要找到与世界接轨的切入点。国际化不仅仅是开设几门外语课程，更是一种全面的教育理念和文化交流。学校可以通过开展国际交流项目、引进国际课程资源、推动教师学生的互动等方式，促进国际文化交流和认知。同时，学校也可以借鉴国际标准，建立自己的教育质量保障体系，提高自身的教育水平。

（3）要注重本土化与国际化的结合。国际化不是否定本土文化，而是要在传承本土文化的基础上，融入国际元素，实现多元文化的交融。学校在推进国际化的过程中，也要注重保护和传承本土文化，将其融入国际化进程中，形成具有特色的教育品牌。

总之，我国学校的办学特色与世界接轨是一个长期的过程，需要我们从多个角度进行思考和探索。只有不断地学习、借鉴和创新，才能实现学校与世界的接轨，为学生提供更优质的教育资源，为国家的未来发展做出更大的贡献。

第四章　新形势下学校如何实现高质量发展

一、学校高质量发展的国际背景与时代背景

在当今社会，学校高质量发展已成为教育领域的热门话题。从国际背景来看，随着全球经济一体化的不断推进，国际竞争越来越体现在人才素质的提升和培养人才的质量上。因此，各国都在加大教育投入，提高教育质量，以培养更多高素质人才来推动国家的高质量发展。在这种国际大背景下，学校高质量发展成为每一个国家高质量发展的必然追求。在国内背景方面，中国经济的快速发展和社会的进步，对教育提出了更高的要求。国家提出了教育高质量发展，旨在提高学校教学和科研水平，培养更多创新型人才，以支撑国家经济发展和社会进步。同时，随着国内教育体制改革的不断深入，学校高质量发展也成为改革的重要方向。从教育背景来看，学校高质量发展是教育均衡发展、促进教育公平的重要手段。在当前国内教育资源分配不均衡的情况下，通过学校高质量发展，可以更好地发挥优质教育资源的辐射作用，带动周边地区教育水平的提升，促进教育公平和社会和谐发展。

习近平总书记在2022年5月29日主持中央政治局第五次集体学习时强调，要坚持把高质量发展作为各级各类教育的生命线，加快建设高质量教育体系；在2022年10月16日中国共产党第二十次全国代表大会上强调，加快建设高质量教育体系，发展素质教育，促进教育公平。

对此，著名教育学者、天津大学马克思主义学院教授、光明日报特约专家李丽认为，教育是国之大计、党之大计，具有基础性、先导性、全局性的地位和作用。教育高质量发展既是国家经济社会高质量发展的重要组成部分，又是实现高质量发展的重要基础和持久动力。建设教育强国，重点在基础教育。建设教育强国，龙头在高等教育。高质量发展教育，重在培养高素质人才，为中华民族的伟大复兴提供坚实的人力支撑。

教育作为国家发展的重要组成部分，对于国家的未来和发展有着至关重要的影响。因此，高层领导关于教育高质量发展的论述，不仅仅是一项政策，更是对于国家未来的战略思考和准确定位，具有全局性、战略性和前瞻性。

首先，教育高质量发展可以提升国家的综合竞争力。一个国家的教育水平直接决定了这个国家的科技水平、文化水平、创新能力和人才素质等方面的发展。如果一个国家的教育水平不高，那么这个国家的综合竞争力也会受到很大的影响。因此，教育高质量发展对于提升国家综合竞争力是至关重要的。

其次，教育高质量发展可以促进社会公平。教育是每个人都应该享有的权利，而教育高质量发展可以使得更多的孩子接触到高质量的教育，从而使得更多的家庭能够享受到教育带来的好处。这样不仅可以促进社会公平，也可以提高整个社会的文明程度。

最后，教育高质量发展也可以促进经济发展。教育不仅可以培养出更多的人才，也可以促进科技创新和产业升级。这样不仅可以提高国家的技术水平和经济实力，也可以创造更多的就业机会和财富。因此，我们认为高层领导关于教育高质量发展的论述是非常重要的，国家应该加强对教育高质量发展的支持和投入，提高教育质量，为国家的发展做出更大的贡献。同时，我们也应该注重教育的公平和普及，让更多的孩子能够享受到高质量的教育，为国家的未来和发展打下更加坚实的基础。

综上所述，学校高质量发展是当前教育领域的重要趋势，其背景涉及国际、国内以及教育背景等多个方面。为了实现学校高质量发展，需要从多个方面入手，加强教育投入，提高教育质量，培养更多高素质人才，促进教育公平和社会和谐发展。

二、学校高质量发展的政策依据

义务教育质量事关亿万少年儿童健康成长，事关国家发展，事关民族未来。为深入贯彻党的十九大精神和全国教育大会部署，加快推进教育现代化，建设教育强国，办好人民满意的教育，现就深化教育教学改革、全面提高义务教育质量，中共中央、国务院于2019年6月23日下发了《关于深化教育教学改革全面提高义务教育质量的意见》。该意见提出了六个方面的纲领性要求：

1. 坚持立德树人，着力培养担当民族复兴大任的时代新人

（1）指导思想。坚持以习近平新时代中国特色社会主义思想为指导，全面贯彻党的教育方针，落实立德树人根本任务，遵循教育规律，强化教师队伍基础作用，围绕凝聚人心、完善人格、开发人力、培育人才、造福人民的工作目标，发

展素质教育，培养德智体美劳全面发展的社会主义建设者和接班人。

（2）基本要求。树立科学的教育质量观，深化改革，构建德智体美劳全面培养的教育体系，健全立德树人落实机制，着力在坚定理想信念、厚植爱国主义情怀、加强品德修养、增长知识见识、培养奋斗精神、增强综合素质上下功夫。坚持德育为先，教育引导学生爱党爱国爱人民爱社会主义；坚持全面发展，为学生终身发展奠基；坚持面向全体，办好每所学校、教好每名学生；坚持知行合一，让学生成为生活和学习的主人。

2. 坚持"五育"并举，全面发展素质教育

（1）突出德育实效。（2）提升智育水平。（3）强化体育锻炼。（4）增强美育熏陶。（5）加强劳动教育。

3. 强化课堂主阵地作用，切实提高课堂教学质量

（1）优化教学方式。（2）加强教学管理。（3）完善作业考试辅导。（4）促进信息技术与教育教学融合应用。

4. 按照"四有好老师"标准，建设高素质专业化教师队伍

（1）大力提高教育教学能力。（2）优化教师资源配置。（3）依法保障教师权益和待遇。（4）提升校长实施素质教育能力。

5. 深化关键领域改革，为提高教育质量创造条件

（1）加强课程教材建设。（2）完善招生考试制度。（3）健全质量评价监测体系。（4）发挥教研支撑作。（5）激发学校生机活力。（6）实施义务教育质量提升工程。

6. 加强组织领导，开创新时代义务教育改革发展新局面

（1）坚持党的全面领导。（2）落实部门职责。（3）重视家庭教育。（4）强化考核督导。（5）营造良好生态。

中共中央、国务院出台的这个意见从法理、政策上确立了我国教育高质量的总体战略部署以及实施的路径与方法，具有划时代的价值和意义。

首先，这个政策文件的出台，表明了中国政府对于高质量教育的高度重视。这是好事，也是大事。因为教育是国家发展的重要支柱，也是培养人才的重要途径。只有拥有高质量的教育体系，才能为国家培养更多优秀的人才，为国家的发展做出更大的贡献。其次，这个政策文件强调了学校要注重培养学生的创新精神和实践能力，在现代社会，创新和实践能力已经成为人才必备的素质之一。只有具备这些能力的学生，才能够在未来的职场中更好地发挥自己的作用。当然，我们切不能曲解文件，避免陷入"应试教育"的怪圈。如果仅仅以考试成绩来评价学生的能力，那么就会忽略了学生其他方面的优点和特长，也不利于培养学生的

创新精神和实践能力。此外，还需要加强对于政策文件的落实和监督。只有真正落实这些政策，并对其进行有效的监督，才能够让政策发挥其应有的作用。例如，可以组织学校定期向社会公布其教学质量和成果，让社会来监督学校的教学质量和水平。综上所述，国家高质量发展教育的政策文件是一个积极的举措，但需要加强落实和监督。只有通过不断地完善和改进，才能够让政策发挥出更大的作用，为中国的教育事业做出更大的贡献。

国家高质量发展教育的一系列政策的相继出台，足见从我们党、我们的国家层面上来讲，是把教育发展放在了国家发展的最重要的战略地位。我们的教育迎来了最好的时代、最好的机遇、最好的发展契机。新背景、新形势、新要求的情况下，学校如何高质量发展，怎样才能办人民满意的教育，是摆在我们每一位教育工作者面前的重大而又迫切的任务。

三、学校高质量发展的内涵与外延

学校的高质量发展，是当前教育领域的一个热门话题。从分析学的角度来看，学校高质量发展的内涵与外延，主要包括以下几个方面。

1. 学校高质量发展的内涵

学校高质量发展的内涵在于教学质量的提升。学校应该注重教学内容的优化和教学方法的创新，让学生在学习中获得更多的知识、技能和素养。教学质量是学校的生命线，只有不断提高教学质量，才能保证学校的可持续发展。

2. 学校高质量发展的外延

学校高质量发展的外延包括学生素质的全面提升、教师队伍的建设、学校管理和服务水平的提高。学生素质的全面提升，包括体育、艺术、人文等多个方面，要让学生得到全面的发展。教师队伍的建设，包括教师的专业素养、教学能力、师德师风等方面，要打造一支高素质、高水平的教师队伍。学校管理和服务水平的提高，包括学校的管理制度、服务理念、服务质量等方面，要让学生和家长得到更好的服务和保障。

综上所述，学校高质量发展是教育领域的一个重要课题，需要从多个方面入手，不断提高教学质量、学生素质、教师队伍、学校管理和服务水平。只有这样才能满足社会对教育的需求，提高学校的综合实力和竞争力，实现学校的高质量发展。

四、学校高质量发展的重要性与紧迫性

学校是培养人才的重要场所，其高质量的发展对于社会的进步和国家的繁荣

具有至关重要的作用。随着时代的发展和社会的进步，对于人才的需求也在不断增长，这也使得学校的高质量发展变得更加紧迫。

1. 学校高质量的发展有助于培养更多优秀的人才

学校是传道、授业、解惑的重要场所，只有学校高质量的发展，才能为学生提供更好的教育资源，更好地培养学生的综合素质和创新能力，为国家的繁荣和发展提供更多的人才支持。

2. 学校高质量的发展也有助于推动社会的进步

学校是社会的重要组成部分，其发展水平直接关系到整个社会的发展水平。学校高质量的发展可以推动社会文明进步，促进社会和谐，增强社会创新能力，为国家的繁荣和发展提供更强有力的支持。

3. 学校高质量的发展也有助于提高学校的自身实力和竞争力

学校高质量的发展不仅可以提高学校的学术水平和管理水平，还可以增强学校的知名度和美誉度，从而提高学校的竞争力，促进学校的长期发展。

总而言之，学校高质量的发展对于社会的进步和国家的繁荣具有至关重要的作用。因此，我们应该高度重视学校教育的高质量发展，为其提供更好的政策支持和资金支持，不断推动学校教育的高质量发展，为社会的进步和国家的繁荣提供更强有力的支持。

五、学校高质量发展的价值与意义

教育高质量发展是当前教育领域备受关注的话题。从不同的角度来看，教育高质量发展的价值和意义是显而易见的。

（1）可以提高学生的综合素质和创新能力。在高质量的教育环境中，学生可以接触到更广泛的知识领域，从而增强自身的综合素质。同时，教师能够采用更加灵活多样的教学方法和手段，激发学生的创新思维和创造力。

（2）还可以提高学校的竞争力。随着社会的发展和进步，人们对教育质量的要求越来越高。只有不断提高教育水平，才能吸引更多的优秀生源，并为其未来的发展打下坚实的基础。

（3）有助于提高学校的知名度和美誉度，从而使其在激烈的竞争中占据更加有利的地位。

（4）有助于提高国民素质和国家的综合实力。一个国家的发展离不开人才的支持。只有通过高质量的教育培养出更多优秀的人才，才能推动国家经济和社会的可持续发展。同时，教育也是文化传承的重要手段之一。通过高质量的教育，可以传承和弘扬优秀的中华文化，增强国家的软实力。

因此，我们认为教育高质量发展的价值和意义是非常重大的。为了实现教育高质量发展，需要政府、学校、教师和学生共同努力。政府应该加大对教育的投入力度，提高教师待遇，加强对学校的管理和监督；学校应该注重教育教学改革，提高教学质量；教师需要不断学习和提高自身素质，创新教学方法；学生应该珍惜机会，努力学习，全面发展。只有在各方面共同努力下，才能实现教育高质量发展的目标。

六、学校如何实现高质量发展

在当今社会，教育竞争非常激烈，学校需要不断提高自身质量，才能在这个竞争激烈的环境中脱颖而出。实现学校高质量发展需要从以下几个方面入手：

（1）学校需要注重师资队伍建设。老师是学校最重要的资源，他们的素质和专业水平直接影响学校的教学质量。因此，学校应该加强对老师的培训和培养，提高他们的专业素养和教学水平。同时，学校应该建立良好的激励机制，吸引和留住优秀的教师，提升整个师资队伍的素质和水平。

（2）学校需要注重课程建设和教学改革。课程是学校教学的核心，好的课程设置可以激发学生的学习兴趣和潜力，提高学生的综合素质和能力。同时，教学改革也是提高教学质量的重要手段。学校应该根据时代发展和学生需求，不断改进教学方法和手段，注重学生的实践能力和创新精神的培养，提高教学效果和学生的学习效果。

（3）学校需要注重学生全面素质的培养。学生的素质是学校质量的重要体现。学校应该注重学生的思想道德教育、身心健康教育、文化素质教育和职业规划教育等方面，培养学生的全面素质和综合能力。同时，学校应该关注每一个学生的发展，关注学生的个性差异和特长，为每个学生提供合适的教育和发展机会。

（4）学校需要注重管理和文化建设。学校的管理和文化建设是学校质量的重要保障。学校应该建立健全科学的管理制度和机制，确保学校的各项工作有序、高效地运行。同时，学校应该注重文化建设，营造良好的校园文化氛围，培养学生的文化自信和自豪感，提高学校的文化软实力和影响力。

总之，实现学校高质量发展需要从师资队伍、课程建设、教学改革、学生素质、管理和文化等方面入手。学校应该注重每一个方面的发展和建设，不断改进和提高自身的质量，为学生的全面发展和社会的发展做出贡献。以下以几所名校为例，谈谈学校实现高质量发展的路径。

（一）南京师范大学附中实现高质量发展的路径

南京师范大学附中是一所全国著名的中学，百年老校，高考升学率名列前茅。从这些方面来看，该校已经取得了非常出色的成绩。要办高质量的教育，需要的不仅仅是高升学率，还需要关注学生的综合素质和全面发展。在办高质量的教育方面，南京师范大学附中的成功得益于其所拥有的优秀师资力量和严格的教育教学管理。该校招聘了一批优秀的教师，他们不仅具有高度的责任心和教育水平，还能够不断创新教学方法和手段，提高教学效果。同时，该校还实行了严格的教育教学管理，确保每个学生都能得到充分的关注和指导。此外，南京师范大学附中还注重学生的综合素质和全面发展。该校不仅关注学生的学术成绩，还注重培养学生的创新精神和实践能力，开展了丰富的课外活动和文化课程，为学生提供了全面的发展机会。

然而，要办高质量的教育，还需要注意一些问题。首先，要避免过度追求高考成绩，要注重学生的综合素质和全面发展。其次，要注重学生的个性发展和差异化教学，每个学生都有不同的特点和需求，需要采取不同的教育方法和策略。因此，南京师范大学附中要继续办高质量的教育，需要保持优秀的师资力量和严格的教育教学管理，注重学生的综合素质和全面发展，同时关注学生的个性发展和差异化教学。只有这样，才能培养出更多具有创新精神和实践能力的高素质人才，为国家和社会做出更大的贡献。

（二）浙江师范大学附属中学实现高质量发展的路径

浙江师范大学附属中学是一所公立中学，位于浙江省金华市。学校秉持"以人为本，以学为基，以质为魂"的办学理念，坚持高质量发展之路，为学生提供全面、优质、有特色的教育。为实现高质量发展，学校着重从以下几个方面入手：

（1）建设高素质的教师团队。学校注重教师的专业素养和个人素质，通过多种方式提升教师的教学水平，如定期培训、听课、观摩等。

（2）提供多元化的教育课程。学校开设了多种选修课程和活动，如艺术、体育、科技、社会实践等，满足不同学生的需求，促进学生的全面发展。

（3）注重学生个性化发展。学校采用个性化教学，关注每个学生的特点和需求，为学生提供个性化的辅导和帮助，激发学生的潜力和创造力。

（4）强化学校管理。学校注重管理的人性化和科学化，建立健全的管理制度和管理团队，保障学校的正常运转和学生的健康成长。

综上所述，浙江师范大学附属中学，通过建设高素质教师团队、提供多元化教育课程、注重学生个性化发展、强化学校管理等措施，实现了高质量的发展。

（三）深圳外国语学校实现高质量发展的路径

深圳外国语学校是一所备受瞩目的学校，其成功的原因不仅在于其拥有优秀的师资力量和教学设施，更在于其注重教学质量和教学管理。

（1）深圳外国语学校注重学生的综合素质教育。学校不仅关注学生的学业成绩，还注重学生的特长培养、文化体验和社会实践等方面的发展。学校提供了丰富的多样的课程和活动，包括外语课程、文化课程、体育课程、艺术课程等，让学生在各个方面都得到了全面的发展。

（2）深圳外国语学校注重教学质量的把控。学校拥有一支优秀的师资队伍，所有教师都具备专业素养和教学经验，能够为学生提供高质量的教育。同时，学校还注重教学管理，建立了完善的教学质量监控和评估体系，及时发现和解决教学中存在的问题，确保教学质量的高水平。

（3）深圳外国语学校注重与社会的联系和合作。学校积极与企业和高校合作，开展各种形式的教育合作项目，为学生提供了更多的学习机会和实践机会。同时，学校还注重与家长的联系和沟通，及时了解学生的情况和需求，为学生提供个性化的教育服务。

总而言之，深圳外国语学校的成功得益于其注重学生的综合素质教育、教学质量的把控、与社会的联系和合作等多方面的工作。深圳外国语学校的成功经验可以为其他学校提供借鉴和参考，特别是在注重教学质量和教学管理方面，更是值得学习和借鉴的。

（四）深圳布吉高级中学实现高质量发展的路径

深圳布吉高级中学在办高质量教育方面，努力把学校的办学理念落实在教育教学的实践。学校以"让每一位学生体验成功"为办学理念，不仅关注学生的学术成绩，更注重学生的全面发展和个性化需求。在这样的理念指导下，学校在课程设置和德育教育方面都做出了很多努力。

（1）学校开设了生涯规划课程，帮助学生了解自己的兴趣和职业方向，从而制订合适的学习计划和目标。这样的规划教育不仅让学生更有目标，也能帮助他们更好地适应社会和职场。同时，学校的阳光德育也做得十分出色，它注重培养学生的阳光心态和积极的人生态度，通过开展各种社会实践和公益活动，让学生学会关心社会，珍惜生活。

（2）在课程设置方面，学校不仅开齐了国家课程，还开设了校本课程。这些校本课程针对学生的不同需求，提供了更多的选择和学习机会，有助于激发学生的学习兴趣和主动性。

（3）学校还注重培养学生的综合素质和兴趣爱好。学校每年都会举办社团科技节和体育艺术节，为学生提供了展示自己才华和兴趣的平台。这些活动不仅让学生在学习之余得到放松和娱乐，也能帮助他们发展自己的领导力、团队协作和创造力。

综上所述，深圳布吉高级中学能够办高质量学校，关键在于其全面的办学理念和实际行动。学校不仅关注学生的学术成绩，更注重学生的全面发展和个性化需求。通过生涯规划、阳光德育、课程设置和社团科技节、体育艺术节等多种方式，学校为学生提供了更多的学习和展示机会，帮助他们实现自我价值，获得成功的体验。在这样的办学理念指导下，学校自然会培养出更多优秀的人才，为社会做出更大的贡献。

七、我国学校在办高质量教育方面存在的问题

我国学校在办高质量教育方面存在一些问题。首先，教育资源不均衡是一个根本问题。一些学校拥有先进的教学设施和优质师资，而另一些学校则缺乏这些资源。这导致了教育质量的不平等。其次，教育体制也存在一些问题。当前的教育体制注重考试成绩和知识点的记忆，而忽略了学生综合素质的发展。这导致学生缺乏创新能力和实践能力，无法应对复杂的社会环境。此外，教师的素质也是影响教育质量的重要因素。一些教师缺乏先进的教育理念和教学方法，无法有效地引导学生进行探究性和创造性学习。同时，一些教师缺乏职业道德，对学生的关心和帮助不足，这也会影响学生的学习态度和积极性。

针对以上问题，我们认为应该采取以下措施：首先，要加大教育投入，均衡分配教育资源，确保每个孩子都能接受公平的教育。其次，要改革教育体制，注重学生综合素质的发展，不仅注重考试成绩，还要注重学生的创新能力和实践能力的培养。同时，要提高教师的素质，通过培训和交流，提高教师的教学水平和职业道德。

总之，办高质量的教育需要全社会的共同努力。只有通过均衡教育资源、改革教育体制、提高教师素质等措施，才能实现教育的高质量发展，培养出更多优秀的人才，为国家的未来发展做出更大的贡献。

第五章　办人民满意的教育

本章将从办人民满意的教育是什么时候提出来的、办人民满意的教育的内涵是什么、国内外专家是如何评价办人民满意的教育的，以及举例论述如何办人民满意的教育等方面进行探讨。同时，就如何办人民满意的教育，笔者也将根据个人的观察及教育实践，提出一些具体的建议，以期为推进教育事业的发展和改革贡献自己的一份力量。

一、我国教育的现状及存在的问题

我国的教育现状可以说是一个复杂的问题，既有进步的一面，也有不足的一面。

从好的方面来看，新中国成立以后特别是改革开放以后，我国的教育水平有了显著的提高，教育经费不断增加，教师队伍不断发展壮大，教育资源不断丰富充沛，教育公平性不断增强。例如，义务教育的普及率不断提高，贫困地区的教育资源逐渐得到改善，城乡之间的教育差距逐渐缩小。此外，职业教育和高等教育也得到了长足发展，为我国的人才培养和经济发展做出了巨大贡献。

毋庸讳言，我国的教育现状也存在一些明显的不足之处，而且有很多方面亟待改进。首先，教育评价制度还存在一些问题，评价标准不够科学合理，评价方式过于单一，评价结果不够公正。其次，教育资源分配不均衡，一些地区的教育资源相对不足。这导致了一些学校缺乏必要的教学资源和设施，而另一些学校则得到了过度的资源和支持。这种不均衡的情况不仅存在于城乡之间，也存在于不同地区和不同学校之间，造成了学生的学习机会和学校的办学质量不均衡的严重现象。另一个问题是教育体制的不完善。虽然我国已经实行了多年素质教育，但是实际上，很多学校依然是以应试教育为主，只注重学生的考试成绩，而忽略了学生的全面发展和个性培养。这样的教育机制和教育体制，不仅会让学生失去了对学习的兴趣，学生的综合素质和能力没有得到充分的发挥和培养，也会让他们失去在未来社会中竞争的生存能力。

此外，教育不公平也是一个突出的问题。一些学生因为家庭背景、地区、性别等因素而受到了不公平的待遇，无法获得公平的教育机会和资源。这种不公平会让学生产生不满和抵触情绪，对社会的稳定和发展都会产生不良影响。

总之，我国的教育现状既有优点，也有不足之处。我们需要采取措施，不断改进和完善教育制度，加强教育资源的均衡分配，注重培养学生的综合素质和能力，以促进我国教育事业的健康发展。

二、"办人民满意的教育" 的提出及其具体内涵

"办人民满意的教育"是在党的十六大提出的。十六大报告明确提出了"全面建设小康社会"的战略目标，并强调要"坚持教育创新，深化教育改革，全面推进素质教育，造就数以亿计的高素质劳动者、数以千万计的专门人才和一大批拔尖创新人才"。可以看出，这一时期的教育改革和发展已经不仅仅局限于学校教育领域，而是上升到了国家战略层面的高度，成为国家社会、经济、科技、文化、卫生、军事等方面发展的重要组成部分。

办人民满意教育的本质内涵包括教育公平、教育质量、教育特色和教育创新等方面。教育公平是指让每个孩子都能享受到均衡的教育资源，实现教育机会均等；教育质量是指注重培养学生的创新精神和实践能力，提高学生的综合素质；教育特色是指根据学校实际情况和学生特点，打造具有特色的校园文化，开展个性化的教育；教育创新是指不断推进教育体制机制创新，探索新的教育模式和教育方法。

国内外专家对办人民满意的教育给予了高度评价。有专家认为，办人民满意的教育是教育事业发展的必然趋势，也是推进教育公平和提高教育质量的必由之路。同时，这也是一个充满挑战和机遇的过程，需要各级政府、教育机构和社会各界共同努力。

另外，还有专家指出，办人民满意的教育需要从多个方面入手，如加强师资队伍建设、推进课程教材改革、优化教育评价机制等。

我们认为：办人民满意的教育是教育事业发展的必然趋势和必由之路。然而，要实现这一目标，需要各级政府、教育机构和社会各界的共同努力和探索实践。只有通过不断推进教育公平和提高教育质量、打造具有特色的校园文化、探索新的教育模式和教育方法等途径，才能真正实现办人民满意的教育。同时，也需要加强师资队伍建设、推进课程教材改革、优化教育评价机制等措施的落实，以提高教育的质量和效果。

总之，办人民满意的教育需要全社会共同参与和努力，需要各方面的支持和配合。只有通过不断探索和实践，才能真正实现教育事业的发展和改革目标。

三、什么是人民满意的教育

教育是一个国家发展的重要支柱，也是个人成长和发展的关键。然而，随着社会的发展和变革，教育面临着许多挑战和问题。因此，我们需要思考：什么是人民满意的教育？

从学生的角度来看，人民满意的教育应该是能够提供良好的学习环境和氛围，让学生得到全面的发展。这意味着教育应该不仅仅是注重学生的成绩，还要关注学生的品德、体能、社交能力、创新思维等方面的发展。教育应该注重学生的个性和兴趣，让学生能够自由地选择自己感兴趣的课程和活动，充分发挥自己的潜力。同时，教育也应该注重学生的实践能力和创造力，让学生能够在实践中学习，发挥自己的想象力和创造力。

从教育工作者的角度来看，人民满意的教育应该是能够提供良好的工作环境和条件，让教育工作者能够充分发挥自己的能力和潜力。这意味着教育应该注重教师的培训和职业发展，让教师能够不断学习和提高自己的教学水平和能力。同时，教育也应该注重教师的待遇和福利，让教师能够得到应有的尊重和回报。

从家长和社会的角度来看，人民满意的教育应该是能够提供孩子成长和发展所需要的资源和机会，让孩子们在未来的竞争中获得更好的发展。这意味着教育应该注重资源的公平分配，让每个孩子都能够获得平等的教育机会。同时，教育也应该注重与社会的联系和合作，让教育更加贴近社会的需求和发展。

综上所述，人民满意的教育应该是全面的、注重个性发展的、注重实践能力和创造力的、注重资源公平分配的、注重与社会的联系和合作的教育。我们需要从不同的角度来思考和探讨教育的问题，不断改进和优化教育体系，为人民提供更加满意的教育服务。

四、为什么要办人民满意的教育

办人民满意的教育，这是一个目标，也是一个使命。教育不仅仅是知识的传授，更是价值的塑造，是人格的磨砺。在这个日新月异、信息爆炸的时代，我们需要的不再是单纯的知识积累，而是如何通过教育，帮助人们掌握思考能力、创新能力和实践能力。办人民满意的教育，首先要理解"人民"这个概念。在这个体系中，"人民"不仅包括学生，还包括家长、教师、社区、企业等所有与教育相关的人。因此，办人民满意的教育，需要我们所有人的共同努力。其次，什么是"满意"的教育？我们认为，"满意"的教育应该是能够满足社会需求，能够培养出有理想、有道德、有文化、有纪律的公民，能够为国家的经济社会发展做出贡献的教育。

那么，为什么要办人民满意的教育？这是因为教育不仅仅是个人发展的基础，也是国家和社会发展的基础。一个国家的教育水平直接影响到其经济、文化、科技等方面的发展。而且随着科技的进步和社会的变革，对教育的要求也在不断变化和深化，我们需要不断创新，以满足这种变化和深化的要求。因此，我们建议要从多个角度出发，全面提升教育的质量。首先，我们需要加强教育的公平性，让每一个孩子都有公平接受教育的机会；其次，我们需要加强教育的实践性，让孩子们能够在实践中学习和成长；最后，我们需要加强教育的创新性，鼓励孩子们创新思维，培养他们的创新能力和实践能力。总的来说，办人民满意的教育是我们每个人的责任，也是我们国家的发展的基础。我们应该不断探索、实践，为实现这个目标而努力。

五、怎样办人民满意的教育

办人民满意的教育，这是一个非常重要的目标，也是我们教育工作者始终不渝的追求。在我看来，要达成这一目标，我们需要关注以下几个方面：

（1）教育要公平。每个孩子都有接受教育的权利，不论他们来自何处，不论他们的家庭背景如何。因此，我们需要加大对教育的投入，提高教育资源的质量和均衡性，让每个孩子都有公平竞争的机会。

（2）教育要注重素质。传统的填鸭式教育已经不能满足现代社会的需求。我们需要关注学生的综合素质，培养他们的创新精神、批判性思维和解决问题的能力。这样，他们才能更好地适应未来的社会。

（3）教育要贴切实际。我们需要密切关注社会的发展，将教育内容与现实生活紧密结合，让学生能够在课堂上学到实用的知识和技能，更好地服务社会。

（4）教育要以人为本。每个学生都是独一无二的，我们需要尊重他们的个性，关注他们的需求，引导他们发掘自己的潜力。这样，他们才能成为真正优秀的人，为社会做出贡献。

他山之石，可以攻玉。下面，我们来看一看我国的一些著名的重点中学，它们是如何来办人民满意的教育的。

（一）东北师范大学

作为一所全国著名的中学，东北师范大学附中一直备受关注。最近，人们开始关注该校如何办人民满意的教育。

（1）作为一所百年老校，东北师范大学附中的历史底蕴深厚。学校不仅拥有丰富的教学资源和师资力量，还有许多优秀的教学传统和教学方法。这些传统和方法的传承与创新，使得该校能够不断适应时代发展的需求，为学生提供更好的教育服务。

（2）高考升学率名列前茅也是东北师范大学附中的一个重要特点。这所学校的学生在高考中取得了优异的成绩，这不仅是对学校教学质量的肯定，也是对学生努力学习的回报。

（3）学校注重学生的综合素质培养，开展了各种丰富多彩的课程和活动，让学生能够在不同的领域中发挥自己的特长和潜力。毋庸置疑，要办人民满意的教育，东北师范大学附中还需要在某些方面进行改进。例如，学校应该更加注重学生的个性化发展，为学生提供更多的选择和机会。同时，学校还应该更加关注学生的心理健康和情感需求，为学生提供更加全面的支持。总之，东北师范大学附中在办人民满意的教育方面已经取得了一定的成绩，但也需要在个性化教育和心理健康方面进行改进。我们相信，在学校的不断努力下，一定能够为学生提供更加优质的教育服务。

（二）陕西师范大学附中

作为教育观察者，我们认为陕西师范大学附中是办人民满意教育的优秀学校。首先，从背景介绍来看，陕西师范大学附中是一所全国著名的中学，具有悠久的历史和优秀的教育传统。学校位于陕西省西安市，自成立以来，一直致力于为学生提供优质的教育资源和服务。其次，在概览中，陕西师范大学附中的教育理念是全面实施素质教育，注重学生全面发展。学校在课程设置、教学方法、师资力量等方面都进行了不断改进和创新，以更好地满足学生的需求。此外，陕西师范大学附中的师资力量也非常强大，有一批经验丰富、教学水平高的优秀教师团队。这些教师不仅具备专业知识和教学技能，还注重学生个性化培养，关心学生的成长和发展。我们的看法是：陕西师范大学附中是一所非常优秀的学校，它在素质教育方面是一个典范。学校注重学生全面发展，不仅在课程设置和教学方法上不断创新，还注重学生个性化培养，关心学生的成长和发展。同时，学校还注重培养学生的创新精神和实践能力，让学生在学习中不断探索、实践、创新。这种教育理念和方法不仅符合现代教育的理念和要求，也符合学生的成长规律和需求。我们的建议是，陕西师范大学附中应该继续保持其优秀的教育传统和理念，不断改进和创新，以更好地满足学生的需求。同时，学校应该注重学生个性化培养，关心每一个学生的成长和发展，为每个学生提供更好的教育和服务。此外，学校也应该注重培养学生的创新精神和实践能力，让学生在学习中不断探索、实践、创新，为未来的发展打下坚实的基础。

（二）深圳市龙岗区高级中学

深圳市龙岗区布吉高级中学是一所历史悠久、办学成果显著的高级中学，一直以来备受人民群众的信赖。从办学历史来看，布吉高级中学已经走过了近三十年的历程，积累了丰富的教育经验和教学资源。作为一所国家级示范高中，布吉高级中学在教育质量和教学水平方面有着非常高的要求和标准。学校拥有一支优秀的师资队伍，其中包括许多著名教师和专家，这在深圳市乃至全国都是非常难得的。这些教师不仅教学水平高，而且非常负责任，注重培养学生的综合素质和创新能力。布吉高级中学的教育教学质量在深圳市名列前茅，毕业生的升学率、重点大学录取率都非常高。学校注重学生的全面发展，不仅注重学生的学术成绩，还注重学生的综合素质和特长发展，使得学生在毕业后能够更好地适应社会的发展和变化。总的来说，深圳市龙岗区布吉高级中学是一所非常优秀的高级中学，不仅有着悠久的历史和丰富的教育经验，更注重学生的全面发展和创新能力培养。在未来的发展中，布吉高级中学应该继续保持自己的优势，不断改进和完善教育教学模式，为人民群众提供更加优质的教育服务。

综上所述，办人民满意的教育需要我们关注公平、注重素质、贴切实际和以人为本。只有在这样的教育环境下，我们才能培养出更多的优秀人才，为国家的繁荣发展做出贡献。

六、办人民满意的教育应注意的问题

教育是国家的未来和希望，必须注重质量，让人民满意。在我们看来，要办人民满意的教育，需要注意以下几个问题：

（1）教育资源要公平分配。每个学生都应该有机会接受公平的教育，不论他们来自城市还是农村，不论他们的家庭背景如何。因此，政府应该加强对教育资源的投入，确保每个孩子都能享受到优质的教育资源。

（2）教育质量要得到不断提高。办人民满意的教育，不仅要求教育资源的公平分配，还要求教育质量全面提升。因此，学校要注重提高教师的素质，提高教育质量，让学生真正学到有用的知识、基本技能和发展能力。

（3）学生的心理健康要得到关注。在当今社会，学生的心理健康问题越来越受到关注。因此，教育机构应该注重学生的心理健康，提供必要的心理辅导，帮助学生建立健康的心理状态。

（4）要注重学生的全面发展。办人民满意的教育，不仅要求学生掌握知识，还要求学生全面发展。因此，教育机构应该注重学生的全面发展，提供各种形式的课外活动，让学生得到全面的发展。

总而言之，办人民满意的教育需要注意教育资源的公平分配、教育质量的提高、学生的心理健康关注和学生的全面发展。只有这些问题都得到了解决，才能办出真正让人民满意的教育。

第六章　与时俱进，因材施教，办优质高中
——深圳市龙岗区布吉高级中学实践样本

布吉高级中学创办于1995年，是一所寄宿制公办普高，是国家级示范性高中，广东省一级学校，深耕28载，屡获殊荣，是一所名副其实的优质高中。

学校位于深圳市地理中心大布吉片区，近距离通达地铁三号线大芬站、丹竹头站。学校占地6万平方米，建筑面积7万平方米，目前有教学班60个，学生近3000人。校园布局合理，环境优雅，书香浓郁。

作为深圳市龙岗区的老牌高中，功能场馆，无一不有；设施设备一应俱全，可以满足师生的所有教育教学需求。学生既可以在图书角畅游书海，也可以在书法角挥毫泼墨，还可以在钢琴角弹奏乐章……整个校园里充满了书籍的芬芳、艺术的气息、文化的味道，是学生学习生活的乐园。

学校自成立以来，一直秉持"让每一位学生都体验成功"的办学理念，开拓进取，筚路蓝缕，在几代人的共同努力下，走出了一条与时俱进、因材施教、办优质高中的独特之路，以优异的办学成绩，实现了办人民满意教育的初步目标。他们的具体做法是：

一、紧紧围绕办学理念，制订战略目标

学校自成立伊始，就在首任校长马锐雄的带领下，经过全员讨论、专家论证、反复打磨、精准提炼出了"让每一位学生都体验成功的"办学理念，并将之写入学校的办学章程，成为学校今后的办学指导思想。在此后的罗丹校长、闫斌校长、李勇校长三任校长的持续接力与苦心经营下，布吉高级中学的办学理念不断得以贯彻、充实与弘扬，确保了布吉高中28年的稳定、有序的高速发展。

在新课标、新课程、新教材、新高考的大背景下，布吉高级中学的决策层，

审时度势，结合深圳教育发展的形势和布吉高级中学多年的办学实践基础上，在"让每一个学生都体验成功"的办学理念统摄下，适时提出了"与时俱进，因材施教，办优质高中"的战略构想，全面推进教育高质量，向着办人民满意的教育的宏伟目标奋勇前进。

28年来，布吉高级中学全面贯彻党的教育方针，更新教师课堂教学理念，注重教师的情境创设和点拨引导，通过"三动课堂"的实施，发挥学生的主体地位，让学生都动起来，在课堂上让学生都有事做；做到教、学、做三者的统一，让学生在课堂上发挥各种器官（动手、动口、动脑、动身、动心）的作用，通过研究型、参与型、体验型、实践性等多样化的学习方式，给孩子们一个完整的学习过程和探究体验，让学生在学习知识的过程中理解知识的价值和意义，在分析和解决问题的过程中培养各种能力和思维品质。同时在学习的过程中体会和领悟科学精神和人文情怀，升华自己的人生信念和社会责任感，最终培养学生的核心素养。

二、注重普通高中课程建设，大力推进"三动"高效课堂

布吉高中以课程建设为核心，开设了国家课程设置里的所有学科，是深圳市学科最齐全的学校。

国家课程校本化，校本课程特色化，特色课程优质化。除了传统的九大文化课程，美术、音乐、舞蹈、播音与主持、体育、信息、劳动、综合实践等国家课程样样不少。全校三个年级均开设有美术鉴赏课和音乐鉴赏课，努力提升学生的综合素养。

布吉高级中学以课程建设为核心，致力于开展课堂教学改革。国家课程校本化，校本课程特色化，特色课程优质化。在"双新"改革背景下，布吉高级中学构建"三动"课堂新模式。

"三动"课堂即"生动""活动""灵动"课堂，致力于打造真正学有所获的高效课堂，落实学科核心素养。以学生为主体，通过教师的"导学、助学、督学"让学生在活动情境中达成教学目标，让课堂灵动有趣，和谐温馨，促进深度学习的发生，让学生达到心灵自由、生命成长的状态。

围绕"三动"课堂，九大文化学科提炼出有效教学方法：语文教研组"依托信息技术构建项目式混合式高效语文课堂"、数学教研组"三问"驱动教学法、英语教研组"问题导学图文联动"教学法、政治教研组"共声共享"教学法、历史教研组"情景教学法"、地理教研组"互联网+背景下情景体验式教学"、物理教研组"构建物理循环课堂"、化学教研组"基于真实情境的高中化学微项目学习模

式的构建"、生物教研组"聚焦概念问题导学"教学法。

自2017年底教育部公布"普通高中课程方案"和语文等15个学科的课程标准以来，第三轮新课程改革在中国的大地上如火如荼开展，伴随着"双基"实施的步伐，我校从2018年开始启动了新一轮教学改革，从倡导"361"教学（三分讲，六分练，一分考）转到"三动（生动、活动、灵动）课堂"的构建。其目的就是想通过教学方式的转变，提高课堂效率，进而达成学科核心素养目标，从而实现立德树人。整个研究课题由主体、分论和案例列举三个部分组成。主体分为五个部分："三动"高效课堂理论概述、课程设计、操作环节、评价体系、课堂管理。分论主要包括九大文化学科教学方法及在教学中的具体运用。教学案例是我校教师在教学中的生动实践。由"指向核心素养的""三动课堂"（1.0版）到"走向深度学习的'三动'高效课堂"（2.0版），到今后努力达成"面向单元"教学的"三动"高效课堂（3.0版）。教改无止境，"三动"高效课堂的构建永远在路上。

布吉高级中学校级公开课由原来的"每周一星"改革为"群星闪耀"，每周至少开展三节以上的教学研讨课，倡导"磨课—观课—评课"的校本教研方式，并对新课程、新教材、新高考进行详细的解读剖析，在课堂上进行反复实践，总结经验。

三、加强新课程培训，探索课堂新构架

在"三动"课堂教学改革实践行动中，全校上下统一思想，统一行动，通过多次集中培训更新教育教学观念，通过行政手段强力推进"三动"课堂的实施，推动各学科教学方法的具体实践和推广应用，通过多种方式，对教师进行培训。让老师理解和熟悉"学科核心素养""深度学习"及"大单元教学"。使教师明确自己在教育教学过程中的角色是学习的促进者、教育教学的研究者、课程的建设者和开发者，切实转变教师观念，推行自主合作探究式学习方式，彻底改变一讲到底的现象，以教师自我转变和学校行政干预结合，强力推行。

四、加强校本教研，骨干引领

在新课程背景下，如何实施"三动"课堂？

（1）学校要强化集体备课制度，人人参与、人人示范、人人提升，集体智慧共享，形成集体备课的基础上的个性化备课。骨干教师先行示范引领，边探索，边总结，边提高，实现学科部分课堂构架模式，集体试用，集体研讨，不断完善。

（2）倡导编写"三动"课堂单元设计及导学案。导学案集教师教案、学生学案、知识点测评于一体。可以有效辅助教师讲练结合，控制课堂教师与学生各自的活动时间，高效完成教学内容，单元设计和导学案以个人初备、集体研讨、完善整理、形成资源，试用完善，个性化使用为原则，教学反思后，最后形成共性与个性并存的教学案例资源库。

（3）认真开展"每周一课"活动。利用教研活动时间，以教研组为单位周周开展以面向单元教学为主题的三动课堂展示课。每次选派1—2名教师上示范课，然后组织全组教师进行听评课。年底对在本次活动中表现突出的备课组和个人给予表彰。

五、创新质量检测与评价，导向改革课堂

教学处改革创新质量检测与评价方式，过程评价与终端评价共重。过程评价以市教育局下发的学科课堂评价标准为依据，遵循课堂精炼高效的原则，讲练适度，学生有既定的自主学习与练习时间，师生之间有互动交流，以学生的"学"来评价教师的"教"。学习过程的评价以学情调查、教情调研、管理巡查、质量跟踪等方式为主。终端质量评价注重过程的发展，遵循入口看出口的原则，由学校高效课堂建设领导小组，适时跟踪过程推进与终端质量，引导教师把推进课堂教学模式的改革创新变成自我需求。

六、建立问题研究制度，总结反思

为推进"三动"高效课堂的实施，每位教师从课堂教学中发现问题，有计划地研究解决问题和构建高效课堂的策略。

各教研组组织大交流、大反思，汇总前期在推进过程中遇到的困难、问题、解决办法等，校内学科之间进行专题问题研究查找制度，总结反思，解决个性及共性的矛盾。

七、强化分层教学和走班管理，改革考试评价制度

通过培训学习和专题研究，布吉高中形成了一支由专家型校长挂帅、教学骨干引领、全体教师参与、专家团队指导的新课程新教材实施示范团队，以适应新时代新课程的要求。重点解决管理者及教师对校情、学情的把握能力以及课程规

划能力、课程建设能力、课程实施能力和课程评价能力。加大对班级编排、学生管理、教师调配、教学设施配置等方面的统筹力度，提高教学管理水平和资源使用效率。

1. 重建教学管理制度

建立行政班与教学班有效衔接的管理模式。大面积实施选修课程的选科、选课走班教学。制订新高考、新课程改革下的学生生涯规划指导方案，分类开展基于导师制的学生学业、报考和升学，以及选课指导等人生规划的具体指导工作，形成学生生涯、学业、选课的指导体系。

2. 开展选课规划工作

制订包含美术专业、音乐专业、日语在内的课程选修实施方案和指导方案，设计和整合课程模块，编制学生选课流程，开展基于导师制的选课指导；进行校内外教育资源的协调和配置，开展选课方案的试排、推演、编制工作；制订教师选课教学的管理制度和评价标准，制订选修课程学生评价标准及学分认定方案。

3. 有序实施选课走班制度

重新编制选修课程说明与选课指南，学生在导师指导下进行自愿选择，进行选科、选课、选班，本着"尊重志愿、特长优先、结合实际、合理调配"的原则，"最大程度集中，最少的走班次数"安排必修课程、选考课程、校本选修课程对应的行政班、教学班，并在行政班、教学班任课教师中选出班主任和导师，按相应教学要求开展教学与活动。

4. 组织学校干部学习新课程新高考相关理论

结合学校办学特色，制订《布吉高级中学课程设置方案》，明确各学期开设的课程及周课时数，制作《布吉高级中学选科指南》，为师生提供指导。

5. 广泛宣传发动，两次模拟选科

学校与年级通过班主任会议、教师大会、学生大会、家长会等形式向教师、学生、家长宣传介绍广东省新高考政策、高校招生录取专业目录等，以便于学生能正确选科。正式选科前，进行两次模拟选科，年级根据结果适时引导学生做更合理的选择。

6. 正式选科分班，小走班更合适

根据我校的实际，通常高一下学期完成分班，组合学生人数较多、需要开两个班及以上的，组合内再分先锋班、平行班，有利于尖子生的培养。组合学生人数过少但学生十分坚持的，与相近组合合班，个别再选科目走班上课。小走班还适用于其他人数少的场合，如小语种、艺体类等。

7. 规范走班教学管理

建立选修课程实施管理制度与评价制度，对走班教学执行教学常规管理。同时，对走班的教学班，开展与行政班相同方式的班级量化评比活动，实施与行政班同等待遇的教学班的师生奖励政策。完善美术专业课、拓展课的走班教学管理制度，优化美术生在专业班和文化班的"双重"量化评比制度，以及专业班和文化班的"双重"班级文明量化评比奖励方案。

8. 规范学分认定管理

坚持"学习过程+学习结果+综合素质评价"的学分认定原则，将过程性评价和结果性评价有机结合起来。建立包括课堂教学、学生考勤、行为规范、社团活动、综合实践等多个方面的学分认定模式。分学期、分阶段针对必修模块和选修模块对学生进行客观真实的学分认定，必修模块允许学生补考或重修，选修模块允许补考、重修或重选，以此促进学生顺利完成国家课程和校本课程的学习。

9. 实施学业规划指导

成立学生发展指导中心，建立学业规划制度，编制学业规划讲义（读本）。在高一、高二和高三分类开展导师个别指导和开设学业规划指导课程。在高一上学期，开设中学生职业生涯规划选修课，对学生进行学考与选考、必修课与选修课的介绍；在高一下学期，进行高考专业报考介绍及学生选考选课指导，分析各行业内涵及发展前景，使学生对今后职业生涯有一个初步认识与定位；在高二介绍国内外各类高等院校及相关专业的设置，引导学生对高校课程与专业、高校选择以及今后职业选择的方向有一个初步认知；对高三学生则偏重相关专业及对应的高校的报考指导。

八、加强师资队伍建设，名师示范引领

通过培训学习和专题研究，尽快形成一支由专家型校长挂帅、教学骨干引领、全体教师参与、专家团队指导的新课程新教材实施示范团队，以适应新时代新课程的要求。重点解决管理者及教师对校情、学情的把握能力以及课程规划能力、课程建设能力、课程实施能力和课程评价能力。加大对班级编排、学生管理、教师调配、教学设施配置等方面的统筹力度，提高教学管理水平和资源使用效率。

我校学科带头人、骨干教师占教师总数70%以上。学校拥有英语正高级教师胡福强文特级教师、正高级教师易东晖，语文特级教师、正高级教师贺克春，物理全国优秀教师李健华。

学校相继成立了龙岗区首个名班主任工作室、深圳市名班主任工作室——魏胤君工作室、龙岗区名师工作室易东晖工作室、贺克春工作室、李健华工作室、邹国云工作室,市级名师工作室——姜少梅工作室、易东辉工作室、贺克春工作室。

学校教师爱岗敬业,无私奉献,顽强拼搏,传为美谈。晚自习、自习课全校60个班,班班安排教师进班辅导。20多年来,高三教师没有晚自习也到岗指导学生,成为布高的优良传统。

打造高效课堂,创建布高教学新模式,全面提升教师业务素养。教师基本竞赛、命题比赛、说课比赛、微课比赛、教学设计比赛、实验操作比赛,只要是省、市、区组织的比赛,布吉高中教师一马当先,身手不凡,捷报频传:仅2022年,我校教师就有60人夺得了78个省、市、区各个级别奖项。

九、重点突破课堂,保障新课程新教材的顺利实施

"三动课堂"要求教师在课堂教学中通过"生动""活动""灵动"这三大抓手来构建全新的高效课堂,赋予课堂全新的活力、张力、效力、生命力,从而充分激活学生自主学习、合作学习、探究学习、创造学习的强大内驱力,彻底改善传统课堂沉闷、枯燥、乏味、效益低下的课堂教学生态,进而多角度、多渠道、全方位推进新课程改革,提升学生综合素养,着力发展学生核心素养,并最终达到提高课堂教育教学效益的目的。这就要求教师的教育教学理念需要实现根本性的转变。教师不再是以往单纯的"传道、授业、解惑"者,而是要充当开发者、组织者、合作者、促进者和指导者的角色。教学改革的成败归根结底取决于教师观念的转变以及教师对"三动课堂"实施的普遍认可。为此学校将通过各种培训以及行政手段强力推进"三动课堂"的实施,保障新课程新教材实施的顺利进行。

十、办学成效显著,低进高出、高进优出

高考进步率名列深圳前茅,年年获深圳高考奖。2021届879人参加高考,本科上线577人,上线率达65.6%,创学校本科上线率历史新高。专科上线率100%。艺体考生多人问鼎名校。

2022年高考取得优异成绩,再创辉煌。

特控上线人数首次破百。2022年我校918人参加高考,特控上线100人。总分600分以上9人,沈志同学634分。

本科上线率超过75%。2022年我校本科上线689人，上线率超过75%。纯文化822人，本科上线593人；艺体类本科上线96人。

文化单科高分276人次。语文120分以上59人，最高分129分；英语120分以上168人，140分以上5人，最高分145分；物理2人满分，90分以上15人；政治90分以上7人；地理90分以上5人；化学90分以上7人；生物90分以上15人。

艺术体育本科百分百上线。艺体类考生96人，全部上本科。

十一、与时俱进，因材施教，办优质高中，我们有保障

（1）组织保障。成立学校新课程新教材课堂教学改革领导小组，学科指导小组、教师学习小组。

（2）队伍建设。根据新课程实施需要，组建高中新课程新教材实施实验项目建设工作领导团队，发挥正高级、特级等名师及骨干教师的引领作用，配齐配足教师；加强教师队伍和教学管理人员的专业化建设。

（3）经费投入。为加强高中新课程新教材实施实验项目建设、学校拨付专项资金用于学校实验项目创建工作，主要用于新课程新教材实施专项研究、过程指导、培训研修、教研工作、教学资源建设等。

（4）条件保障。适应学校新课程新教材实施的需要，在学校校舍建设、教学仪器设备配置、图书资料购置等方面加强条件保障。

十二、办人民满意的教育，布吉高中永远在路上

（1）继续加强学校课程建设，提倡"五育并举和融合"，在音乐、美术、体育、心理、信息技术、劳技等课程等综合学科进行跨学科融合的探索和实践，形成和丰富学校的校本课程。

（2）以单元教学设计与实施为重点，推动文化学科的教学改进，两年内拟完成布吉高级中学《基于"三动"模式的大单元教学设计学校行动手册》。

（3）各学科通过对三动课堂的不断研究创新，形成一定数量的单元教学案例，形成布吉高级中学教学案例资源库，出版布吉高级中学《面向单元教学的三动课堂教学案例集》。

（4）向市区两级推荐"面向单元教学的三动课堂"展示课。

▶第二部分
"双新"背景下的学校教学管理

在"双新"背景下的学校教学管理,主要是指适应"双一流"建设和"互联网+"时代发展的需求,在课程设置、信息技术支持、数据驱动决策、课堂教学管理、师资队伍建设、学生管理与关怀以及家校合作等方面进行全面的改革和创新,以提高学校教学质量和学生发展水平。包括强化信息技术支持,建立学校教务管理系统,实现教学资源的数字化管理和共享,提高管理效率;推进数据驱动决策,通过数据分析和挖掘提供科学依据,指导教学管理决策,促进教学质量的提升;优化课程设置,根据学生和社会的需求进行课程改革和优化,注重培养学生的综合素质、创新思维和实践能力;强化课堂教学管理,加强对教学过程的监控和评估,推动有效的互动教学、翻转课堂等教学模式的应用,提升教学效果;提升教师素质,加强对教师的培训和职业发展支持,促进教师专业发展和教学能力提升;建立评价机制,鼓励教师的教学创新和优质成果的产出;个性化发展支持,为学生提供个性化的学习指导和发展计划,帮助学生全面发展;关注学生心理健康,加强心理健康教育,建立健全的心理咨询及支持体系,关注学生的心理需求;强化学校与家庭合作,共同关注学生的学习和成长,营造积极的家校互动氛围;加强跨部门协同,实现教学管理的一体化和信息共享。这些改革和创新措施将有力地支持和促进学校教学质量的提升,从而更好地适应时代的发展和教育改革的需求。

第七章 "双新"背景下学校课程体系的建设
——布吉高级中学新课程实施规划

　　一所学校的课程体系从本质上反映着学校的育人理念，是一线老师确定人才培养方案，由此丰富校园活动的重要根据。在素质教育体制下，综合开展学生的德智体美劳素质教育已经成为学校教育的新的目的，所以学校要由此来更新，健全课程体系，坚持以学生的综合发展为中心，全面优化课程结构，创新课程教学方法，全面推进学校教育的高质量发展。另外课程体系本身也表达着详细的学校文化，所以更应该慎重设置、科学推进，全面优化学生的成长环境。2018年起广东省开始新课程新高考。根据国家普通高中新课程方案、各学科课程标准，以及相关文件精神的有关要求，为促进布吉高中课程建设工作规范、有序地开展，学校将积极行动，认真组织学习，提高认识，确定重点，强化管理，结合学校实际，制订切实可行的推动新课程行动计划，积极稳妥地推进高中课程改革方案。

一、课程设计指导思想

　　根据《普通高中课程方案（2017年版2020年修订）》及相关政策精神，坚持有利于培育普通高中学校特色、有利于促进学生个性发展、有利于为国家培养各类人才的原则，加快选修课程建设，转变育人模式，把更多的课程选择权交给学生，把更多的课程开发权交给教师，把更多的课程设置权交给学校，促进高中多样化、特色化，实现学生在共同基础上有个性的发展。

二、课程设计基本原则

1. 基础性原则

关注学生的综合素质和全面发展，凸显核心课程的主体地位，为学生的个性成长打下坚实的基础。

2. 选择性原则

推进选课走班，建立多层次、多元化、可选择的课程体系和自主选择课程制度，为学生自主学习、个性发展创造条件，满足不同潜质学生的发展需要。

3. 人本化原则

以学生发展为本，并重学生的个性差异，以学生的需要为出发点，注重学生潜能的开发和学生情感的提升。

4. 本土化原则

关注反映当地社会经济情况，充分利用南岭村社区、大芬油画村改革开放历史变迁、发展素材，把积极进取文化作为选修课程的一个重要内容，让学生了解家乡、热爱家乡。

5. 可持续发展原则

根据"个性化、优质化、现代化"的办学目标，注重基础知识、基本能力和核心素养教学，为全体学生终身学习和可持续发展奠定坚实基础。

6. 循序渐进原则

普通高中课程改革是一项系统工程，不可能一蹴而就，既要坚定课程改革的决心和信心，又要积极稳妥，循序渐进，分步到位。

三、课程体系构建思路

课程体系构建的总体思路是"必修课程校本化，选修课程多样化"。

1. 依托国家必修课程，开发校本化课程

结合学校培养目标，对国家课程进行二次开发。通过重组、补充、取舍、替换、拓展和调整等策略对教材内容进行适当的处理，使之更加符合教学实际状况。

2. 依托国家选修课程，开设"知识拓展类"选修课

包括必修拓展课程、学科发展前沿课程、学科研究性学习等。必修拓展课程主要选用已经国家审查通过的选修课程，组织教师进行二次开发。

3. 依托社会，开设"社会实践类"选修课程

我们将充分利用当地的社会资源，如南岭村社区、大芬油画村、深圳红树林

等乡土资源广泛地开展调查探究、社会实践活动。

4. 依托社团，开设"兴趣特长类"选修课程

我校原有许多学生社团，我们将依托这些社团，广泛开展体育、艺术、健康教育、休闲生活等方面的选修课程。

四、学校课程体系

(一)"扬长教育"课程群

课程是学校的产品，是实现学校育人目标和教育理想的载体。学校以"实"为核心，以学校专任教师为主体，精选、二次开发、原创等方式，围绕"让每一个学生都体验成功"办学理念，开发部分知识拓展类、兴趣特长类、社会实践类、职业技能类选修课程，学校课程体系划分为扬善、扬智、扬能和扬艺四个课程群。

"扬善"课程群对应生命教育课程、生涯规划课程、审美教育课程、阳光德育课程，培养学生完善的品格；"扬智"课程群对应国家必修课程、校本必修课程，培养学生厚实的基础；"扬能"课程群对应人文类拓展课程、自然科学类课程，培养学生突出的才能；"扬艺"课程群对应艺术类课程、课间类课程、实践探索类课程，培养学生鲜明的特长。

每个课程群的学习领域围绕知识拓展类、兴趣特长类、社会实践类和职业技能类选修课程相互渗透，并形成学校六大特色课程模块，四个课程群合力实施，最终达到培养学生全面发展的教育理念。

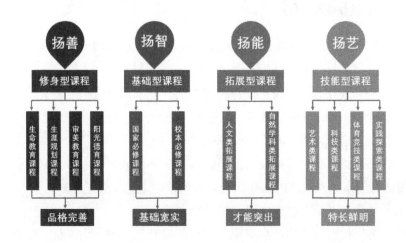

布吉高中"扬长教育"课程体系

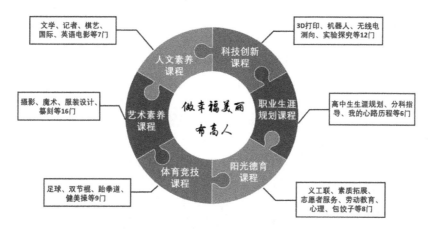

布吉高中六大特色课程模块

（二）四大课程群重点研发课程和特色课程建设（部分）

课程群	学习领域	课程内容	课程类别	说明
扬善	生命教育	体育与健康、心理健康小知识、心理剧	必修课、知识拓展类、兴趣特长类	
	生涯规划	高中生职业生涯规划、我的心路历程	职业技能类	
	审美教育	文明交际礼仪、美学初步、法制教育、科技发展史、文学欣赏、演讲与辩论、学校发展史	知识拓展类、兴趣特长类	
	阳光德育	我爱校园、养成教育、礼仪修身、尊老爱幼、孝在我心、青年志愿者在行动、社区服务、研究性学习、社会实践	知识拓展类、兴趣特长类、社会实践类和职业技能类	
扬智	国家必修课	九门必修课程	必修课程	
	校本必修课	学科"培优"与"补差"、初高中学科衔接、学科竞赛辅导、文学欣赏、宋词赏析、国学精粹经典智慧、英语阅读、听力进阶、文化视野中的数学	知识拓展类和兴趣特长类	
扬能	人文类拓展课程	文明交际礼仪、美学初步、法制教育演讲与辩论、学校发展史、汉字的魅力	知识拓展类和兴趣特长类	
	自然科学类拓展课程	科技发展史、区域地理、旅游地理、物理知识、化学知识、生物知识	知识拓展类和兴趣特长类	

续表

课程群	学习领域	课程内容	课程类别	说明
扬艺	艺术类课程	音乐鉴赏、美术鉴赏、大鹏写生、体育艺术节、摄影社、书法社、街舞社、黑白空间社、动漫社、插花艺术社、服装设计、食品标签解读文学社、短篇文学欣赏与创作、电影欣赏、经典西方音乐赏析、荣誉毕业生	必修课、兴趣特长类和职业技能类	
	科技类课程	通用技术、研究性学习、信息技术、社团科技节、魔术社、趣味物理实验表演、生活与化学、创客实验室、3D打印、算法与程序设计	必修课、兴趣特长类和职业技能类	
	体育竞技类课程	足球、篮球、乒乓球以及跆拳道社、围棋社、象棋社、无线电测向、三模	兴趣特长类和职业技能类	
	实践探索类课程	南岭村发展变迁、大芬油画村发展变迁、红树林考察、参观华为等企业、义工社、志愿者服务、劳动教育、包饺子活动	社会实践类	

（三）学校课程体系体现的特点

1. 强化必修基础课程，体现课程设置的规范性

抓好必修课程是学校课程的核心所在。学校需要通过改革教与学的关系，谋求一系列适切的教学方式，保持并发展必修课程"优质教学"的传统，"文理并重，夯实基础"，重在让学生掌握学科的基础知识和基本原理，培养学生学科的思维能力和知识原理的运用能力。

2. 提升知识拓展课程，体现课程设置的拓展性

以"拓宽知识，培养兴趣，主动发展"为宗旨，让学生形成更为扎实的知识基础，致力于学生的"潜能开发，特长发展"，进一步体现对学生个性发展的服务功能。

3. 增设乡土课程，体现课程设置的本土性

设置了关于深圳社会、经济、文化为内容的选修课，拓展知识视野，培养学生根植龙岗、反哺家乡的情怀、知识与技能。

4. 突出职业技能课程，体现课程设置的实践性

学校与职校合作，引进较多的职业教育课程，旨在让学生掌握一定的职业技能,接受一定的创业教育,培养创新精神和动手能力。

5. 发展兴趣特长课程,体现课程设置的人本性

学校重点发展了培养兴趣、发展个性特长的选修课程,旨在让学生在兴趣的引导下明确今后的发展方向。

五、选修课程的设计与开发

根据《普通高中课程方案(2017年版2020年修订)》及相关政策精神,为优化育人模式,满足学生全面且有个性发展的需要,推进我校特色化发展,提高教育质量和办学水平,为此特制订本校选修课的设计与开发制度,并于2018年秋开始实施。

(一)选修课程设计指导思想及基本原则

学校秉承"德才兼备、求实创新"的校训,坚持"以人为本、科学管理、务实高效、持续发展"的管理理念,在深化新课程改革背景下紧紧围绕"以生为本,聚焦课堂"的教学核心,倡导"德育为先,科研立校"的办学思路,以课程改革为契机,以"实"为核心,打造特色课程体系。选修课程的开发开设遵循学校课程设计的基本原则

(二)选修课程开发目标

(1)通过校本课程的开发,培养一批复合型、科研型的教师。

(2)培养学生的兴趣爱好,发展个性特长,提高学生自主学习、自我完善的能力。

(3)拓展学生的知识领域,培养创新精神和实践能力。

(4)培养学生的团结合作意识,提高学生的思想品德修养和审美能力,陶冶情操、增进身心健康,使学生热爱学校生活,适应社会。

(三)选修课程开发步骤

(1)建立领导机构:学校课程管理领导小组、课程实施领导小组。

(2)前期论证:围绕"六大特色课程群"让老师确定课程名称及具体内容。将开发的课程纲要给学生征求意见,看所开课程学生是否意愿。

(3)培训师资:一是选修课程理论。内容:基础教育课程改革与选修课程研

究。培训方式：讲座、研讨。二是教师专业知识培训。学校对担任选修课程的教师进行相关专业知识培训。

（4）撰写课程纲要课程纲要阐明以下几方面内容：①课程目标：全面、恰当、清晰地阐述课程涉及的目标与学习水平。②课程内容或活动安排。③课程实施：包括方法、组织形式、课时安排、场地、设备、班组规模等。④课程评价：主要对学生学业成绩的评定，涉及评定方式、记分方式、成绩来源等

（5）教师正式开题，学生自主选择。开课之初，教师向全体学生介绍所开课程的主要内容、目的、授课方式等，让学生根据教师的介绍自主选择。

（6）课程实施领导小组做好监督、测评。参与听评课的指导，调控选修课程实施情况，总结经验，解决问题。

（四）选修课程主要内容

1. 学科拓展类

（1）主要内容：该类选修课程主要为语文、数学、英语、思想政治、历史、地理、物理、化学和生物等9个学科的选修课程，包括必修拓展课程、大学初级课程、学科发展前沿课程、学科研究性学习等。

必修拓展课程是必修知识的拓展与延伸，旨在为学生进一步学习打下扎实的基础，主要从国家选修课程模块中选用。

大学初级课程是衔接高中与大学的课程，旨在培育学生专业兴趣，拓宽学科视野，提高探究能力。学科发展前沿课程主要是介绍学科最新研究成果的课程，旨在让学生感受学科的发展方向。学科研究性学习主要是在教师指导下，以学生自主选择和确定研究课题，主动获取知识、应用知识、解决问题为基本教学形式的课程，旨在培养学生创新能力和实践能力。

（2）课程开发：学校是普通高中选修课程建设的主体。根据本校选修课程建设规划，积极开发知识拓展类选修课程。必修拓展课程主要选用已经国家审查通过的选修课程。大学初级课程、学科发展前沿课程学校可以自主开发，可以与高校、中等职业学校、科研机构、社会机构及行业企业合作开发，也可以引进国内国际精品课程并进行二次开发。学校积极和其他机构利用现代教育技术，开发网络选修课程，具体由教科室负责。开发的形式有三种：①难度不大的应用型课程，由本校教师开发；②介绍学科最新成果的课程，难度一般较大，可以向高校有关专家求助，聘请他们当顾问，在专家的指导下进行开发；③选派教师到高校进修学习一段时间，边学习边开发。

（3）课程开设：学校根据学生需要及学校实际，为学生提供各学科知识拓展类选修课程，满足学生选课需要。知识拓展类选修课程占总选修课程的比例不超过60%。

知识拓展类选修课程以本校开设为主，可以依托现代网络技术，由学生自主选择网络选修课程，实行课内选修教学和走班教学相结合，具体由教务处组织实施，学分由学分认定委员会认定。

（4）课程管理：学校制订知识拓展类选修课程建设规划，提前公布本学年拟开设的知识拓展类选修课程目录、课程信息。学校建立选课指导制度，加强人生规划教育。

2. 职业技能类

（1）主要内容：该类选修课程主要包括生活技能、职业技术、地方经济技术等课程。

生活技能课程主要是指家政、理财等课程，旨在帮助学生获得有效处理生活事务的各种技能，以培养生活情趣，提高生活能力。

职业技术课程主要是指面向社会的职业课程、面向高校的专业课程，以及通用技术和信息技术的拓展性应用课程，旨在增强学生的动手能力，帮助学生掌握一定的职业技能，培养专业倾向，为适应社会和大学专业学习奠定基础。

地方经济技术课程主要是指与地方产业发展紧密相关的各种特色经济技术课程，旨在激发学生热爱家乡建设的热情，传承地方传统经济和传统工艺，并在传承中实现创新发展。

（2）课程开发：学校可以立足自身师资资源，从学生实际出发，自主开发职业技能类课程。从学生个性发展需求出发，结合本校实际，充分挖掘当地职业技能类课程资源和特色产业、民间传统工艺与技术资源，有目的地开发职业技能类课程。或直接选用经审定通过的中职技能类课程，也可以根据学生特点和培养目标进行二次开发，调整教学内容和要求，使课程内容与要求更切合普通高中学生。另外，还依托当地的行业特色，开发适合普通高中学生使用的职业技能类课程。具体由教科室负责。

（3）课程开设：学校将根据学生需要及学校实际，为学生开设丰富多彩的职业技能类选修课程。职业技能类选修课程比例占总选修课程的比例不少于10%，每个高中学生职业技能类选修课程学分不少于6学分。学校将建立职业技能类选修课程供给和管理平台。根据本校实际，采取灵活多样的开设方式。

①以本校为主体开设，学生走班上课。

②同实践基地和行业企业合作开设，根据课程操作与实训的要求，合理配置上课时间、地点与师资。根据课程操作与实训的要求，合理配置上课时间、地点与师资。

③依托现代网络技术，由学生自主选择网络选修课程，具体由教务处组织实施。

（4）课程管理：每学年学校要提前公布本学年拟提供的职业技能类选修课程目录以及课程信息。

学校要建立选课指导制度，加强人生规划教育，指导学生根据兴趣特长和人生规划，制订职业技能类选修课程修习计划。学生在教师指导下，根据自己的兴趣、爱好和特长，实行自主选课。

学校鼓励本校教师通过进修、自学等途径，或者聘请高校及社会专业人士，担任职业技能类选修课程教学工作。

3. 社团类

（1）主要内容：包括体育、艺术、健康教育、休闲生活、知识应用等课程，旨在发展学生潜能，提高综合素质。

体育类课程包括体能类、形体类、民族民间体育类、新兴运动类等，旨在更好地帮助学生形成运动习惯，掌握科学锻炼的方法，提高体育实践能力，树立终身锻炼的意识，练就健康的体魄，为学生发展专长打下基础。

艺术类课程包括歌唱、演奏、舞蹈、戏剧表演、绘画、设计、工艺、书法篆刻等，旨在提高学生艺术素养，为具有艺术特长、对艺术有特殊爱好的学生提供发展潜能的空间。

健康教育类课程包括心理健康、营养卫生等，旨在确立健康意识，养成良好的生活方式，提高学生心理素质和社会适应能力。

休闲生活类课程包括休闲娱乐、户外运动等，旨在让学生了解健康休闲生活的态度、内容与方法，懂得协调学习、工作与休闲之间的关系和方法。

知识应用类课程主要指学生运用所学知识解决现代生产和生活问题的课程，如小发明、小创造、小实验等，旨在让学生感受学科知识的价值，激发学生专业学习的兴趣。

（2）课程开发：立足本校师资资源，充分挖掘每位老师特长，从学生实际出发，自主开发兴趣特长类课程。具体由教科室负责，由音乐、美术、体育学科组开发，同时，也鼓励有特长的教师参与。要求每一位音乐、美术、体育老师都负责一门兴趣型选修课，并把它稳定下来，形成我校的特色。

（3）课程开设：学校应制定社团类选修课程建设规划和实施方案，创造条件开设兴趣特长类选修课程。

（4）课程管理：每学年学校要提前公布社团类选修课程的开设计划、课程信息和学分认定办法，学生在教师指导下，根据自己的兴趣、爱好和特长，实行自主选课。

学校根据选课情况，组织走班教学，允许学生到社会机构包括行业企业修习兴趣特长类选修课程。

4. 社会实践类

（1）主要内容：社会实践类选修课程主要包括调查探究活动、社会实践活动、校园文化活动。

（2）课程开发：社会实践类选修课程开发以学校自主开发为主，主要由团委、学生会、社团协同开发。同时，鼓励学校与社会机构包括行业企业联合开发社会实践类选修课程，引进校外精品课程，并进行二次开发。具体由教科室负责。

（3）课程开设：学校应每学年提前制定并公布社会实践类选修课程开设计划。学生在教师指导下自主选课。具体由政教处、团委组织实施。

（4）课程管理：学校既可以指定本校教师担任指导教师，也可以聘请家长、社区专业人士等担任指导教师。有条件的学校，可以与高校、社会机构包括行业企业合作开设社会实践类选修课程。社会实践类选修课程开发以学校自主开发为主，每学年提前制定并公布社会实践类选修课程开设计划。学生在教师指导下自主选课。社会实践类选修课程安排在节假日和课外时间。

第八章 "双新"背景下学校课堂教学新范式的构建

——以布吉高级中学"三动课堂"为例

在"双新"背景下,学校课堂教学需要进行改革以适应时代发展和教育改革的需求。改革的关键包括引入创新教学方法、强化信息技术支持、倡导个性化学习、推动跨学科融合、加强实践与应用、强化评价与反馈以及建立协作机制。采取这些措施可以促进学生的自主学习和问题解决能力,丰富课堂教学内容,培养学生的综合思维和实践能力,学校可以通过科学的评价与反馈体系保障教学质量。当然,学校课堂教学需要进行渐进式的改革,根据各学校实际情况和资源条件,因地制宜,确保改革的可行性和可持续性。本章,笔者将以深圳市布吉高级中学为例,探索"双新"背景下学校课堂教学新范式的构建。

布吉高级中学是深圳市一所普通高中,从生源角度来看,大部分学生基础薄弱,学习习惯存在不少问题:对老师依赖性强,自主学习能力不足……面对这样的校情和学情,学校班子带领老师们积极探索,投身新课程改革,在课堂教学改进行动中持续发力,提炼出具有布高特色的"生动、活动、灵动"(以下简称"三动")课堂教学生态。

当前,高中阶段新课程、新教材改革(以下简称"双新")叠加正在进行,2022年4月,教育部又公布了义务教育课程方案,核心素养时代真正到来。"双新"实施对教师的课堂教学改革能力、育人能力提出了更加迫切的挑战。学校应当化"被动接受"为"主动拥抱",发挥示范作用,保障"双新"工作的推进及落地,助力学生全面发展、健康成长。

一、面对"双新"，学校主动开展课堂改进行动

（1）学校率先成立了以校长为组长、副校长为副组长，教学处负责人、科研处负责人、九大文化学科教研组长为成员的"课堂教学改进行动"实施小组。

（2）科研处、教学处牵头制订《布吉高级中学课堂教学改进行动》计划。

（3）教学处具体组织全校教师开展高效课堂改革的实践探索，科研处主要引导教师进行经验总结和理论提升，开展各项培训活动。

（4）教学处每学期每周都举办全校性的高效课堂公开课、示范课，科研处每学期收交高效课堂教学论文、教学案例、教学反思，择优在《布高教育》发表，并向区级、市级、省级、国家级学术刊物推荐。

（5）校级领导、教学处领导、科研处领导随时随地推门检查各学科组的集体备课、教师上课和专题研讨活动。

（6）每学期期中进行全校性的常规检查，重点查阅新课程下的各项常规。

（7）各教研组围绕高效课堂这一主题开展研讨，形成具有高效课堂特色的学科教学范式。

在课堂教学改革实践行动中，学校采取了一系列策略。

（1）培训学习，理念转变先行。在2018年2月启动之初，学校组织了8次教师集中培训，更新教师的教育教学观念，达到全校上下统一思想，统一行动。

（2）勇于实践，由点及面推开。从2019年2月开始，学校组织了十多次教学论坛来确定课改方向，通过行政手段和学术引领两种手段来推进深度学习与高效课堂的融合和贯通。

（3）骨干带头，引领全员参加。通过骨干教师、教研组长、名师工作室主持人的典型示范，来带动一线教师全员参加。通过教师晋级活动深化课堂改革，通过公开赛教活动展示课改成果。

（4）勤于总结，提炼操作方法。从2020年2月开始，九大文化学科均推出了自己的教学方法。推动各学科教学方法的具体实践和推广应用，到目前为止，师生的精神风貌以及教学和学习方式都得到了很大提升，也取得了一系列的成绩。

二、全员参与，构建"三动"高效课堂教学样态

经过近4年的艰辛探索，"三动"高效课堂教学范式（三动课堂）应运而生。

那么，"三动"高效课堂教学范式的"三动"具体是指什么呢？

"生动"的"生"即学生，是有思想、有活力、能起积极作用的学习主体。教师在组织课堂教学时，要让每个学生在课堂上都要动起来。课堂是学生的学堂，学生必须全身心参与，不仅要手动、眼动、口动、耳动，而且更要心动、脑动；不仅学生个体要动起来，还要学生与学生之间、学生与教师之间也要互动起来，更进一步的"动"是学生与书本之间、与智慧教学系统之间也要互动起来。学生只有充分地动起来，才可能真正地避免精神萎靡不振、趴桌睡觉、心不在焉等内卷的被动学习状况。"生动"强调的是学生学习的主体性。

"活动"则是教师为达到某种教育教学目的而采取的组织学生参与"教"特别是"学"的具体教学行动。教师要精心设计教学环节，根据教学内容、学生情况创设一系列能最大限度地激发学生学习兴趣、调动学生学习积极性和创造性的活动情境来组织活动。"三动"高效课堂的"活动"就是要通过教师的"导学、助学、督学"，支撑学生知识构建、学习方法优化和个性发展，让学生在活动中达成教学目标。"活动"侧重的是每一位学生在课堂学习中的参与度。

"灵动"是指课堂教学活泼不呆板，富于变化，充满灵气。充分展示学生生命的张力，让课堂灵动有趣，和谐温馨，促进学生高效深度学习的发生，使学习主体达到心灵自由、生命成长的最佳状态。课堂的"灵动"则更加关注学生思维活动的广度与深度。

"三动"是高效课堂的三大构成要素，教师的教学目标、教学内容、教学过程、教学方式、教学手段、教学效果主要是通过学生的"三动"来完成的。可以说"三动"贯穿于高效课堂的整个课堂教学的始终。它们是紧密相连、相辅相成、密不可分的课堂教学的有机组成部分。生动、活动、灵动在逻辑上是层层递进的，在结构上是逐步深入的，在难度上是不断加大的。"三动"高效课堂的核心是学生，它更加致力于学生学习能力的培养，并最终实现立德树人的教育目的。

教师在课堂教学中通过生动、活动、灵动这三大抓手来构建全新的高效课堂，赋予课堂全新的活力、张力、效力、生命力，从而充分激活学生自主学习、合作学习、探究学习、创造学习的强大内驱力，彻底改善传统课堂沉闷、枯燥、乏味、效益低下的课堂教学生态，进而多角度、多渠道、全方位推进新课程改革，提升学生综合素养，着力发展学生核心素养，并最终达到提高课堂教育教学效益的目的。

目前，布吉高级中学各个科组都探索出了适合校情学情的教学模式：政治教研组的"共声共享"教学法；历史教研组的"情景教学法"；物理教研组的"构建物理循环课堂"；生物教研组的"聚焦概念问题导学"教学法；语文教研组的"依托信息技术构建项目式混合式高效语文学堂"；数学教研组的"三问"驱动教学法；地理教研组的"互联网+背景下情景体验式教学"；化学教研组的"基于真实情境的高中化学微项目学习模式的建构"；英语教研组的"问题导学图文联动"教学法，九大文化学科相继推出，成为指导学科教学的定盘星。

学校层面也在积极总结和提炼，反映学校"三动"课堂教学范式的文章发表在2021年5月19日《中国教育报》第7版教改风采栏目上。反映学校课堂教学改革的事迹分别被《深圳侨报》和《南方教育时报》报道。

三、成效明显，四年改革取得丰硕教改成果

"三动"高效课堂通过一系列的原则、方法、策略的实施、教学形式的重构、灵活教法的运用、最大限度地将课堂还给了学生，改变了传统课堂沉闷的气氛，调动了学生学习的积极性，为学生们的学习带来了更轻松、灵动、高效的体验，从理论上来讲，应该是很大程度上提升了课堂教学的效率与效益。

但任何理论的实行与推广，必须要经得起实践的检验，它才有存在的可能与必要。"三动高效课堂"是否高效，是否真的能够取得事半功倍的效果、达到预期的教学的目的，还需要经得起实践的考验。"三动高效课堂"要想行稳致远，经受住各类考试的检验，还必须把教学效益尤其是教学成绩作为"三动高效课堂"教学的一个相当重要的因素，加以综合考虑。

教师作为课堂教学的实施者和教学质量的把控者，在整个课堂教学的过程中，从教学设计到教学安排再到教学过程，都要把教育教学质量放在十分重要的位置。其实，这一点与课程标准和教学大纲并不矛盾。在通常的教育教学的三维目标中，"知识目标"本来就占据着举足轻重的地位。在目前的国情下，适当重视一下"知识目标"也未尝不可。"三动高效课堂"的本质就是要激发学生学习的积极性、参与性，充分挖掘学生的潜能，提升学生学习成绩，增强学生的综合素质，让学生"追求卓越，体验成功"。

因此，在"三动"高效课堂的教学范式下，教师是课堂教学质量的第一责任人，更是学生课堂学习效果的考核者。教师在组织学生进行学习时，不仅要考虑学生学习内容、学习方式，还要考虑学生学习效果。如果学生考试成绩不理想，教师就要认真反思自己的教学思想、教学方向、教学手段、课堂教学的各个环节、课后的反馈等方面是否出了问题，并及时地加以调整和改进，使"三动高效课堂"真正成为教师乐教、学生乐学、教学效果显著的更具有生命力的、更加适合学生成长的高效生态课堂。

　　"三动"高效课堂教育教学改革试验的全面不仅激发了学生的积极性，改变了学生的行为习惯和学习习惯，提高了课堂教学效益，把更多的学生送进了更高层面的高等学府深造，而且也极大地促进了教师教学观念的全新转变，推进了教师自身专业的发展。截至目前，学校共有特级教师2名，正高级教师4人，高层次人才数量位居龙岗区高中学校第一。171位教师入选龙岗区教坛新秀、骨干教师、学科带头人培养对象，位居龙岗区中小学幼儿园第一。在研区级课题35个、市级课题5个、省级课题2个，总数量荣登龙岗区榜首。全校教师仅仅一个学年在区、市、省、国家级刊物发表作品196篇，出版学术专著3部。在龙岗区和深圳市举行的各类教师基本功竞赛、命题比赛、说课比赛、微课比赛、教学设计比赛、实验操作比赛中，我校教师更是捷报频传：仅2022年，我校教师就有60人夺得了78个省、市、区各个级别奖项。

　　一路走来，我们体会到了"三动"高效课堂教学改革的艰辛与坎坷，也明白了"三动"课堂教学改革并非只是课堂教学方法的转变，而是一个系统工程、育人工程，涉及思想、观念、方法等各方面的全方位改变，要想真正领悟其中的精髓，唯一的途径就是钻研新课程、新教材、新高考，不断地学习、不断地实践、不断地反思、不断地改进，这样才能在课堂教学改革的道路上行稳致远，走向更加美好的教育新天地。

第九章 "双新"背景下学校
评价改革的探索与实践

2020年6月30日，中央全面深化改革委员会第十四次会议审议通过了《深化新时代教育评价改革总体方案》(以下简称《方案》)，指明了今后教育评价改革的基本方向。《方案》第一句话"教育评价事关教育发展方向，有什么样的评价指挥棒，就有什么样的办学导向"，就指出了教育评价非同一般的重要性。中央希望通过评价改革来撬动和引领教育改革。

中国教科院副研究员杨清认为，教育评价是学校对教学活动的价值进行判断、挖掘和提升的过程。他指出，从现代课程与教育评价的发展历程来看，虽然不同时期的研究者对教育评价关注的重点不同，但评价与价值一直密不可分，价值是评价的核心要素。《现代汉语词典》对评价的解释是"衡量人或事物的价值"，英文中"evaluate（评价）"也是从"value（价值）"这一词根变化而来。具体来说，评价作为一种与价值关联的活动，其价值特性主要表现在判断价值、发现价值和提升价值三个方面。所以，教育评价是学校对教学活动的价值进行判断、挖掘和提升的过程。

教师在进行教育评价时，首先要明确教育评价的目的是什么。教育评价至少有以下几个目的：（1）促进学生学习。通过评价学生的学习表现和学习成果，教师可以了解学生的学习情况，并根据评价结果来调整和改进教学方法和策略，以更好地满足学生的学习需求和提高他们的学习效果。（2）改进教学质量：教育评价可以帮助教师了解自己的教学质量和教学效果。通过评价教学过程和教学成果，教师可以发现自己的教学优势和不足之处，并进行自我反思和改进，以提高教学质量和教学效果。（3）个性化指导。通过评价结果，教师可以给予学生针对性的反馈和建议，帮助他们发现自己的学习优势和改进的方向，激发学生的学习动力和潜力，并提供适合他们个体需求的学习支持和指导。（4）促进教育改革和学校发展：教育评价也是教育改革和学校发展的重要手段之一。通过评价教学效果和学校管理情况，可以发现教育体系中存在的问题和不足之处，并提出改进措施和政策建议，推动教育改革和学校的持续发展。

教育评价包含四个方面：结果评价、过程评价、增值评价和综合评价。《方案》在主要原则中明确提出要"改进结果评价，强化过程评价，探索增值评价，健全综合评价"，这将是高中学校校本评价体系改革方向。本文将从这四个方面入手，探讨在"双新"背景下，我校评价改革的探索与实践。

一、改进结果评价

结果评价在教育上也可以称为"终结性评价"，是指在学习任务或者教育活动结束以后，对学生学习结果的一种评价活动，包括对分数和作品的评议。最常见的结果评价就是考试分数。而"唯分数"带来的直接后果是教育教学活动完全以提高考试分数为中心，忽视了学生在德智体美劳等方面的发展；把海量刷题作为教与学的主要手段，忽视了学生自主阅读和主动探究等学习方式；不仅降低了学习的投入与产出效果，而且加重了学生的学习压力和心理焦虑等。

布吉高级中学改进结果评价的思路是，结果评价与过程评价相结合，突出过程评价。主要有三个措施：（1）优化作业分层设计。正视学生的差异，作业形式多样化，增加作业的趣味性，给学生创造的空间。（2）优化试题命制。选择真实情境的素材，以符合"新材料、新情境"的命题原则。设计命题评分量表，使老师们的命题更加符合新课程、新教材的精神。（3）编《学生成长手册》，记录学生成长过程。该手册学生人手一本，里面除了记录学生的考试成绩，还包含学生其他方面的表现，如考勤、作业完成情况、奖惩记录、自我评价、同学互评、教师评语、家长寄语等。该手册每学期末填写，学生除了能了解期末考试成绩（不排名），还会反思总结自己一学期的表现，了解人际关系状况，以及在老师心中的印象，家长看到后还会写寄语表达鼓励和期望。考试分数作为结果评价最直观的呈现，不是不能谈，而是不能唯分数论。

二、强化过程评价

过程评价也可以叫"形成性评价"，它是与结果评价相应的一种非常重要和普遍的评价形式。"强化过程评价"是突出对课堂教学育人功能的动态性评价，是科学有效地开展课堂教学评价的内在诉求。

课堂教学评价是指教师在课堂教学过程中对学生的学习表现和学习成果进行评估和反馈的过程。它旨在帮助教师了解学生的学习情况，评估教学效果，并根据评价结果来调整和改进教学方法和策略。

在核心素养时代，课堂教学评价应把评价贯穿于教学之中，上课教师应在课前、课中、课后依据核心素养目标进行相应的诊断性评价、过程性评价和终结性评价，发挥评价在改善教学、提升教学质量上的作用。课堂教学评价不再凌驾于教学之上或游离于教学之外，而是镶嵌于教学之中，让评价成为教学的有机组成部分，与素养导向的教学目标和服务于目标的学习活动紧密联结，与学生学习过程良性互动，发挥学生的主观能动性，引导学生成为各类评价活动的设计者、参与者和合作者，自觉运用评价结果改进学习，实现评价主体多元、评价手段多样，通过评价促进教师改进教学、促进学生学习真正发生，最大限度地促进学生核心素养的形成与发展。

平时我们提到的课堂教学评价是指听评课，是游离于教学之外，其他教师以旁观者的视角观课，帮助教师改进教学的一种方式，比如我校的"每周一星"听评课制度，即每周至少一位老师在微格教室上一节校级公开课，全体老师每学期至少上一节校级公开课，同科组老师到场听课。除了保证课堂教学评价的形式，更重要的是，我们要让上课老师将教学评价融入自己的教学过程中，将教学评一体化内化成一种教学习惯。

为此，我校采用以下评价表来评价课堂，它融合了教师的教与学生的学。目的是让评课教师有据可依，评课更科学；让上课教师有据可依，从教学设计开始就将评价融入教学并贯穿始终。

布吉高级中学"三动课堂"教学评价表

学校	年级	班级	教师	课题	评课人			
					等级			
一级指标	二级指标	具体描述			A	B	C	D
教学设计	教学理念	1. 体现立德树人的教育任务，通过课堂教学实践课程育人						
	教学目标	2. 符合学科课程标准，科学、明确、具体、可操作性强						

续表

学校	年级	班级	教师	课题		评课人			
						等级			
一级指标	二级指标	具体描述				A	B	C	D
	教学内容	3. 以单元或主题设计，条理清楚、逻辑严谨，体现整体性和结构性							
		4. 以知识为基础，体现学科思想方法，以学科能力、素养培养为重点							
		5. 学科特色要求							
教学活动	教师素养	6. 教师学科积累丰富，教学基本功扎实，教学行为规范，媒体使用合理							
	教学方式	7. 教学方式多样，教学手段丰富，能指导学生学会学习							
	教学过程	8. 创设真实教学情境，设置合适的教学问题，教学思路清晰，课堂调控恰当							
		9. 教学民主，尊重学生，体现差异，师生互动充分，氛围融洽，关系和谐							
		10. 学科特色要求							
学习活动	学生素养	11. 有一定学习基础，学习习惯良好，态度积极，主动参与							
	学习方式	12. 学习方式多样，体现自主学习、合作学习、探究学习							
	学习过程	13. 学习参与面广，不同层次学生均能参与，多方面参与，全程参与							
		14. 学习参与程度深，深入理解、充分交流、质疑创新，体现深度学习							
		15. 学科特色要求							
教学评价	评价方式	16. 主体多元，方式多样，从不同视角进行评价，注重激励							
	评价过程	17. 能围绕学科核心素养、依据学业质量标准进行评价，即时反馈，促进教学优化							
	教学效果	18. 知识落实扎实，学科特色要求							
		19. 能力发展良好，学科特色要求							
		20. 体现素养发展，学科特色要求							
总体评价									
评语									

在这种教研氛围的感染下，学校教师踊跃参与市、区教学基本功竞赛，每年都有若干教师获奖。以2023年为例，布吉高中在深圳市与龙岗区青年教师教学基本功比赛中累计获奖23个，其中一等奖8个。

三、健全综合评价

综合评价与综合素质评价不是一回事。

2013年，《教育部关于推进中小学教育质量综合评价改革的意见》提出"中小学教育质量综合评价"（以下简称综合评价），把学生的品德发展水平、学业发展水平、身心发展水平、兴趣特长养成、学业负担状况等方面作为评价学校教育质量的主要内容，2021年发展成为《义务教育质量评价指南》和《普通高中学校办学质量评价指南》关于学生发展质量评价的重点内容和关键指标。综合评价的对象是区域或者学校，考查的是教育体系的质量，评价对象是团体，强调的是定量、数据、测试和问卷调查等，属于问责制评价，其功能是保障质量底线，确保教育公平和监测教育成就。

2014年，《国务院关于深化考试招生制度改革的实施意见》提出"探索基于统一高考和高中学业水平考试成绩、参考综合素质评价的多元录取机制"。2014年《教育部关于加强和改进普通高中学生综合素质评价的意见》和2016年《教育部关于进一步推进高中阶段学校考试招生制度改革的指导意见》等文件中提出"学生综合素质评价"，中小学生综合素质评价对象是具体的每一个学生，是学校组织对学生的评价，是对学生全面发展状况的观察、记录、分析。学生综合素质评价的方法和程序是写实记录、整理遴选、公示审核、形成档案等，是以定性的事实为主，帮助学生长善救失，高中学校要将学生综合素质档案提供给高校招生使用。

《普通高中学校办学质量评价指南》（可理解为综合评价指南）包含五个重点内容：办学方向、课程教学、教师发展、学校管理和学生发展。每个内容包含2-5个关键指标，共18个关键指标。很显然布吉高中办学都符合这些指标。现选择其中一个指标，阐释我校是如何健全综合评价的。

关键指标5——优化教学方式指出：积极学习应用优秀教学成果和信息化教学资源，鼓励教师改进和创新教育教学方法，注重启发式、互动式、探究式教学，加强跨学科综合性教学，推进信息技术与教育教学深度融合，促进学生自主、合作、探究学习。

我校创造性地打造了"三动"教学生态，深化了高效课堂的变革。什么是"三动"的课堂教学呢？"三动"顾名思义：生动、活动、灵动。"生动"的"生"即学生，是有活力、能起积极作用的主体。课堂是学生的学堂，学生必须全身心参与，而且每名学生都要动起来（心动、手动、口动、脑动等）。如何动？这就需要教师精心设计教学环节，根据教学内容、学生情况创设一系列能更大限度激发学生学习兴趣、调动学生学习积极性的活动情境。"活动"是为达到某种目的而采取的行动，"三动"课堂就是通过教师的"导学、助学、督学"，支撑学生知识构建、学习法优化和个性发展，让学生在活动情境中达成教学目标。"灵动"是指活泼不呆板，富于变化，充满灵气。"三动"课堂就是根据学情灵活选择，自由组合，充分展示生命的张力，让课堂灵动有趣、和谐温馨，促进深度学习的发生，达到心灵自由、生命成长的状态。"三动"课堂教学范式的核心是学生，在结构上是层层递进，在难度上是逐步深入，致力于学生学习能力的培养，最终实现立德树人。

"三动"课堂教学生态的构建有效推动学校教育教学改革的进程，学校发展正处在高速轨道上，素质教育硕果累累。近年来，学校艺体教育特色发展，扬长教育品牌推进，教学质量逐年提升，不少学科在区域内显示强劲势头，高考实现连年突破，高分段、及格率大幅增加，进步率呈跨越式攀升，连续多年荣获"深圳市高考工作超越奖"和"深圳市高考工作特色奖"，为国内知名学府输送了大批优秀毕业生，让每名学子把不可能变成了可能，把可能变成了现实。

四、探索增值评价

《方案》建议我们探索的增值评价，是指学生在学力、生活、情感、社会性发展等方面，在通过接受一定阶段的教育后，在各自起点或基础上进步、发展、成长、转化的"幅度"，并以此对学生个体发展和学校效能进行价值判断的评价方法，这和学生综合素质评价改革是相一致的。增值评价的目标是通过评估学生的成长进步来反映学校和教师的教学质量和学生的潜力发展。传统评价主要关注学生的学习成绩，而增值评价更注重学生在学业、综合素养和个性发展等方面的进步。

自新高考以来，以考试评价为例，我校一直采用增值评价的方式——九段评价法来评价班级。（具体内容详见本书第十五章）

当然，增值评价不仅是指学生学业的增值。我们还将探索德智体美劳模块化的增值效应，即通过试题与五育的归属关系，评价学生不同层面的进步表现，进而为促进学生的全面发展提供更具有针对性的参考信息。

在"双新"背景下，学校评价改革是推动教育发展和学生全面成长的关键环节。"四个评价"是一个整体，不宜高估任何一种评价方法。"四个评价"要同时发力，打出"组合拳"，才能引导教育综合改革的发展方向，提高教育治理水平和能力。

第十章 "双新"背景下学校
校本教研模式的重构与探索

在"双新"背景下，高中学校的校本教研模式面临着重构和探索的需求，以适应新时代的教育要求。在实施校本教研模式的过程中，学校应注重教师的专业发展，推动校本教研的开展，并要提供相应的培训和支持，以保证教研活动的有效性和可持续性。同时，也要加强学校与家庭、社会的合作与互动，共同推动教育教研的改革与发展。

一、校本教研组织架构

学校建立校本教研是为了提高教师的教学水平和教育质量，促进课程改革和创新，加强师生互动，增强管理效能。通过校本教研，教师可以深入研究教材、探讨教学方法、交流经验，并不断完善自己的教学技能，同时结合实际情况推动课程改革和创新。校本教研还可以促进跨科目、跨年级、跨学科教师之间的交流和合作，加强师生互动，增进相互了解与信任，为学校建设提供良好的氛围和条件，同时激发教师参与学校管理的热情，提高学校管理效能。因此，学校要建立健全的校本教研组织架构，设立专门的校本教研部门或机构，明确相关职责与权责。成立由优秀教师和学科专家组成的教研团队，推动校本教研工作的开展。

（一）教研组织领导层的建设

设立教研组织的领导层，通常由学校的教务处、教研室或者专门的教研组织负责人牵头。他们负责协调和管理整个教研工作，制订教研计划、安排资源等。教研组织的领导层建设对于有效推动校本教研起着至关重要的作用。

1. 明目标使命，定发展战略

通过明确的组织目标，可以为教研工作提供明确的方向和指导，激励教师积极参与教研活动。同时，制订发展战略可以根据学校的实际情况和需求，规划长远的教研工作，保证教研组织的稳步发展。

2. 建科学组织架构，合理化职责分工

通过建立科学的组织架构，可以明确各个层级的职责和权责，确保教研工作的顺利进行。合理的职责分工可以将不同领域的专长和能力充分发挥出来，提高教研效果。例如，可以设立教研组长、学科组长和年级组长等职位，分别负责整体教研工作的组织、学科教研和年级教研等方面的工作。

3. 建有效沟通机制，共享信息平台

通过建立良好的沟通机制，可以及时传递组织决策和要求，使教师充分了解教研组织的发展动态，并能够积极参与其中。同时，建立信息共享平台可以促进教师之间的交流与合作，分享教学资源和经验，提高教研效果。例如，学校可以建立在线教研平台或者使用即时通信工具，方便教师之间的互动和信息传递。

4. 培养和引进优秀的教研人才

通过培养和激励教研骨干，建设一支专业化、高素质的教研团队，为教研工作提供强有力的支持。同时，学校也可以引进外部专家或者与其他学校进行合作，引入先进的教研理念和经验，丰富教研内容和方法。例如，学校可以邀请教育专家或者行业领先的教师来开展培训和指导，提高教师的教研能力。

5. 建有效的激励机制，完善评估体系

通过设立激励机制，可以鼓励教师积极参与教研工作，并取得优秀的成果。同时，建立科学的评估体系可以对教研成果进行客观评价，及时发现问题并加以改进。例如，学校可以设置优秀教研团队、个人教研奖励，或者将教研成果作为教师晋升或薪资晋级的评价指标。

教研组织领导层的建设应注重明确组织目标和发展战略，建立科学的组织架构和职责分工，搭建良好的沟通机制和信息共享平台，关注培养和引进优秀的教研人才，建立有效的激励机制和评估体系。这样的领导层建设将有助于推动校本教研的健康发展，提高学校教育质量。

（二）学校学科教研组

根据学科设置，学校建立相应的学科教研组。每个学科教研组通常由一名组长带领，组员包括该学科的教师。学科教研组负责组织学科的教研活动，开展课题研究、教材改进、教学方法探索等。

1. 目标、使命

学科教研组的目标是推动学科教学的改进和提高，促进教师的专业成长。使命是为了更好地服务学生的学习和发展，提供有效的学科教学资源和支持。例如，英语学科教研组的目标可以是提升学生的听说读写能力，使之达到国家标准要求。

2. 架构、分工

学科教研组可以设立学科组长和各年级（或者学段）的组长。学科组长负责整体学科教研工作的组织与协调，年级组长则负责具体年级（或者学段）的教研工作。组长需要具备较高的学科知识和教研经验，带领团队开展教研活动并与其他学科教研组进行合作与交流。

3. 活动、交流

学科教研组可以定期组织教研活动，如教案研讨、教学观摩、课题研究等，以促进教师之间的交流与合作。同时，可以建立在线教研平台或使用即时通信工具，方便教师之间的互动和信息共享。例如，数学学科教研组可以定期举行数学教学研讨会，分享教学案例和教学方法。

4. 培养、带领

学科教研组要注重培养和发现教研骨干，通过组织培训、指导和导师制度等方式提高其专业素养。优秀的教研骨干可以带领团队进行深入的研究和实践，为学科教育改革提供切实可行的方案和经验。例如，化学学科教研组可以邀请一位资深的化学教师作为导师，指导年轻教师进行教学研究和教学设计。

5. 激励、评估

学科教研组可以设立教研成果奖励制度，鼓励教师积极参与教研活动并取得优秀成果。同时，建立科学的评估体系，对教研成果进行客观评价，及时发现问题并进行改进。例如，语文学科教研组可以将优秀的教学案例和教学设计作为评选的依据，奖励教研成果突出的教师和团队。

（三）主题或兴趣教研组

除了学科教研组外，学校可以根据教师的专业特长、兴趣爱好设立主题或兴趣教研组。搭建主题或兴趣教研组是为了满足学生多样化的学习需求和培养他们的个性特长。例如，英语阅读教研组、STEM 教研组等。这种教研组通常由对某一具体学科或兴趣领域有浓厚兴趣和专业知识的教师组成。这些教研组可以跨学科、跨年级，鼓励教师在特定领域进行深入研究和交流。

1. 确立领域

学校可以在调查了解学生兴趣爱好的基础上，确定搭建的主题或兴趣教研组的方向。比如，音乐、美术、科技创新、运动健康等。

2. 组建团队

选择对该兴趣领域有深入了解和丰富经验的教师作为教研组组长。组长应具备较高的专业素质和领导能力，能够组织和引领教研组的发展。通过校内宣传、征集表、面试等方式招募对该兴趣领域感兴趣并具备相关专业知识的教师作为教研组成员。根据教师的兴趣和特长，选择合适的教师加入教研组。

3. 谋划分工

确定教研组的组织架构，明确教研组组长的职责和权责边界。同时，根据教研组的主题或兴趣领域，进行成员的职责分工，如指定负责课程设计、素材整理、活动策划等任务。

4. 活动安排

教研组设立年度、学期或月度的教研计划，明确学习目标和活动安排。例如，音乐教研组可以制定每月一次的教研活动，包括教学观摩、讲座交流、现场体验和外出考察等。教研组根据教研计划，开展各类教研活动。例如，音乐教研组可以组织教师观摩优秀音乐课，进行教学研讨和分享；组织线上或线下的音乐讲座，邀请专业音乐人士分享经验和技巧；定期组织学生参观音乐演出或开展音乐比赛等。

5. 资源支持

教研组可以建立资源共享平台，教师之间共享教案、教材、课件等教学资源，提供相互支持和帮助。同时，学校也要给予教研组必要的物质和经费支持，确保教研活动的顺利开展。

6. 评估小结

定期对教研组的活动和效果进行评估和总结，发现问题并进行改进。可以通过教师的教学反思、学生的评价和教学成果等多种方式评估教研组的工作。

（四）教研活动组织

学校组织教研活动是为了提高教师的教学水平，促进教师之间的合作与共享，推动教育教学改革，增强教师的专业发展意识，促进学校的文化建设。通过教研活动，学校能够建立一个良好的教学团队，提升整体教育质量，为学生提供更优质的教育服务。校本教研组织应该定期组织各种教研活动，包括教研会议、研讨班、工作坊、观摩课等。教研活动可以由教研组负责组织，也可以邀请外部专家进行指导和培训。

1. 教学观摩

教师们相互观摩和评价彼此的课堂教学，帮助教师了解不同的教学方法和策略。例如，教师们可以互相邀请到自己的课堂上进行观摩，并进行后续的经验分享和讨论。

2. 教学研讨会

教师们就某一特定主题展开深入讨论和研究，分享各自的教学心得和经验。例如，针对阅读教学，教师们可以组织研讨会，分享不同的教学方法、阅读材料和评估方式。

3. 教学案例分析

教师们通过分析具体的教学案例，探讨教学策略和解决问题的方法。例如，教师们可以共同研究一个学生的学习案例，从中找出问题所在，并共同探讨解决方案。

4. 反转课堂

教师事先录制好教学视频或制作教学课件，学生在课前自主学习，课堂上进行讨论和实践。例如，教师可以提供相关学习材料和视频资源，让学生在家里预习，并在课堂上针对难点问题进行深入讨论。

5. 小组合作研究

教师们组成小组，选择一个教学主题，进行深入研究和合作。例如，教师们可以自选一个研究兴趣，形成小组进行集体备课，分享教学设计、评估策略和教学资源。

6. 在线分享和交流

利用在线平台，搭建教师交流和资源分享的平台。例如，教师们可以通过微信群、论坛或教育社区进行在线交流，分享教学经验和资源。

7. 教师实践研究

教师们将自己的教学实践作为研究对象，进行系统性观察和分析。例如，教师可以记录自己的课堂教学，通过观察和数据分析，改进自己的教学方法和策略。

（五）教研成果分享平台建设

学校教研成果分享平台是一个集中展示教师教学成果的平台，是教师进行教育教学研究和创新工作的重要推广平台。建设学校教研成果分享平台可以有效地促进教学水平的提高，增强教师专业发展意识，同时也有利于加强学校与社会资源交流，改进教学方式，提升学校整体的教育教学品质。下面笔者介绍如何建设学校教研成果分享平台。

1. 平台构建

学校教研成果分享平台应当是基于网络技术的虚拟平台，采用现代信息技术手段来展示教学成果和教育教学资源。平台应该具有以下几个方面的特点：

（1）易于使用。平台应该便于教师们对自己的教育教学成果进行上传、归档、分享、评论等操作。

（2）互动性。平台应该充分发挥互联网技术的优势，通过留言、评论、点赞等社交化的方式，鼓励教师之间的交流和互动，进一步促进教学成果的沉淀和分享。

（3）多元化。平台内容应该包含多种形式的教学资源，如课件、教案、视频、音频等，满足不同类型教师的需求。

2. 平台功能设计

学校教研成果分享平台应当开发出丰富的功能模块，包括但不限于以下：

（1）上传与分享。教师可以将自己的教育资源上传到平台上，如备课案例、授课PPT等教育素材，并提供分享链接以供教师间共享。

（2）评论与评分。教师可以在平台上针对其他老师的教育资源进行评论和评分，并可对评论进行点赞、回复等操作。

（3）搜索与筛选。平台应该提供便捷的资源搜索和筛选功能，可以对所需要的资源进行快速检索。

（4）管理与统计。管理员可以通过后台管理系统对平台的教育资源进行管理和统计，如发布公告、审核教育资源等。

二、设计个性化的课程

针对不同学生的特点和需求，学校教研组应设计个性化的课程，注重发展学生的创新、实践和团队合作能力。教研团队可以通过研讨和交流，分享最新的教育理念和教学方法，共同探索符合学校定位和特色的个性化课程。

（一）学生需求和兴趣

在进行课程设置之前，各教研组首先需要了解学生的兴趣和需求，通过问卷调查、访谈等方式获取学生的心理和认知信息，为教学改革提供数据支持。例如，布吉高级中学高一年级组针对高一新生进行了一次兴趣调查,结果显示了学生们的兴趣分布:38%的学生喜欢文学艺术类;27%的学生喜欢自然科学类;22%的学生偏向运动类;13%的学生倾向于人文社科类。此时,学校可以根据学生的兴趣分布制定开设不同类型课程的计划,开展相应的课程。

此外,教研组还应考虑到学生的个体差异会影响他们的学习能力和学习效果,所以教研组要在考虑个体差异到前提下针对性地开设课程,为每一个学生提供有针对性的教育。例如,有些学生喜欢通过听课和阅读来学习,而有些学生则更喜欢亲自动手实践。为了满足不同学生的学习需求,学校可以设置多种学习方式,比如讲课、互动式讨论、实验、参观等多种形式来授课。在布吉高级中学的物理教研组在教师教学中特别加强了实验教学环节,让学生亲手操作实验,能够更直观地领会物理世界的规律。而在语文教学中,则采用项目式学习的方式进行教学,鼓励学生互相交流,激发他们的思考能力和创造力。

每个学生都有自己不同的学习目标和兴趣爱好,因此各教研组应根据实际情况开设多样化的课程,以满足不同学生的需求。笔者所在的布吉高级中学根据学生的兴趣和需求,开设了多达72个社团和选修课程,比如音乐社团、美术工作室、科技创新课程等,这些课程不但可以满足学生的需求,还可以提高他们的个人能力和社交能力。

在课程设置上,教研组应该根据不同学生的学习水平和学科差异来进行差异化教育,以满足不同学生的需求。比如针对英语成绩较薄弱的学生设立英语角,让学生在轻松愉快的氛围下学习英语,同时也增强了学生的实践能力和学习自信心。比如针对数学分数优秀的学生,数学教研组可以开设具有挑战性的课程和竞赛活动,提高他们的学习兴趣和学科水平。

(二)多元化选修课程

学校各教研组提供丰富多样的选修课程,让学生根据自己的兴趣和目标进行选择。选修课程可以包括艺术、音乐、体育、科技、职业技能等不同领域,满足学生个性化发展和综合素养的培养。

1. 艺术与创意类选修课程

这类选修课程可以包括音乐、舞蹈、美术、戏剧等,旨在培养学生的审美情趣和创造力。如音乐制作与欣赏课程,学生可以学习音乐制作技巧和欣赏音乐作品,通过创作属于自己的音乐作品来表达想法和情感。

2. 科技与创新类选修课程

这类选修课程可以包括计算机编程、机器人技术、3D打印等,旨在培养学生的科学思维和动手能力。如编程与应用课程，学生可以学习编程语言和基本算法，通过编写简单的程序解决问题，培养逻辑思维和解决问题的能力。

3. 社会实践与志愿服务类选修课程

这类选修课程可以包括社区服务、环保活动、志愿者培训等，旨在培养学生的社会责任感和团队合作精神。如环保与可持续发展课程，学生可以了解环境保护的重要性，并参与各种环保活动，如垃圾分类、植树造林等，培养环保意识和实践能力。

4. 体育与健康类选修课程

这类选修课程可以包括篮球、足球、游泳等体育项目以及健康管理、心理健康等，旨在提高学生的身体素质和健康意识。如户外探险与拓展课程，学生可以参与各种户外活动，如徒步、攀岩、野营等，锻炼身体素质、培养团队精神和应急处理能力。

5. 人文社科与文化传承类选修课程

这类选修课程可以包括历史、哲学、心理学、传统文化等，旨在培养学生的人文素养和文化传承能力。

学校还可以鼓励艺体类教研组设置一些中国传统文化与礼仪课程，学生可以学习中国传统文化的基本知识和价值观念，如书法、茶道、古诗词等，增强对中国传统文化的认识和传承。

（三）弹性学习时间

学校教研组可以设计弹性的学习课程和学习时间表，让学生能够根据自身情况合理安排学习内容和进度。例如，设置自主学习时间、研究性学习项目或个人学习计划，让学生有更多自主决策的权力。设置弹性学习时间的课程可以为学生提供更灵活的学习方式，让学生能够根据自身情况合理安排学习内容和进度。

1. 自主学习课程

这类课程为学生提供自主学习的机会，学生可以根据自己的学习风格和需求选择学习内容和进度。学校可以提供相关教材、学习资源和指导，同时设立辅导时间，让学生在老师的指导下自主学习。

2. 独立研究课程

学生可以选择一个感兴趣的课题或者问题进行深入研究，通过阅读文献、实验设计和数据分析等方式，培养自主学习和科研能力。

3. 创新项目课程

这类课程鼓励学生在特定领域开展创新项目，学生可以根据自己的兴趣和潜力自由选择项目内容和进度。学校可以提供导师指导和资源支持，同时安排定期汇报和评估。如科技创新项目课程，学生可以自由选择一个科技创新项目，如设计并制作一个机器人、开发一个应用程序等，通过实践锻炼问题解决能力和创新思维。

4. 进阶课程

这类课程为学生提供进一步深化学习的机会，学生可以根据自己的兴趣和学习能力选择更高难度的教材和学习内容。学校可以设置不同层次的进阶课程，并提供相关辅导和指导。

比如数学进阶课程，学生可以根据自己的数学能力和兴趣选择不同层次的数学课程，如初级数学、高级数学、数学竞赛等，进一步提高数学水平和解决问题的能力。

5. 社区服务课程

这类课程鼓励学生参与社区服务活动，学生可以根据自己的时间安排和兴趣选择参与的社区服务项目。学校可以与社区合作，提供项目信息和指导支持。在社区义工课程里，学生可以选择参与社区的志愿服务活动，如老年人陪伴、环境保护、乡村教育支持等，通过实际行动培养社会责任感和团队合作精神。

6. 艺术兴趣课程

这类课程为学生提供发展艺术兴趣爱好的机会，学生可以根据自己的时间和兴趣选择参与的艺术课程或活动。学校可以提供相关资源和指导支持。绘画兴趣课程可以让学生选择参加绘画班、素描课程等艺术培训项目，通过学习不同绘画技巧和表现形式，培养艺术才华和审美能力。

（四）探索性学习活动

教研组可以组织各类实践和探索性学习活动，鼓励学生参与实地考察、社区服务、实验研究等实际操作，培养他们的实践能力和问题解决能力。设置多种探索性学习活动，以提供丰富多样的学习机会，鼓励学生主动参与、积极探索和实践。这些活动可以融入课程中，或者作为额外的学习机会提供给学生。

1. 学术研究项目

教研组可以鼓励学生参与学术研究项目，培养他们的科研能力和创新思维。学生可以选择自己感兴趣的课题，进行文献调研、实验设计和数据分析等工作，最终完成研究报告或成果展示。学生可以选择一个自然科学或社会科学的研究方向，如生态环境、心理学、历史文化等，开展相关研究项目，通过实地考察、实验观察等方式，探索问题并深入了解相关领域。

2. 组织创业实践活动

教研组可以组织创业实践活动，鼓励学生发展创新创业能力和实践经验。学生可以组建团队，提出商业计划、产品设计，进行市场调研和推广，最终尝试将创意变为实际项目。学生可以组建一个创业团队，开展一项具有社会意义的创业项目，如设计并制作可持续发展的产品、提供社会公益服务等，通过实践探索创业过程和解决实际问题。

3. 社区调研与服务

教研组可以鼓励学生参与社区调研和服务活动，让他们深入了解社区问题，并通过实践为社区做出贡献。学生可以选择感兴趣的社区课题，进行调查研究和分析，提出解决方案并实施。学生可以选择一个社会问题，如城市交通、环境污染等，进行调研和数据收集，了解问题的成因和影响，然后与相关部门和社区合作，提出改善方案并参与实施。

4. 艺术创作和表演

教研组可以提供艺术创作和表演的机会，让学生发展自己的艺术才华和表达能力。学生可以选择自己擅长的艺术形式，如音乐、舞蹈、戏剧等，进行创作和演出。学生可以选择一首经典音乐作品或文学作品，进行音乐演奏或戏剧表演的创作和表达，通过艺术形式传达自己对作品的理解和情感。

5. 科技竞赛和比赛

教研组可以鼓励学生参与科技竞赛和比赛，培养他们的创新能力和团队合作精神。学生可以组队参加各类科技竞赛，如机器人竞赛、数学建模竞赛等，通过实践锻炼问题解决和创新思维能力。学生可以组队参加一个机器人竞赛，设计并制作一个具有特定功能的机器人，通过编程和测试，与其他团队进行竞技，体验科学原理和工程实践的乐趣。

（五）个别化辅导和指导

学校教研组可以通过个别化辅导和指导，满足学生的不同学习需求和提升个体学习效果。

个别化辅导和指导是指针对每位学生的学习情况、兴趣爱好和学习风格等进行个性化的指导和辅导，通过调整教学策略和内容，以满足学生的不同需求。

教研组教师可以通过与学生的交流和观察，了解学生的学习情况、学习风格、兴趣爱好等特点，还可以通过问卷调查、小组讨论、个别面谈等方式获取学生的信息。例如，在新学期开始时，教师可以设计一份问卷，了解学生对各科目的兴趣程度、学习习惯以及自己的学习目标等。同时，在平时的课堂上，教师也可以倾听学生的意见和建议，以了解他们对学习的需求和想法。

根据学生的学习情况和需求，教师可以制订个别化的学习计划，并根据学生的实际情况进行调整。学习计划可以包括学习目标、学习内容、学习方法和评价方式等。例如对于一个数学较弱的学生，教师可以为他制订一个数学提高计划，包括每周的学习目标，针对性的练习题以及辅导时间。在每周的辅导过程中，教师可以根据学生的掌握情况，调整计划并给予针对性的指导。

教研组可以鼓励教师通过个别辅导活动，针对学生的学习困难和问题进行解答和指导。个别辅导可以包括一对一的指导、小组辅导或组织专项辅导课程等方式。对于一个英语口语较差的学生，教师可以与他进行一对一的口语练习，提供矫正和改进建议。同时，教师也可以组织一个小组辅导活动，让学生进行互相交流和分享，共同提高口语能力。教师可以根据学生的学习需求，提供个性化的学习资源，如教学视频、学习资料、参考书籍等。这些资源可以帮助学生巩固知识、拓宽视野和提高学习效果。对于一个对历史感兴趣的学生，教师可以为他推荐一些与历史相关的优质书籍、纪录片和网站，让他进行深度阅读和研究。同时，教师也可以提供一些历史案例和实践活动，激发学生的学习兴趣。

最后，教师可以定期评估学生的学习情况，包括学习成绩、学习态度和学习进展等，并给予及时的反馈和指导。评估可以通过考试、作业，以及观察和记录学生的学习表现等形式进行。在一个数学课堂上，教师可以定期进行小测验，检测学生的学习进展，并根据测验结果，给予学生相应的个别辅导。通过及时的反馈和指导，帮助学生找到自己的学习问题，并加以解决。

（六）灵活评价方式

学校教研组可以通过灵活的评价方式更全面地评价学生的学习成果和能力发展。如采用多元化、综合性的评价方式，充分考虑学生个人差异和特长。除了传统的考试评价，还可以引入项目作业、展示性评价、口头报告、学科竞赛等方式，更全面地评价学生的学习成果和能力发展。

1. 多元化评价工具

教师可以使用多种评价工具来收集学生的学习成果和能力发展情况，包括书面考试、口头报告、项目作业、课堂表现、小组合作等。通过不同的评价工具，可以综合考察学生的不同能力和技能，更全面地了解他们的学习情况。在一门语文课中，教师可以设计一个小组合作项目，要求学生选择一个文学作品，进行分析和演绎。在项目过程中，可以观察和评价学生的团队合作能力、文学理解能力以及表达能力等。

2. 成绩和能力对照评估

除了传统的考试成绩评估外，教师可以结合学科目标和标准，对学生的能力进行对照评估。通过将学生的学习成果与学科目标和标准进行对比，可以更全面地评价学生的学习进展和能力发展。在数学课堂上，教师可以设定一些解决实际问题的任务，要求学生运用所学知识和技能进行解答。通过评估学生在实际问题解决中的能力表现，可以更准确地判断他们的数学应用能力和问题解决能力。

3. 自我评价和同伴评价

学生可以参与到评价过程中，进行自我评价和同伴评价。通过自我评价，学生可以反思自己的学习成果和能力发展，并提出改进的建议。而同伴评价可以帮助学生互相学习和成长，培养合作意识和团队精神。在艺术课上，学生可以通过个人展示和同伴评论的方式，互相评估彼此的艺术作品。通过互相的意见和建议，学生可以深入了解自己的优势和不足，并从同伴的作品中获得灵感和启发。

4. 综合性评价

综合性评价是将学生多个方面的学习成果和能力进行汇总和综合评估。教师可以根据学科目标和标准，综合考虑学生的学习成绩、作业表现、课堂参与、项目成果等多个方面的表现，形成综合性评价。在历史课上，教师可以将学生的书面考试、研究报告和课堂演讲等不同形式的作业进行综合评价。通过综合评价，可以更全面地了解学生对历史知识的掌握程度、分析能力以及表达能力等。

三、推进跨学科教研

推进跨学科教研可以让学生从多个学科的角度去理解和解决问题，培养他们的综合能力。现实生活中的问题往往不是单一学科可解决的，而是需要多学科知识和技能的综合运用。通过跨学科教研，学生可以培养系统思维、批判思维、创新思维等跨学科能力，更好地适应未来的社会和职业发展。

跨学科教研还可以促进不同学科之间知识的整合和交叉应用。学科知识之间存在内在联系，跨学科教研可以帮助学生更好地理解学科之间的关系，提高知识的综合运用能力。例如，在化学和生物学的教学中，可以探讨物质的组成和变化对生命的影响，加深学生对两个学科的理解。此外，还能促进教师之间的合作和交流，提高教师的教学质量和效果。教师可以通过跨学科教研，共享教学资源、分享教学经验，相互借鉴和启发，提高自身的专业水平。同时，教师之间的合作还可以促进教学内容的更新和改进，使学生得到更优质的教育。

（一）跨学科教研组建立

在学校教研组织架构中设立跨学科教研组，由涉及不同学科的老师组成。跨学科教研组的成立可以通过学校内部招募、自愿报名或者指定方式确定。

1. 设立跨学科教研组

学校可以设立跨学科教研组，由各个学科的老师共同组成，负责跨学科课程的设计、教材研发、课堂教学、评估等工作。在跨学科教研组内，需要明确成员的职责和权责，规划好教研项目和计划。

2. 联合编写教材

通过联合编写跨学科教材的方式建立，可以促进各学科之间的交流和协作。教材的内容必须有针对性地涉及各学科的知识点，同时还应该进行横向拓展和纵向扩展，以实现知识的融合和交叉应用。

3. 组织跨学科探究课程

通过探究课程建立。学校可以结合学科知识和技能，设计和组织跨学科探究课程，让学生从多个学科角度去探究一个问题或主题。这样不仅可以提高学生的综合能力，还可以增强他们的学科知识和技能。

4. 组织跨学科课程教师培训

为了提高跨学科课程的教学质量和效果，学校还可以组织跨学科课程教师培训。这样可以让教师了解跨学科教育的基本理念和方法，并获取相关的教学资源和工具，以提高他们的教学能力和水平。

（二）跨学科课题设置

跨学科教研组确定跨学科教研课题，旨在解决具有跨学科特点的教学问题或开展跨学科教学研究。课题选择可以针对某一特定主题进行深入研究，如可持续发展、人工智能等，也可以以综合性的学科项目为基础。高中学校跨学科课题的设置需要考虑到学生的学段特点、学习目标和综合能力培养需求等因素。

1. 选择跨学科主题

跨学科课题应该以一个主题或问题为核心，涉及多个学科的知识和技能。可以选择具有综合性、较高抽象度和广泛适用性的主题，例如可持续发展、科技与社会、全球化等。

2. 确定学科融合点

针对选定的主题，确定各个学科在课题中的融合点。要考虑各学科的核心概念、重点知识和技能，找到它们之间的联系和互补之处。可以通过跨学科教材、课程标准和教师的专业知识来辅助确定。

3. 选定跨学科探究问题

根据选定的主题和学科融合点，选定一个跨学科探究问题作为课题的核心。这个问题应该引导学生深入思考、研究和探索，同时需要对多个学科的知识进行综合运用。例如，主题为可持续发展，学科融合点为地理、经济学和生态学。跨学科探究问题可以是"如何在当地推动可持续发展，实现经济增长、环境保护和社会改善的平衡"。

4. 提供跨学科学习任务

根据课题的跨学科性质，教研组制订计划，提供相应的学习任务给学生。这些任务应该设计到各个学科的知识和技能。任务可以包括文献研究、实地调查、数据分析、模型构建、团队合作等多种形式。比如对于可持续发展课题，学生的任务可以包括研究当地的经济发展情况、环境资源状况，并通过实地调查和数据收集，制定相应的发展规划、环境保护措施或社会改善方案。

（三）教研活动组织

跨学科教研组组织跨学科的教研活动。可以安排定期的会议、研讨会或讲座，邀请专家或经验丰富的教师分享经验、探讨问题。也可以组织跨学科的观摩课程或教学展示，促进交流与互动。

1. 跨学科课程设计研讨会

教师可以针对特定的跨学科课程进行研讨和设计，共同探讨如何将不同学科融合到课程中、确定教学目标和评价方式等。通过分享经验和意见，教师们可以互相启发，提供具体的教学策略和案例。例如，跨学科教研组设计组织一场关于"科技与艺术的融合"课程设计研讨会，教师可以分享如何在数学课堂上引入编程和可视化技术，或者如何在美术课堂上应用3D打印和虚拟现实技术等。

2. 跨学科教材资源分享会

教师可以分享自己搜集到的跨学科教材和资源，如教科书、期刊论文、教育软件和网站等。这些资源可以包含与多个学科相关的案例研究、课程实施方案和教学活动。通过互相分享，教师们可以相互借鉴、节约时间和提高教学质量。比如组织一次资源分享会，教师可以分享他们在"世界环保"主题下收集到的地理教材、环境科学研究报告和公益组织的宣传资料等。

3. 跨学科教学案例研究会

教师可以分享自己在跨学科教学中的成功案例，包括教学设计、教学活动和评价方式。这种研究会可以促进教师之间的互动，探讨不同教学方法的有效性和改进空间，同时也能够给其他教师提供灵感和启示。比如地理学科与历史学科组织一次关于"城市规划与人文地理"的跨学科教学案例研究会，教师可以分享他们如何通过城市考察、访谈和地理统计分析等方法，引导学生综合运用地理和历史社会学知识进行城市规划分析。

4. 跨学科教研团队合作项目

教师可以组成跨学科教研团队，共同开展教学研究项目。团队成员可以共同规划研究方向、收集数据、分析结果和撰写研究报告。这种合作项目能够促进教师之间的深入合作和长期交流，提高研究质量和影响力。比如关于STEM教学，教育教师可以一起探讨STEM教育的核心理念、教学策略和评价方法，并通过实际教学实践和数据收集来验证研究假设。

（四）跨学科合作项目

高中学校教研组可以设计多种跨学科合作项目，以促进不同学科之间的合作交流和综合学习。可以通过联合备课、共同设计教学活动、合作评价等方式，促进学科知识的融合和学生跨学科能力的培养。

1. 跨学科研究项目

在这类项目中，教师可以选择一个特定的主题或问题，从多个学科的角度进行深入研究和探讨。通过跨学科合作，教师们可以共同收集和分析数据、提出假设、设计实验或调查，并协作撰写研究报告。这样的项目有助于培养学生的研究能力、批判思维和解决问题的能力。

举例：一个跨学科研究项目的主题可以是"气候变化对生态系统的影响"。教师可以邀请地理、生物、化学等科目的教师组成团队，共同研究气候变化与不同生态系统（如海洋、森林、城市等）之间的关系，并通过实地调研、数据分析和模型构建等方法进行研究。

2. 跨学科设计和创新项目

这种项目的设计目的是让学生从不同学科的角度，结合创新和设计思维解决现实问题。教师可以组织学生团队，引导他们进行调研、头脑风暴、原型设计和测试等活动，最终完成一个跨学科的设计作品或解决方案。例如在"智能城市交通系统的设计"这个项目中，学生可以在物理、数学、计算机科学和社会科学等学科的指导下，研究城市交通问题，并提出基于人工智能、大数据和传感器技术的智能交通解决方案。

3. 跨学科艺术表现项目

这种项目旨在通过艺术表演、展览或创作等形式，促进不同学科之间的交叉合作和综合学习。教师可以组织学生参与舞蹈、音乐、戏剧、绘画等艺术相关的活动，并结合其他学科的知识，探索和展示创作主题或表演内容。在"人类与自然的关系"项目中，学生可以在生物学、地理学和艺术学等学科的指导下，表演一场结合舞蹈、音乐和影像等元素的艺术演出，通过视觉和听觉表达人类与自然的联系和相互影响。

4. 跨学科社区服务项目

这类项目旨在让学生意识到学科之间的关联性，并将所学知识应用于实际生活中。教师可以指导学生选择一个社区问题或需求，并从跨学科的角度分析和解决问题，同时鼓励学生主动参与社区服务活动。比如在"环境保护行动"中，学生可以在科学、地理等学科的指导下，研究并提出关于环境污染、资源浪费和可持续发展等问题的解决方案，并组织相关的宣传、清理活动或倡议。

（五）培训与专业支持

针对跨学科教研组成员，学校和教研组可以采取多种方式来提供培训和专业支持，以便帮助教师们更好地开展跨学科合作教研工作，有助于教师们获得必要的知识和技能，并提升他们在跨学科教研中的能力和自信心。可以邀请专家进行培训，提供跨学科教学方法与策略的指导。同时，学校应提供相应的资源和支持，如资金、设备等，以鼓励和支持跨学科教研的开展。

1. 跨学科教研培训

学校和教研组可以组织定期或不定期的跨学科教研培训，邀请专家、学科教师或其他有经验的教育工作者进行授课或分享经验。培训内容可以包括理论知识、教学策略、教材资源等方面，以满足教师们对跨学科教研的需求。例如在"跨学科合作教学设计与实施"活动中，培训内容可以涉及跨学科教学设计的原则和步骤、如何协调不同学科的教学目标和评估方式，以及如何有效地组织和管理跨学科项目等。通过这样的培训，教师们可以学习到实用的教学方法和工具，并获得跨学科教研的指导和支持。

2. 跨学科教研分享会

学校和教研组可以组织跨学科教研分享会，为教师提供一个交流和互相学习的平台。在分享会上，教师们可以介绍自己的跨学科教研项目、经验和成果，与其他教师进行交流和讨论，共同解决问题和改进教学实践。比如在"跨学科合作项目的设计与管理"项目中，教师们可以结合自己的实际经验，分享跨学科项目的设计思路、团队合作方式、学生评价和反馈等方面的经验，并就其中遇到的问题和挑战进行讨论和交流。通过分享会，教师们可以相互借鉴和启发，提高自身的专业水平。

3. 跨学科教研小组

学校和教研组可以建立跨学科教研小组，由一些有经验和专长的教师组成，负责跨学科教研的指导和支持。教研小组可以为教师们提供咨询、教材资源、案例分享等专业支持，并定期组织交流和合作活动，促进教师间的互动和合作。一个跨学科教研小组可以由语文、数学、科学和艺术等学科的教师组成。该小组可以通过定期会议、在线平台或线下交流等方式，与教师们分享跨学科教研的最新发展和经验，并提供个别指导和支持，帮助教师们解决问题和提升教学能力。

四、强化实践研究

教学实践研究是指教师在实际的教育教学环境中，通过自己的实践和观察，对教学过程、方法、策略以及学生学习情况进行系统性的研究和分析。教学实践研究旨在提高教师的教学能力和水平，改进教学方法，促进学生的学习效果。

教学实践研究的核心是教师自身的实践活动。通过观察、记录、反思和分析自己的教学实践过程，教师可以发现问题、总结经验、探索解决方案，并逐步改进和提升自己的教学能力。

教学实践研究可以帮助教师深入理解学生的学习特点和需求，改善教学设计和方法，提高教学效果和满意度。同时，教学实践研究也可以促进教师自身的专业成长和发展，培养教师的创新思维和解决问题的能力。教学实践研究并非一种孤立的活动，而是与实际教学密切结合的过程。教师在进行教学实践研究时，应该注重理论与实践的结合，积极运用教育科学的理论和方法，推动教学改革和创新。

学校教研组强化各学科的实践研究是为了促进教育教学质量的提高，提高教师的专业水平和能力，同时也有助于推动学校教育教学改革与创新。学校可以提供相应的支持和资源，促进教师的专业成长和创新能力的提升。

（一）建立实践研究机构或小组

成立专门的实践研究机构或小组，负责组织和推动实践研究的开展。该机构或小组可以由学校领导、研究教师和相关专家组成，负责协调实践研究项目和资源。

（二）提供研究课题和支持

学校可以设立实践研究课题，并向教师提供相应的研究项目支持。这些课题可以与学校的教育目标和需求紧密相关，例如教学改革、学生素质发展、学科创新等。同时，学校还可以资助教师参加学术会议、培训课程和研究项目，提升他们的研究能力和专业水平。

（三）鼓励教师参与实践研究

学校应鼓励和支持教师积极参与实践研究。可以建立奖励机制，如表彰优秀的实践研究项目和成果，提供个人成长发展的机会。同时，学校还可以为教师提供合适的时间和资源，支持他们进行实践研究。

（四）加强合作与交流

学校可以促进教师之间的合作与交流，营造良好的学术氛围。可以组织定期的研讨会、学术报告会或工作坊，让教师分享实践研究的经验和成果。同时，学校还可以鼓励教师与外部学术机构、专业组织以及其他高中学校进行合作，开展跨学校的实践研究项目。

（五）支持实践研究成果应用

学校应积极支持和推广实践研究成果的应用。可以通过内部培训、教师交流会等方式将研究成果传播给其他教师，并鼓励他们在教学实践中尝试应用。此外，学校还可以与相关部门或机构合作，将实践研究成果转化为政策或实践的改进，提升教育教学质量。

五、利用信息技术支持教研活动

学校教研组利用信息技术支持教研活动可以是出于提高教研效率、促进教研合作、支持个性化教学、数据分析与反馈等方面的考虑。

信息技术可以提供便捷、高效的工具和平台，帮助教师们更好地开展教研活动。通过信息技术的应用，教师可以快速获取教学资源、经验分享和专业知识，加快教研进程，提高效率。教师通过在线平台和网络搜索引擎获取相关教学资源、课件和研究成果，省去了传统的查找和筛选时间，直接下载和应用。

信息技术还可以打破地域和时间限制，实现教师之间的远程协作和交流。教师们可以通过在线平台进行跨学校、跨地区的互动和合作，分享教学经验、研究成果、教案和评价等，促进教研之间的合作与共享。不同学校的教师可以通过在线论坛、博客平台等分享自己的教育实践和经验，进行跨学校的教研合作。他们可以一起讨论教学方法、课程设计和评估方式，共同解决教学中的问题，提高教育水平。

信息技术提供了个性化教学工具和资源，帮助教师更好地满足学生个体差异的需求。教师可以根据学生的不同学习风格、能力和兴趣，量身定制教学内容和活动，打造个性化学习环境。利用在线教学平台，教师可以根据学生的学习进度和兴趣爱好，选择或创建不同难度和题材的学习资源，提供针对性的学习任务和挑战，激发学生的学习兴趣和动力。

大数据的支持下，教研组可以收集和分析大量的教学数据，如学生成绩、学习行为和反馈等，帮助教师了解学生的学习情况和需求，根据数据结果进行教学调整和个别辅导。在在线学习平台上，教师可以追踪学生的学习活动和表现，通过数据分析，发现学生的学习瓶颈和需求。教师可以根据数据反馈，针对学生的问题提供及时的个别指导和支持，促进学生的学习进步。

（一）建立在线教研平台

学校教研组可以搭建在线的教研平台，供教师进行在线交流、资源共享和经验分享。该平台可以包括论坛、博客、资源库等功能，方便教师随时随地进行教研活动。

1. 在线论坛

教师们可以在论坛上发布问题、分享经验、交流教学改革的心得和思考。论坛可以设立不同版块，涵盖不同学科、年级和教学主题，方便教师们按需讨论和参与。例如，某地区某学校建立了名为"教学探索论坛"的在线平台，教师们可以在论坛上分享自己的教学实践、教案、评价方式等，进行互动和讨论。同时，在论坛上还设有专家答疑、资源共享和教学指导等板块，提供更多的支持和帮助。

2. 在线博客平台

教师可以以个人博客的形式，定期记录和分享自己的教学心得、教案和教学资源。博客平台可以支持教师之间的互动评论，促进交流和反思。例如某所中小学建立了"教师成长博客园"，每位教师都拥有自己的博客空间，可以在博客上发布教学心得、学科研究成果、教育观点等。教师们可以相互关注和留言，共同探讨教育教学的话题。

3. 在线资源库

教师可以将自己编写的教案、课件、教学视频等资源上传到在线资源库中，供其他教师下载和使用。资源库可以根据学科、年级和教学主题进行分类，方便教师们查找和获取所需的教学资源。学校教研组可以建立教学资源云平台，教师们可以将自己编写的教学资源上传到云平台上，并按照学科、年级、教学目标等进行分类。其他教师可以通过搜索或浏览来获取所需的资源，并进行评价和分享。

4. 在线研讨会议

通过视频会议工具搭建在线研讨平台，教师们可以就特定教学主题进行线上研讨和讨论。在线研讨会议可以邀请专家学者或其他学校的教师作为嘉宾，提供专业知识和经验分享。例如在线教学研讨会活动，通过视频会议平台，邀请多个学校的教师和专家参与。每次研讨会都有特定的主题，涉及教学方法、评价方式、跨学科整合等，教师们可以在会议上进行互动和交流。

5. 在线课程平台

搭建一个在线课程平台，教师可以将自己录制的教学视频、教案和学习资料上传到平台，供学生和其他教师学习和使用。某高中创建了一个名为"名师在线课堂"的平台，高质量的教学视频和学习资料可以供全国范围内的学生和教师免费学习和使用。平台还设置了互动讨论区，学生和教师可以在课程学习中进行问题解答和经验分享。

（二）使用教学管理系统

学校教研组采用教学管理系统是为了更好地组织和管理教学资源，提高教学质量和效率。教学管理系统是一种基于互联网技术的平台，通过集成各项教学管理功能，使教师和管理者能够方便地进行教学活动的规划、实施和评估。

1. 教学计划与排课

教学管理系统可以帮助教研组制定学科教学计划，并进行课程、教材、教学资源的选择和安排。同时，系统还能自动进行排课，合理安排教师和学生的上课时间表。

2. 教学资源管理

教研组可以将教案、课件、习题等教学资源上传到系统中进行管理和共享。教师可以根据需要查找和下载相关资源，提高教学设计和准备的效率。

3. 作业布置与批改

教学管理系统可以支持教师在线布置作业，并提供作业提交和批改的功能。学生可以通过系统提交作业，教师可以进行在线批改和反馈，提高作业管理的效率和准确性。

4. 教学评价与成绩分析

教学管理系统可以记录学生的课堂表现、作业成绩和考试成绩等信息，帮助教师进行评价和分析。管理者可以通过系统生成各类教学报表和数据分析，了解教学情况并提供决策依据。

5. 互动交流与反馈

教学管理系统支持教师、学生和家长之间的互动交流。教师可以通过系统发布通知、发送消息，与学生和家长进行沟通和反馈，促进家校合作和共同关注学生的学习情况。

教学管理系统可以减少繁琐的手工操作，提高教研组的工作效率。教师可以节省时间和精力，更专注于教学设计和实施。教学管理系统将教案、课件等教学资源集中管理和共享，教师可以相互借鉴和学习，提高教学质量和创新能力。收集和分析学生的学习数据，为教师提供定量和定性的教学评价和反馈。教师和管理者可以根据数据分析结果，制定个性化的教学计划和措施。教学管理系统有助于规范教学流程、提高教学标准和质量。教师可以通过系统的指导和支持，不断改进和优化教学方法和内容。教学管理系统提供了教师、学生和家长之间的互动交流平台，促进沟通和合作，建立良好的学校和家庭教育共同体。

（三）在线备课

学校教研组可以利用信息技术来组织和进行在线备课，提高备课的效率和质量。利用视频会议软件或在线协作工具，教师可以进行远程同步备课。他们可以共享屏幕、编辑文档、讨论教学内容，提高备课效率和质量。

1. 选择适合的在线备课平台

教研组可以选择适合的在线备课平台，以便教师进行备课活动。这些平台通常具有以下功能：教案编写、资源上传、教学交流、评课反馈等。教研组可以根据自身需求评估不同平台的特点，选择最符合教学实际的在线备课平台。

2. 教案编写与分享

教师可以在线上编写教案，包括教学目标、内容、方法、评价等，将教案保存在平台中，方便随时修改和更新。教师可以将自己编写的教案分享到平台上，供其他教师参考和使用。这样可以促进教师间的交流和互相借鉴，提高备课的质量和创新。

3. 上传资源

教师可以将自己制作的课件、教学视频、练习题等教学资源上传到平台上。这样可以方便其他教师查找和使用，节省了资源准备的时间和成本。

4. 资源共享

教师可以浏览平台上其他教师上传的资源，找到适合自己教学需求的资源，提高备课效率和质量。

5. 讨论组建立

教研组可以在平台上建立讨论组，集中讨论备课中的问题和难点。教师们可以相互交流经验、共享解决方案，促进备课的改进和提高。

6. 教师互评

教师可以在平台上相互进行教案、课件等备课素材的互评。通过互评，教师可以获得来自同行的反馈和建议，不断优化备课内容和设计。

7. 在线示范课堂

教师可以录制自己的示范课堂，上传到平台上供其他教师观看。这样可以分享教学经验和方法，提供备课的参考和借鉴。

8. 评课反馈

其他教师观看示范课堂后，可以在平台上进行评课和反馈。这样可以促进教师间的交流和互相学习，进一步提高备课质量。

以某中学语文教研组的在线备课为例：该校语文教研组选择了利用校内网建立的名为"教学云"的在线备课平台。教师们可以在平台上编写教案，包括教学目标、内容、方法等。同时，教师们可以上传自己制作的课件、教学视频等教学资源，并与其他教师共享。在平台上，教师们可以建立讨论组，讨论备课中的问题和难点，共同解决备课中遇到的困惑。此外，教师们还可以观看其他教师上传的示范课堂，进行评课和反馈。通过这种方式，教师们在备课过程中相互学习和交流，不断提高备课质量和教学水平。因此，利用信息技术进行在线备课可以提高备课效率和质量。教研组可以选择适合的在线备课平台，利用平台的功能进行教案编写、资源上传、讨论交流等活动。通过在线备课，教师们可以相互借鉴和学习，促进备课的创新和改进。这样不仅提高了教师的备课效率，也为学生提供了更优质的教学内容和体验。

（四）推广教学视频资源

学校教研组可以通过利用信息技术录制优质的教学视频来助力学校教学质量的发展。教研组长可以录制优质的教学视频，并将其上传到在线平台供教师观看。教师可以通过观看他人的教学视频，学习借鉴其他教师的优秀教学实践。

1. 选择适用的录制设备和软件

教研组可以选择适用的录制设备和软件，以便录制高质量的教学视频。常见的录制设备有摄像机、智能手机、平板电脑等；录制软件有Camtasia、OBSStudio、微信小程序等。教研组可以根据自身需求和资源情况选择合适的设备和软件。

2. 确定录制内容和目标

在录制教学视频之前，教研组需要确定录制的内容和目标。可以选择一些典型的教学场景，例如示范课堂、解题实例、实验演示等。同时，还要明确录制视频的目标，例如突出重点知识点的讲解、展示优秀的教学方法等。

3. 制订录制方案和脚本

教研组在录制教学视频之前，需要制订录制方案和编写脚本。录制方案包括录制的时间、地点、布置等；脚本则包括教师的讲解内容、示范流程等。制订方案和脚本有助于提高录制效率和质量。

4. 录制技巧与方法

保证录制设备的画质清晰，注意光线和背景的影响，尽可能选择安静的环境。

确保录制设备的麦克风清晰，避免噪声干扰。

教师在录制时要注意语言清晰，表达准确，结构合理。可以运用图像、动画、实物演示等多种方式加强讲解效果。

对于一些实际操作的场景，可以进行示范演示，并加入文字说明或语音解说，方便学生理解和模仿。

5. 剪辑和编辑

录制完教学视频后，教研组可以利用视频编辑软件对录制素材进行剪辑和编辑。可以剪除不必要的片段，调整视频的顺序和长度，添加字幕、标注等辅助信息，以及加入音效和背景音乐等。

6. 上传和分享

经过剪辑和编辑后的教学视频可以上传到教学平台、学校网站、教研组的资源库等地方进行分享。教师和学生可以随时观看和学习这些教学视频，提高教学效果和学习成果。

案例：某中学数学教研组在信息技术的支持下，利用智能手机和录制软件Camtasia录制了一系列优质的数学教学视频来助力学校教学质量的发展。教研组根据教学大纲和学生的学习需求，选择了一些重要的数学知识点作为录制的内容。他们设计了详细的教学脚本，在录制时突出重点、强调难点，并通过图像、动画等方式进行讲解和示范演示。

在录制过程中，教师们注意了视频的清晰度和音频质量，录制设备的设置和使用得到了充分考虑。录制完成后，教研组成员利用Camtasia软件对录制素材进行了精心剪辑和编辑，去掉了冗余的部分，添加了字幕和标注等辅助信息，使得视频更加易于理解和接受。

教研组将这些优质的教学视频上传到学校网站和教学平台上，供学生和其他教师观看和学习。这些教学视频在突出重点、解析难点的同时，也展示了教研组成员优秀的教学方法和技巧，对于提高学校的教学质量起到了积极的促进作用。

通过利用信息技术录制优质的教学视频，学校教研组可以提升教师的教学能力、丰富教学资源，为学生提供更好的学习体验。这不仅可以助力学校教学质量的发展，也对教师专业成长和学生学习效果有着积极的影响。

（五）利用数据分析进行教研

学校教研组可以通过利用信息技术进行数据分析来提高教学质量和推动教育教学改革。可以使用数据分析工具来分析学生成绩、学习情况等信息，发现问题、发掘优势，并进行相应的教研活动。教师可以根据数据分析结果调整教学策略，个性化辅导学生。

1. 选择合适的数据分析工具

教研组可以选择合适的数据分析工具，例如Excel、SPSS、R语言等。这些工具可以帮助教研组对大量的教学数据进行整理和分析，快速发现问题和趋势，为教育教学改革提供有力的支持。

2. 确定数据分析方案和目标

在进行数据分析之前，教研组需要明确数据分析的方案和目标。教研组可以从教学资源、学生表现、考试成绩等多个角度入手，深入分析教育教学的各个环节，探究其中存在的问题和挑战，为优化教学提供有力的依据。

3. 收集和整理数据

为进行数据分析，教研组需要对相关的教学数据进行收集和整理。这些数据可以来源于教学平台、学生信息系统、考试成绩等。教研组需要选择合适的数据来源和指标，并进行数据清洗和整理，确保数据的准确性和一致性。

4. 利用数据分析工具进行分析

教研组可以利用选择的数据分析工具对收集到的数据进行分析。根据目标和方案，教研组可以利用统计学方法、机器学习算法等多种手段对数据进行处理和分析，发现其中的规律和趋势，并为优化教学提供科学的依据和建议。

5. 汇总分析结果并制订应对措施

教研组需要将分析的结果汇总起来，形成详细的分析报告，并结合实际情况制定相应的应对措施。这些措施可以包括调整教学内容、改进教学方法、加强学生辅导等，旨在提高教学效果和学生学习成果。

案例：某中学英语教研组利用信息技术进行数据分析，以提高英语教育质量。教研组从教学资源、学生表现、考试成绩等方面入手，对英语教育的各个环节进行了深入分析。

教研组收集了学生的英语阅读测试数据，针对测试结果进行了统计和分析。通过与学生的性别、年级、家庭背景等因素进行比较，发现女生在阅读理解方面表现更好，初一年级学生的表现整体上低于其他年级，而家庭背景对学生阅读理解能力的影响较小。

教研组组织教师分组分析了学生在课堂上的表现和情境语言运用能力。利用语音识别技术，对学生的语音数据进行录制和分析，发现有不少学生存在语调反复、语音模糊等问题，需要加强语音训练和反馈。

结合分析报告，该校英语教研组制订了相应的应对措施。比如在阅读理解方面，英语教师将优化教学内容和方法，加强学生的阅读训练和技巧指导，在情境语言运用方面，教师将加强语音训练和反馈，为学生提供更好的语言环境。

通过利用信息技术进行数据分析，该校英语教研组深入分析教育教学中的各个环节，发现其中存在的问题和挑战，为教育教学改革提供有力的支持。各科学科都可以找到适合学科本身特点的信息技术手段，利用数据分析手段，结合实际情况和教育教学的特点，可以实现教育教学的精细化管理和质量提升。

（六）推广在线研讨会和培训课程

学校教研组可以通过举办在线研讨会和培训课程，邀请专家和经验丰富的教师分享教学经验和教育研究成果，以推动教育教学的创新和质量提升。通过在线平台，教师可以参与互动、提问和讨论，拓宽视野、提高教育教学水平。

1. 在线研讨会

在线研讨会是一种基于网络平台的教学交流活动，利用网络技术和多媒体手段，将与会者分散地连接起来，共同参与讨论和交流。在这种形式下，教师可以不受地域和场所限制，轻松参与到研讨会中，与专业人士和同行相互交流，获得不同领域和不同层次的启示和指导。教研组可以通过选择合适的在线会议平台，邀请国内外知名专家和学者，针对教育教学的前沿问题和挑战进行讨论和探讨。例如，可以邀请教育心理学领域的专家，分享有关学生心理健康问题的研究成果和心理干预策略；可以邀请教育技术领域的专家，介绍最新的教育技术应用案例和趋势。此外，教研组还可以邀请自己学校内部的教育专家和优秀教师，分享他们在特定领域或学科方面的研究和教学经验。例如，在语文教学领域，可以邀请对阅读教学有深入研究的老师，分享他们的经验和方法，并与其他教师一起探讨如何在课堂实践中有效地运用这些方法。

2. 培训课程

培训课程是一种通过教师培训来提高教育教学质量的常见做法。教研组可以邀请专业培训机构和内部教学专家，为教师提供全方位、深入的培训课程，以提升教师的专业素养和课堂教学能力。例如，在数学教学领域，可以邀请全国著名的教育机构或知名的教育专家，借助网络平台开展在线培训课程，为教师提供全方位、系统化的数学教学培训。这些课程既可以涉及数学教学的理论基础和思路，也包括一些实用的教学方法、案例分析和课堂示范，可以让教师在培训中掌握一些先进的教育技术和教学策略，快速提升数学教学质量和教学效果。当然也可以邀请内部的优秀教师或相关领域的教育专家，针对校内的特定问题和需求，提供有针对性的培训课程。例如，在小学英语教学方面，可以邀请内部英语教学能力突出的老师，为其他教师分享他们成功的教学经验和方法，解决教学中的难点和瓶颈。

举办在线研讨会和培训课程是教研组促进教育教学创新和提高质量的重要手段。通过邀请专家和资深教师分享他们的经验和成果，教研组可以为教师提供一个全方位、系统化的教育资源库，帮助教师迅速提升教学素养和专业能力。同时，这些活动也可以促进教研组内部合作和交流，推动教育教学改革和质量提升。

（七）利用移动应用支持教研

随着移动互联网技术的快速发展，移动应用已成为人们生活、学习、工作中不可或缺的一部分。在教育领域，利用移动应用支持教研已经成为一种趋势。学校教研组可以利用移动应用平台，建立起便捷、高效、协同的教研工作平台，以支持教师教学研究和教学实践。一些开发出来的移动应用程序，可以让教师可以随时随地进行教研活动，让教师可以使用教育类应用浏览相关研究文章、参加在线讨论、记录教学观察和反思等。

利用移动应用，学校教研组可以实现数据的随时随地上传和在线分享，同时能够实时反馈和讨论，这样可以缩短教研时间，提高教研效率。移动应用平台可以对教研成果进行分类、整理和保存，使得教研内容更加有序和可管理。利用移动应用可以实现教师之间的信息交流和合作。教师可以通过应用平台与群组成员分享信息和观点，并利用平台进行集体讨论和协作。

那么，如何利用移动应用支持教研呢？笔者认为可以从以下几个方面进行考虑：

1. 建立移动应用平台

学校教研组可依据教研需求和特点，选择适合的移动应用平台，如QQ群、微信群、钉钉群等，并成立教研群组，维护好各个群组成员和信息流管控。

2. 利用移动应用开展调研

教研组可以通过在移动平台上发布问卷、投票等方式，开展教育调研，了解师生对教学、教育等方面的需求和意见。例如，针对学生学科知识水平进行调查，可通过移动应用发布测试题并实时收集学生答题情况，从而为教师提供改善教学方法和策略的参考。

3. 分享教学资源

教研组可利用移动应用分享教学资源，如PPT、教案、动画等。教师可根据需要，在平台上下载所需资源，以支持他们的课堂教学。例如，在小学数学教学中，教师可共享自己编写的小学数学知识点PPT，以便其他教师在备课时参考和使用。

4. 开展在线研讨和磨课

教研组可利用移动应用开展在线研讨和磨课，以帮助教师改进授课方案、提升课堂效果。例如，在初中英语教学中，通过钉钉群等应用平台，可以开设英语磨课小组，共同磨炼试讲，提升教学水平。

5. 举办线上培训课程

利用移动应用举办线上培训课程，可以为教师提供更具针对性的教育培训服务，满足教师的多样化教育需求。例如，学校可邀请外部专家或内部优秀教师，通过微信公众号等移动应用平台，为教师提供各类在线教育培训。

利用移动应用支持教研已经成为当前教育领域的一种普遍趋势。在建立移动应用平台的基础上，通过调研、资源分享、磨课和线上培训等方式，实现了教研工作的便捷化、高效化和协同化。教研组可以选择合适的移动应用平台，结合具体的教研需求和特点，推广利用移动应用支持教研，为提升教学质量和水平贡献力量。

六、加强评价与反馈机制

学校教研组加强评价与反馈机制是为了提升教研成果的质量和实效，促进教师专业成长和教学改进。通过建立有效的评价与反馈机制，教研组能够及时了解教师的需求和问题，并通过反馈和支持，帮助教师不断提高教学能力和教学水平。

评价与反馈机制可以帮助教师认识到自身的优点和不足之处，有针对性地进行专业发展。通过评价与反馈，教师可以及时调整教学策略，提升教学效果。加强评价与反馈机制有助于将教研成果转化为实际的教学行动。通过反馈机制，教师可以了解自己的教研成果在实际教学中的应用情况，进一步改进和完善。评价与反馈机制还可以促进教研组成员之间的交流和合作。通过相互评价与反馈，教师能够互相学习、借鉴对方的经验和优点，形成良好的教研氛围。

那么，学校教研组如何加强评价与反馈机制呢？

1. 多元评价方式

教研组可以采用多样化的评价方式，如观课评价、问卷调查、反思报告等。通过不同的评价方式，可以全面了解教师在教学中的表现和问题，并提供具有针对性的反馈。

2. 定期评价与反馈

教研组应定期进行评价与反馈，避免集中在特定的时间段内进行，以确保教师能够及时了解自己在教学中的不足和进步。例如，每学期期末可以开展综合评价和反馈，汇总教师的教学情况和成果，为下一个学期的教学改进提供建议和支持。

3. 个性化反馈

评价与反馈应尽可能满足教师的个性化需求。不同教师在教学风格、课堂管理、教育理念等方面存在差异，因此评价与反馈应根据个体差异进行量身定制。例如，对于注重理论教学的教师，可以提供更具体的教学案例和方法，以帮助他们更好地将理论知识转化为实际教学能力。

4. 建立反馈机制

教研组可以建立教师互相评价和反馈的机制，通过相互观摩、交流心得和经验，提供宝贵的建议和指导。例如，教师可以定期邀请其他教师观摩自己的课堂，并进行评价和反馈，以促进教学改进。

5. 提供支持和资源

评价与反馈不仅仅是指出问题，还应提供相应的支持和资源。教研组可以为教师提供教学资料、培训课程、教学观摩等支持，以帮助教师解决问题和提升教学能力。

案例：在语文教学方面，教研组可以通过以下方式加强评价与反馈机制：

（1）观课评价。教师可以互相邀请观摩对方的语文课堂，并进行评价和反馈。观摩教师可以从课堂组织、教学方法、学生参与等方面给予评价和建议，被观摩教师可以借鉴对方的优点和经验，改进自己的教学方法。

（2）问卷调查。教研组可以设计问卷调查，收集学生对语文教学的意见和反馈。通过问卷调查结果，教师可以了解学生对自己的教学满意度、课堂兴趣等方面的评价，并根据结果进行相应的教学改进。

（3）教学反思报告。教师可以撰写教学反思报告，对自己的语文教学进行总结和反思。通过反思报告，教师可以对自己的教学方法、教材选择、学习评价等方面进行深入思考，并提出具体的改进措施。

（4）教学交流分享会。教研组可以定期组织教学交流分享会，教师可以在会上分享自己的语文教学心得和经验，其他教师可以进行评价和提问。通过交流分享会，教师可以获取更多的教学灵感和建议，拓宽自己的教学视野。

当然，在实际操作中，教研组可以根据学科特点和教师需求，灵活运用不同的评价与反馈方式，以促进教师专业成长和教学改进。

七、拓宽影响力

学校教研组作为学校的重要组织之一，其影响直接关系到学校教育教学质量和师生发展水平。拓宽教研组的组织影响力，可以促进教研成果在全校范围内的推广应用，增强教师专业发展和教学改进的能力，提升学校整体教育教学水平。

　　教研组作为学校内部专业性最强的组织，其在教育教学领域的研究和探索具有重要意义。通过拓宽教研组的影响力，可以将研究成果更好地推广应用到学校的教育教学中，提升教育教学质量和水平。拓宽教研组的影响力，还可以增加教师在教学改进和专业发展中的参与度。通过更广泛的教学交流和分享，教师可以拓宽自己的教学眼界和思路，更好地发挥自己的专业优势和特长。教研组作为学校内部管理创新的重要力量，其在教育教学体系的完善和优化方面具有重要作用。通过拓宽教研组的影响力，可以推进教育教学制度变革和管理创新，提升学校整体竞争力和实力。如何拓宽学校教研组的影响力，以下方面可供参考借鉴：

　　1. 打造知名品牌

　　教研组可以通过在学术研究领域建立知名品牌，扩大自己的影响力。例如，组织学术研讨会、编写学术专著等方式，提高教研成果的知名度和可信度，吸引更多教师的参与和关注。

　　2. 建立交流平台

　　教研组可以通过建立交流平台，促进教师之间的互相学习和交流。例如，开设教学交流论坛、建立教学资源共享平台等方式，为教师提供更多参考和学习机会，以扩大教研组的影响力。

　　3. 加强区域沟通

　　教研组应注重区域沟通和合作，共同推动教育教学改革和发展。例如，参与区域内部各级领导组织的教学研讨会议、向领导汇报教研成果等方式，以加强教研组在学校内部的影响力。

　　4. 打造学科品牌

　　教研组可以通过打造学科品牌，提高自己在学科研究和教学改进方面的权威性和影响力。例如，组织学科比赛、培训教师等方式，向学生和家长展示学科的魅力，为学科发展积累更多资源。

　　5. 发挥专业优势

　　教研组应发挥自身的专业优势，积极参与社会服务和公益活动，推广自己的教研成果和教学理念。例如，组织义务培训、参与教育公益活动等方式，为社会做出更多贡献，提升教研组的社会影响力。

　　案例：某市初中语文教研组在拓宽组织影响力方面，采取了以下措施：

　　（1）举办语文教育研讨会，邀请市内知名教师和专家进行交流和分享。

　　（2）建立语文教育微信群，促进教师之间的观摩和交流。

　　（3）参与市区教育局组织的教研活动，在市区教育界树立起良好的口碑和形象。

（4）策划组织"青年教师成长论坛"等活动，为年轻教师提供学习交流的平台，同时扩大了语文教研组的影响范围。

（5）制作语文教学辅助资料，对外发布，增强了教研组的学科品牌形象和权威性。

通过以上措施，某市初中语文教研组成功地拓宽了组织影响力，得到了广大教师的认可和赞誉，同时也带动了整个区域初中语文教育的发展。

第十一章 "双新"背景下学校教师专业发展的路径与探索

"双新"背景下，随着社会的不断变化和教育的进步，教育领域的需求和期望也在不断调整，学校教师需要通过专业发展来适应新时代的教育需求，掌握最新的教育理念、教学方法和技术手段。

一、学习与培训

"双新"背景指的是新时代和新形势下的教育改革与发展。在"双新"背景下，学校教师通过学习与培训来进行教师专业发展可以是一个关键的途径。教师要适应这个时代的需求，不断提升自身的专业素养和教学能力，需要通过学习与培训来拓宽知识面、更新教学理念和方法、增强教学技能。下面将从继续教育、专业学习和跨学科学习方面展开，说明教师如何通过学习与培训实现教师专业发展。

（一）继续教育是教师专业发展的重要方式之一

继续教育是指教师在完成学历教育后，通过参加各种形式的培训、研修和学习活动，不断提升自身的专业能力和知识水平。作为教师专业发展的重要方式之一，继续教育有助于教师跟上教育变革的步伐，适应社会的需求，提高教学质量，推动教育创新。

继续教育可以帮助教师了解最新的教学理论、教育政策和教学方法，及时更新知识，与时俱进；可以提供专业培训和学习机会，帮助教师提升自身的教学能力、组织管理能力和专业知识水平；可以引导教师从不同的学科、领域和文化背景中获取新的观点和思维方式，拓宽自己的视野；可以提供与其他教师交流、分享和合作的机会，促进教育界的交流与合作，共同研究解决教学中的问题。

教师参加学科领域的学术研讨会可以了解最新的研究成果和教育发展趋势，分享自己的研究成果，与同行教师进行专业交流。教师还可以参加针对特定教学技能和策略的培训课程可以提升教师的教学能力，如参加针对信息技术应用、评估与反馈、项目制学习等方面的培训课程。教师可以加入学校或学区组织的教研小组、学科组或专业学习社群，与其他教师共同研究教学问题、分享教学资源，如定期组织教师交流会议、课程观摩和教案研讨等。教师可以利用在线学习平台参加网络课程和研讨会，灵活安排学习时间，获取教育领域的知识和资源，如参加教育部和各大高校开设的网上公开课。教师还可以积极参与教研项目和实践活动，如学科教学改革项目、教育实验研究等，通过实践和反思提升自身的教学水平。

有条件的教师还可以继续攻读硕士、博士学位或参加研究生课程，深入研究特定学科领域或教育问题，提高自己的学术能力和专业知识。

学校可以为教师提供持续的学习机会。这些培训和研修活动可以针对当前的教育改革热点和教学挑战，以及学科发展方向，提供相关知识、理论和实践经验的分享和传授。例如，针对新课程改革，学校可以邀请相关专家解读政策文件，进行教材解读和教学方法培训，帮助教师理解新课程理念和掌握新课程的教学要求。此外，学校还可以组织一些针对特定问题的研讨会，如评价方法研究、教育技术应用等，为教师提供专题交流和研究的机会。

（二）专业学习是促进教师专业发展的关键路径之一

教育领域不断发展和变化，新的教育理论和知识不断涌现。通过专业学习，教师能够及时了解最新的教育研究成果和教学方法，更新自己的教育观念和认知，提高对学科教学的理解和把握。专业学习可以帮助教师提升教学能力和教学技能。教师可以学习到先进的教学策略、评价方法和教学资源的应用，掌握有效的课堂管理和组织技巧，提高教学效果和学生学习成果。教育环境和社会需求不断变化，要求教师具备适应新形势的能力。通过专业学习，教师可以了解教育政策、教学改革方向和学科教育的新要求，从而及时调整教学策略和方法，适应教育发展的需求。专业学习是教师专业成长的重要途径。通过学习与其他教师进行交流，分享教学经验和资源，教师可以不断完善自己的教学观念和方法，提高专业素养和反思能力，实现个人和职业发展的目标。通过专业学习，教师可以不断提升自身的教学水平和能力，增加对教学工作的自信心。同时，专业学习也能够满足教师对于自我成长和进步的需求，提高工作满意度和教学满意度。

其中，有许多方式帮助教师进行专业化学习，如参加学校、学区或教育机构组织的专业培训课程，教学方法、评估与反馈、课程设计等方面的培训。这些培训可以提供最新的教育理论和实践经验，帮助教师提升教学能力。教师可以参加学科领域的学术研讨会、学科教学交流会，了解最新的学科教学研究成果，与同行教师进行专业交流，分享教学方法和资源；参与学校或学区的教研活动、教研组或学科组的集体备课和研究，与其他教师一起研究教材解读、教学策略、评价标准等内容，互相借鉴和提供意见，共同提高教学水平；加入学习社群或专业团队，例如线下的教育研究小组、在线的教师社群等，与志同道合的教师一起交流、分享资源和经验，共同解决教学中的问题；利用各种在线学习平台参加网络课程、研讨会、研训活动等，这些平台提供了丰富的教育内容和学习资源，可以根据自身需求选择适合的学习项目进行学习；积极参与学校或学区组织的教育改革项目、实践活动等，例如学科竞赛指导、社团指导、实验研究等，通过实践和反思提升自身的教学水平；定期阅读与教育相关的专业书籍、期刊和研究报告，了解最新的教育研究成果和教学理论，拓宽自己的知识面；定期进行课堂观摩，观察其他教师的教学方法和风格，借鉴优秀的教学实践，同时进行反思式教学，回顾自己的教学过程和效果，不断改进和提高。

学校可以鼓励教师参加各类学位教育和高级研修班，提供进修学习的机会。这些学位教育和高级研修班可以涉及专业领域的深入学习和拓展，如教育学、心理学、教育管理等。教师可以通过深入学习与掌握相关领域的理论知识和研究方法，提升自身的学术能力，并将学习成果运用到实际教学中。例如，一位教师可以参加教育心理学的研究性学位教育，通过专业学习了解学生心理发展规律、学习困难的诊断与干预等，从而提高教学的针对性和个性化。

（三）跨学科学习是教师专业发展的重要方向之一

跨学科学习是指在教育中，将两个或以上的学科领域整合起来，设计跨越学科边界的学习活动和课程内容。跨学科学习旨在帮助学生了解和应用多个学科知识，以应对复杂的问题和挑战。跨学科学习可以促进学生的创造性思维、问题解决能力、批判性思考能力和合作精神，有助于提高学习效果和学生的综合素质。

跨学科学习的核心是将多个学科整合到一个学习活动或课程中，让学生了解和应用多个学科知识。其强调不同学科之间的联系和相互影响，帮助学生建立多学科知识的关联性和整体观念。跨学科学习鼓励学生通过探究和解决真实世界的问题，应用多个学科知识，培养学生的创造性思维和解决问题的能力，让学生能够综合运用多个学科的知识，促进学生全面思考和分析问题，从而提高学习效果和成果。例如，当学生需要研究城市环境污染问题时，他们需要涉及自然科学、社会科学、历史、政治等多个学科领域的知识。学生可以探究城市中不同污染来源，对不同种类污染的影响进行分析，还可以研究城市规划的历史和现状，考虑政治、法律、经济等方面的因素。通过跨学科学习，学生可以得到更深入广泛的了解，并从不同学科角度看待和解决问题。

在"双新"背景下，知识与技能的融合和复合需要跨学科的视野和素养。学校可以鼓励教师进行跨学科学习，拓宽自己的知识边界，增强综合素质。例如，在教授数学课程的同时，教师可以主动学习计算机科学、数据分析等相关领域的知识，将跨学科的思维方式和应用方法融入自己的教学中。此外，学校还可以组织跨学科的团队合作活动，如跨学科研究项目、跨学科教学设计等，让教师在合作中相互学习、相互促进，实现更好地专业发展。

为了实现教师通过学习与培训进行专业发展，学校需要提供相应的支持和保障。学校应建立健全的学习资源，包括图书馆、电子资源、学习工具等，为教师提供便捷的学习环境和学习资源。学校还应提供经费和时间的支持，确保教师有充足的学习和培训机会。同时，学校可以建立评价机制，对教师的学习成果进行认可和激励，如给予学分、晋升机会、奖励等，并将教师的学习与发展纳入绩效考核与职称评定体系中。

通过继续教育、专业学习和跨学科学习，教师能够不断提升自身的专业素养和教学能力，更好地适应时代需求，提升教育教学质量。学校应提供相应的支持和保障，创造良好的学习环境和机制，鼓励教师进行学习与培训，实现教师专业发展之路。

二、交流与合作

教师之间的交流与合作可以促进知识共享、经验交流和教学互助，进一步提升教师的专业素养和教学能力。下面将从团队合作、专业社群和跨校交流三个方面展开，说明教师如何通过交流与合作实现专业发展。

（一）团队合作是促进教师专业发展的关键途径之一

学校可以组建教师团队或研究小组，让教师们在团队中共同参与教育教学改革、项目研究等活动。团队合作可以激发教师之间的创新思维和合作精神，共同探索教学问题、解决实际挑战。团队成员可以分享各自的教学经验和教育思考，相互启发、批评与借鉴，通过集思广益来提高整个团队的教学水平。例如，一所学校的数学教师团队可以共同研究教学案例，进行反思与研究，共同探索新的教学方法和策略，相互评价与改进，从而提升数学教学的质量和效果。

（二）专业社群是教师交流与合作的重要形式之一

学校的专业学习社群是指一群志同道合、共同关注某一学科或教学领域的教师和专家组成的学习群体，通过交流、合作和共享学习资源，提升专业素养和教学水平。建立学校的专业学习社群有助于促进教师之间的专业发展、教学互助和教育教学创新。

学校建立专业学习社群，将教师按学科、年级等专业领域进行组织，激发教师之间的交流与合作。专业社群可以通过线上或线下的方式组织教师进行互动和交流，分享教学资源、经验和教学设计等。教师可以在社群中提出问题、讨论解决方案，并得到其他教师的反馈和建议。例如，数学教师组成学校的数学学科社群，通过定期的教研活动、分享案例、讨论学科教学难点等方式，促进数学教师之间的专业发展。教师可以分享自己教学的成功经验、探讨新的教学方法、共同解决学生学习问题。学校的教育技术骨干教师组成专门的学习社群，分享教育技术应用经验和资源，为其他教师提供教学技术支持和培训。教师可以共同研究和探索教育技术工具的最佳使用方法、设计在线教学课程等。小学语文教师组成学校的语文教研社群，定期开展专题研讨、编写教案和教材等。教师可以针对不同年级的语文教学重点进行研究，分享有趣的教学活动和评价方法，提高语文教学的针对性和趣味性。初中英语教师组成小组，以提高学生英语口语水平为目标，通过每周一次的组内交流会议、模拟英语口语比赛等活动，提升教师的教学技能和学生的英语口语表达能力。

（三）跨校交流也是教师交流与合作的重要途径之一

学校可以与其他学校建立合作关系，共同开展教学研究、课题研究、教材设计等活动，促进教师之间的学习与合作。例如，不同学校的数学教师可以组成跨校交流团队，共同开展数学教学研究。通过交流与合作，教师们可以共同探讨更广泛的问题和挑战，借鉴其他学校的经验和做法，拓宽自己的教学视野与思维方式，提升教育教学水平。跨校交流还可以推动学校间的资源共享与协同发展，形成良好的合作机制，促进整个教育系统的专业发展。

为了实现教师通过交流与合作实现专业发展，学校需要提供相应的支持和保障。学校应创造良好的交流与合作环境，为教师提供充分的时间和场所进行交流与合作。学校可以建立教师交流的平台，如教研组会议、专业学习社群等，鼓励教师积极参与交流与合作。学校还可以为教师提供相应的经费和资源，支持他们参加学术会议、培训班和研修活动，拓宽交流的渠道和机会。同时，学校还应重视教师交流与合作的成果和贡献，将其纳入教师评价体系和职称晋升考核中，激励教师积极参与。

"双新"背景下，教师通过交流与合作来实现专业发展，通过团队合作、专业社群和跨校交流等方式，教师可以分享经验、学习他人的实践经验、开展合作研究，从而提高自身的专业素养和教学能力。学校应为教师提供相应的支持和保障，创造良好的交流与合作环境，促进教师之间的互动与合作，实现教师专业发展之路。

三、实践研究与创新实践

实践研究是指教师在实际教学中对教育问题进行深入调查、实证研究和探索性实践的过程。通过实践研究，教师能够深入了解学生的学习情况和需求，发现存在的问题，并尝试解决这些问题。实践研究有助于提升教师的专业素养和教学水平，增强教师的自主学习能力和创新能力。实践研究的方法多种多样，可以包括课堂观察和记录、学生问卷调查、教学实验、小组合作研究等。教师可以选择适合自己的研究方法，根据实际情况确定研究目标和研究内容，开展具体的实践研究工作。

创新实践是指教师在教育教学中尝试新的方法、策略和手段，以提高教学效果和培养学生创新能力的过程。创新实践有助于教师深入思考教育问题，跳出传统的教学框架，寻找更有效的教学途径和策略，激发学生的学习兴趣和创造力。创新实践的途径多样，可以包括教学设计的创新、教学资源的创新、教学环境的创新等。教师可以通过设计富有启发性的教学活动、利用多媒体技术和在线教学平台、创建教育游戏和虚拟实验室等方式来进行创新实践。

实践研究和创新实践相辅相成，相互促进。实践研究可以为创新实践提供理论基础和实证支持，通过科学研究的方法来验证和改进教学策略和方法。创新实践可以为实践研究提供具体案例和实践经验，通过尝试新的教学方式和手段，发现教育问题并深入探索解决方案。

如，教师在实践研究中发现学生的阅读兴趣不高，并存在阅读理解能力不足的问题。教师决定通过创新实践来解决这个问题。他设计了一系列有趣的阅读活动，结合学生的兴趣和实际情境，激发学生的阅读兴趣。同时，他利用互联网资源和在线讨论平台，提供多样化的阅读材料和互动性的学习环境，帮助学生提升阅读理解能力。通过实践研究和创新实践的双重努力，教师发现学生的阅读兴趣明显提高，阅读理解能力也有所增强。

再如，一位教师在实践研究过程中发现学生在数学学习中存在较大的焦虑和压力。为了缓解学生的压力，教师进行了创新实践。他设计了一系列寓教于乐的数学游戏活动，通过游戏的方式激发学生的兴趣和积极性。同时，他引入了小组合作学习和个性化辅导，针对每位学生的学习特点和需求进行指导和支持。通过实践研究和创新实践的结合，教师发现学生的数学学习兴趣明显提高，学习压力得到缓解，数学成绩也有所提升。

因此，教师通过实践研究与创新实践能够实现个人专业发展。实践研究可以帮助教师深入了解教育问题，并通过科学研究的方法来验证和改进教学策略和方法。创新实践可以激发教师的教学创造力和创新精神，通过尝试新的教学方式和手段来提高教学效果和培养学生的创新能力。教师在实践研究与创新实践中相互促进，不断提升自身的专业素养和教学能力，推动教育教学的持续发展。

四、持续的反思与计划

（一）持续反思是教师专业发展中至关重要的环节

通过反思，教师能够深入思考自己的教学实践，审视自己的教学效果和教学方法的有效性，从而找到改进的方向，并不断提升自己的教学能力和专业素养，以下三个反思方面供参考。

（1）反思教学目标与方法，教师可以反思自己设定的教学目标是否合理并且可以达到预期效果，是否使用了适当的教学方法和策略。通过反思，教师可以发现自己在教学中存在的问题和不足，并探索相应的解决方案。（2）反思学生表现与需求，教师可以反思学生的学习表现和反馈，了解学生的学习需求和困难，思考如何更好地满足学生的学习需求，并针对不同学生制定个性化的学习计划。（3）反思自身专业发展，教师可以反思自己的专业发展情况，了解自己的专业知识和教学技能的不足，思考如何进行进一步的学习和提升。

（二）制订个人计划是教师持续发展的基础

个人计划可以帮助教师明确自己的目标和方向，规划自己的学习和发展路径，有计划地进行专业学习和实践研究，推动个人的专业成长。教师可以根据自己的职业发展需求和兴趣，明确短期和长期的发展目标，包括提升特定教学技能、开设新课程、参与教学研究等。目标的明确性有助于教师有针对性地进行专业学习和实践探索。教师还可以根据发展目标，制订相应的学习计划和行动计划。学习计划可以包括读书、参加培训、参观交流等方式，以提升自身的专业知识和能力；行动计划可以包括实践研究、创新实践、课堂改革等活动，以积累实践经验和改进教学效果。最后，教师可以定期评估自己的学习和发展情况，检视自己的学习成果和实践效果，并根据评估结果对个人计划进行调整和优化。这有助于教师不断提升自己的专业发展水平。

1. 案例一

某高中英语教师在教学实践中发现学生对语法知识理解困难，难以将语法规则应用到实际的语境中。教师开始反思自己的教学方法，发现自己主要采取传统的讲授方式，并未充分利用学生的实际经验和参与性学习。教师意识到需要改变教学策略，引入更多的实践活动。在持续反思的基础上，该教师制订了个人计划。他决定通过参加专业培训和研讨会，提升自己的教学技能和语言知识；在课程设计中加入更多的实践任务，鼓励学生运用语法知识进行真实交流，提高语言运用能力。该教师还计划与其他领域的教师合作，开展跨学科的实践研究，进一步提升自身的专业素养。经过一段时间的实践和反思，该教师发现学生的语法应用能力明显提升，学生对英语学习的兴趣和积极性也得到了激发。

2. 案例二

某小学数学教师在课堂教学中发现有些学生对解题方法理解困难，经常出现不知所措的情况。教师开始反思自己的教学方法，发现自己主要采取传统的讲授方式，忽视了学生的实际操作和思维过程。教师决定改变这种教学模式，引入更多的探究性学习活动。

在持续反思的基础上，该教师制订了个人计划。他决定通过参加专业培训和研讨会，了解最新的数学教学方法和策略；在课堂设计中加入更多的探究式任务，鼓励学生思考和合作解决问题。该教师还计划与其他学校的教师进行合作，开展教学观摩和经验分享，提高自己的教学水平。经过一段时间的实践和反思，该教师发现学生的解题能力和思维灵活性明显提升，学生对数学学习的兴趣和积极性也得到了激发。

现实充分说明，教师通过持续的反思与制订个人计划可以有效提升个人的专业发展。持续反思可以帮助教师深入思考教学实践和个人发展的问题，并找到改进的方向。制订个人计划可以帮助教师明确目标和规划学习和行动，有计划地推动个人的专业成长。通过持续的反思与制订个人计划，教师能够不断提升自己的教学能力和专业素养，为学生提供更好的教育教学服务。

五、利用信息技术

在"双新"背景下，信息技术成为教师专业发展的重要手段之一。教师可以利用各种信息技术工具和平台来提升教学效果、创新教学方法、拓宽教学资源、实现个性化教学等。

（一）在线学习平台

在线学习平台是教师进行专业发展的重要途径之一。教师可以通过参加在线培训课程、研讨会和工作坊，更新教育理论、教育科技应用等相关知识。同时，教师还可以借助在线学习平台分享经验、交流互动，扩大专业网络。如，教师小王想提高自己在使用教育科技方面的能力，于是他注册了一个在线学习平台。在平台上，他选择了一门关于教育科技整合的课程，通过网络学习掌握了教育科技的最新应用和教学方法。在学习过程中，他还与其他教师进行了讨论和互动，分享了自己的经验和观点。通过这个在线学习平台，小王不仅提升了自己的专业知识和技能，还建立了与其他教师的联系，获得了更多的教育资源和支持。

（二）教学辅助工具

信息技术提供了各种教学辅助工具，帮助教师改进教学方法，创造更丰富多样的教学环境和体验。如，教师可以利用PPT、Prezi等软件制作数字化课件，通过多媒体和动画效果来呈现知识点，提高学生的学习兴趣和参与度。假设教师小李在讲解一节地理课时，使用了一份精心制作的数字化课件。通过在课件中插入地图、图片、视频等多媒体元素，小李生动地展示了地球自转、公转的原理，引发了学生的浓厚兴趣。学生们通过观看课件中的动画示意图，更加直观地理解了这些复杂的地理概念。

教师还可以借助在线互动工具，如Socrative、Kahoot等，在课堂上开展互动式教学活动，激发学生的积极参与和合作学习。如，教师小张在一节数学课上使用了在线互动工具Kahoot进行知识点的复习。他事先准备了一些选择题和填空题，并将问题通过投影仪展示给学生。学生们通过手机或电脑登录Kahoot平台，在限定时间内作答。随着问题的呈现，课堂上充满了紧张又活跃的氛围。通过实时排名和分数的显示，学生之间进行竞争，激发了他们对数学的学习兴趣和动力。

（三）个性化学习平台

个性化学习平台可以根据学生的学习特点和需求，推荐适合的学习资源和任务，实现个性化差异化教学。

教师可以借助在线学习平台，为学生提供个性化学习内容和学习路径。通过分析学生的学习数据和反馈信息，平台可以智能地推荐适合学生的学习资源和活动。如，教师小陈教授一门语文课程，他利用一款个性化学习平台让学生进行自主学习。通过平台上学生的自测，系统会根据学生的表现和需求，推荐适合的课程和习题。一些学习进度较快的学生可以跳过一些基础知识直接进行拓展性的学习；而一些学习进度较慢的学生，则可以选择针对性巩固基础知识的学习资源。

教师还可以利用学习管理系统收集学生的学习数据和表现，进行个性化评价和反馈。通过分析学生的学习情况，教师可以及时调整教学策略，为学生提供更有针对性的指导和支持。如，教师小刘在一门英语课中使用了一个学习管理系统来记录学生的学习情况。学生们每次完成作业后都需要在系统中提交答案，并进行自我评价。通过对学生的作业答案和评价进行统计分析，小刘发现一些学生在听力理解方面有困难。他根据这些信息，调整了后续的教学内容和教学方法，增加了听力训练的时间和难度，同时提供了一些针对性的听力练习材料。

通过利用在线学习平台、教学辅助工具和个性化学习平台，教师可以更加灵活地进行教学设计和教学实施。这些信息技术手段不仅提高了教师的教学效果和专业发展水平，也丰富了学生的学习方式和体验。教师在利用信息技术进行专业发展时，需要不断学习和掌握相关技能，并结合自身的教学需求和学生的学习特点，有针对性地选择合适的技术手段来支持教学实践。

六、参与评价与认证

"双新"背景下，教师积极参与各类教师评价与认证活动能够提高个人专业能力。教师评价与认证活动可以帮助教师全面了解自身的教学水平和发展需求，促进专业成长和教育质量的提升。通过参与教师评价与认证活动，教师可以对自己的教学进行深入反思和审视，认清自身的优势和不足之处。这有助于教师加深对教学实践的理解，进而调整和改进自己的教学方法和策略。教师评价与认证活动还为教师提供了一个学习与交流的平台。通过和其他教师的互动、经验分享与合作，教师可以拓宽自身的教学视野，探索新的教学理念和方法，不断丰富自己的教学技能和知识储备，促进个人专业成长。教师评价与认证活动还可以帮助教师提高教育质量和学生成绩。通过专业的评估和指导，教师可以及时发现和解决教学中存在的问题，改进教学方法，提高学生的学习效果与成绩。

那么，教师评价与认证活动的种类有哪些呢？

（一）教师自我评价

教师通过自我评价，对自己的教学进行全面的反思与评估。自我评价可以包括教学目标的制定、教学材料与资源的选择与设计、教学方法与策略的运用、学生评价与反馈的收集等方面。教师可以通过自我评价，不断完善自己的教学实践，提升教学质量。

（二）同行评价

教师通过与同行进行互访、互相观摩与评价，从其他教师的角度来审视自身的教学。同行评价可以促进教师之间的互动与交流，分享教学经验，共同探讨教学难题，借鉴其他教师的优秀实践，提高教学水平。

（三）学生评价

教师可以通过学生评价来了解学生对自己教学的感受、反馈和建议。学生评价可以包括课程设计与组织、教学内容的难易度与实用性、教师的教学态度与能力等方面。教师可以根据学生的评价结果，调整自己的教学方法，提高学生的学习参与度和学习效果。

（四）教研活动与项目评估

教师可以参与教研活动和教育项目的评估，通过与其他教师的合作与交流，探讨教育问题、研究教育项目的实施与效果，提供教学改进的意见与建议。

如，教师小李是一名初中语文教师。他积极参与各类教师评价与认证活动，不断提升个人专业能力。

1. 自我评价

每学期结束时，小李会利用一整天的时间进行自我评价。他系统地回顾自己这一学期的教学过程，对每一堂课进行分析与总结。他会思考自己在教学目标设定、教学方法选择、学生评价收集等方面的问题，并制订改进计划。通过自我评价，小李不断地完善自己的教学内容与教学策略，提高自身的教学效果。

2. 同行评价

小李积极参与学校组织的同行评课活动。在评课活动中，他和其他语文教师相互观摩与评价彼此的教学实践。通过观摩优秀的教学案例和听取同行教师的意见，小李得到了很多启发。他发现自己在课堂管理方面仍有待提高，并向其他老师请教了一些课堂管理的方法和技巧。通过同行评价活动，小李不断地学习借鉴他人的经验，探索适合自己的教学方法。

3. 学生评价

每学期末，小李会给学生们进行匿名的问卷调查，了解学生对他的教学的评价和建议。通过学生评价，小李得知学生们对自己课堂上的引导和批评意见较多，他意识到自己在学生激发学习兴趣方面有所欠缺。于是，他开始尝试引入一些趣味性的教学活动，如小组竞赛、角色扮演等，以提高学生的参与度和学习兴趣。通过学生评价，小李不断调整自己的教学策略，使教学更加适应学生的需要。

通过积极参与各类教师评价与认证活动，教师可以不断地反思与改进自己的教学实践，提升个人专业能力。这些活动不仅有助于教师的专业发展，也对教育质量的提升起到积极的推动作用。因此，在"双新"背景下，教师应积极参与各类教师评价与认证活动，不断提高个人专业能力，为学生提供更优质的教育。

第十二章 "双新"背景下学校科组建设与教研文化建设的实践与思考

"双新"背景即指新一轮信息技术革命和产业变革带来的新形势和新挑战。随着时代的进步和教育改革的推动，高中学校科组建设和教研文化建设在"双新"背景下显得尤为重要。在这样的背景下，学校需要积极进行科组建设和教研文化建设，以适应时代发展的需求，提升教育教学水平。

一、科组建设实践

（一）成立科组

高中学校可以按学科或跨学科的方式成立科组，集结对应学科的教师组成专业团队。

按学科成立科组，需要根据每个学科设立一个负责人，由该学科拥有丰富教学经验的教师担任，负责协调和组织该学科的教研活动。学校应统筹协调，根据学科教师的数量和专业背景，确定科组成员。建议选择教学经验丰富、教学水平较高的教师参与科组。学科负责人即科组长应根据学科实际，制订科组的工作规划和目标，明确科组的职责和任务，包括教研课题选取、研究方向确定、教学方法研讨等。科组成员定期进行会议，分享教学经验，讨论教学难点，并共同探索解决方案。会议可以包括教学观摩、研讨会、讲座等形式，以激发成员之间的思维碰撞和交流合作。在学科组活动过程中，学校为科组提供必要的资源支持，包括教研经费、实验室设备、图书资料等，以便开展科研和教研活动。

学校还可以成立跨学科科组，根据学校的教育教学目标和需求，确定跨学科研究方向，涉及不同学科之间的交叉内容和综合应用。学校通过搭建一个跨学科教研平台，提供教学资源、案例分享、研究成果等，方便跨学科教师之间的交流和借鉴

（二）优化组织结构

科组内部可以设立组长或学科带头人，负责协调各教师的工作，并促进团队合作与交流。

高中学校科组领导应该具备良好的组织和管理能力，并在教学经验上有一定的积累。科组领导应主持科组会议，安排教学研讨活动，指导科组成员的教学工作。

要优化科组内部组织结构，学校科组分工应该十分明确。在科组中，可以根据教师的特长和兴趣进行分工。如，某人负责学科知识的整理和总结，另一人负责教学方法的研究和分享。通过合理的分工，不仅能发挥每个人的专长，还能提高工作的效率。

在科组建设上，学校应积极建立教研交流机制。科组成员应定期举行教研会议，分享教学经验和教学设计，探讨教学难点和解决方案。同时，可以安排教学观摩和互帮互助活动，促进教师间的相互学习和进步。树立团队意识，互相尊重、信任和合作。可以定期组织集体活动，增强团队凝聚力，营造良好的工作氛围。

科组内部应该营造一种积极向上的学习氛围，鼓励成员提出问题和建议，互相启发和激励，共同进步。可以设立奖励机制，表彰在教研活动中取得显著成绩的教师，激励科组成员的积极性和创造力。

学校应给予科组必要的资源支持，积极联系区域其他学校，搭建教师学习交流平台，包括教育教学资料、教研经费、教学设备等。科组成员可以共享这些资源，提高教学效果和教研水平。此外，为了提高教师们工作的积极性，学校还应建立评估机制，定期对科组的工作进行评估和总结，发现问题并及时改进。可以邀请校内外专家进行评估，提供专业意见和建议，促进科组的持续发展。

（三）制订规划与目标

科组应制订明确的发展规划和工作目标，包括学科教学内容、方法、评价标准等方面的改进与提升。

为了推动学科教学内容、方法和评价标准的改进与提升，高中学校科组应该制订明确的发展规划和工作目标。首先，科组成员应该共同明确学科教学的核心内容和目标，明确要达到的教学要求和学生应具备的能力。

在制订教学内容方面，科组可以通过分析课程标准、教材和学生需求，确定学科知识体系和重点难点。可以将教学内容分模块、分层次进行编排，并制订课时安排和内容流程。同时，可以结合现代教育技术手段，开发教学资源和多媒体教学素材，丰富学生的学习体验。

在教学方法方面，科组可以梳理和总结常用的教学方法，评估其优劣和适用性，确立适合本学科的教学方法。可以推广创新的教学方法，如问题导向学习、合作学习、探究式学习等，鼓励教师在教学中灵活运用不同的教学方法，激发和培养学生的创新思维能力和实践能力。

在评价标准方面，科组需要明确学科的核心素养和能力要求，并制订相应的评价体系。可以采用多元化的评价方式，包括考试、作业、实验报告、项目展示等，全面评价学生的学习成果和能力发展。科组还可以探索符合学科特点的新型评价方法，如开放性评价、综合性评价等，鼓励学生发挥创造力和独立思考能力。

为了实现这些目标，科组应制订详细的工作计划和时间表，并明确责任分工。可以选派专人负责监督和指导工作的进展，及时解决遇到的问题和困难。科组还应加强与其他学科科组和年级组之间的沟通和合作，共同推进学科教学的改进与提升。

此外，为了使规划和目标的执行得以落实，学校领导和教研部门应给予科组必要的支持和资源保障。例如提供教育技术支持、教学设备和经费拨款，为科组教师提供专业培训和交流平台，提升他们的教学水平和教研能力。

通过制订明确的发展规划和工作目标，高中学校科组可以在学科教学内容、方法和评价标准等方面实现持续的改进与提升。这将有助于提高学生的学习效果和能力培养，促进整个学校的教育教学水平的提高。

（四）分工合作

高中学校科组成员可以根据各自专业特长和兴趣进行任务分工，互相支持和合作，共同推进学科教学发展。通过合理的任务分工，可以充分发挥科组成员的优势和专业能力，有效提升学科教学的质量和水平。

科组成员可以按照各自的专业特长进行任务分工。如，对于语文科组来说，可以有的人负责写作和阅读教学的设计和研究，有的人负责文学作品分析和解读等。物理科组可以根据成员的实验室操作技能和理论研究能力进行分工，有的人负责实验设计和指导，有的人负责理论知识的讲解和拓展。这样的分工可以使每个科组成员充分发挥自己的特长，提供更加专业和全面的支持。

科组成员应该互相支持和合作。在任务分工的基础上，科组成员之间应该建立密切的沟通和合作机制。可以定期组织科组会议，分享教学心得和经验，共同研究和解决教学中遇到的问题。成员之间可以互相帮助，交流教学资源和教学方法，相互鼓励和激发创新思维。在科组会议之外，可以通过在线平台或社交媒体等途径进行交流和合作，形成良好的学习氛围和合作氛围。

除了任务分工和合作，科组成员还应该共同推进学科教学发展。可以定期组织集体备课活动，共同研究和设计教学方案和教材选用，确保教学内容的连贯性和有效性。可以结合学科前沿知识和教育理论，开展教研活动和研讨会，共同研究教学方法的创新和改进。可以组织学科竞赛和学术活动，促进学生的学科兴趣和能力发展。通过共同努力，科组成员可以为学科教学的发展做出积极的贡献。

高中学校科组成员通过分工和合作方式，可以最大程度地发挥科组成员的优势和专业能力，提升学科教学的质量和水平。通过科组成员的共同努力，学生的学习效果和能力培养将会得到有效提升，为学校的整体教育教学水平的提高奠定坚实基础。

二、教研文化建设实践

（一）建立学习型教师团队

建立学习型教师团队需要学校全面推动教研文化建设，并提供支持和资源。通过创造良好的学习环境、鼓励教师积极参与学习、建立有效的反馈机制和评估体系，以及营造积极向上的学习氛围，高中学校可以培养出一支专业素质高、不断学习和成长的教师团队，为学生的发展提供优质教育。

学校应当提供充足的教学资源和学习空间，给教师们提供开展教研活动的条件。建立教师共享平台，提供教学案例、资料和研究成果的分享与交流。此外，学校还可以引入先进的教育技术设备，如电子教案、在线课程等，帮助教师进行教学设计和研究，促进教学方法的创新。

此外。学校要积极鼓励教师积极主动地参与学习和专业发展。可以组织定期的教研活动，如教研讨论会、研讨班、学科竞赛等，为教师提供互动交流和学习的机会。同时，学校还可以鼓励教师参加外部的学术研讨会和培训班，拓宽视野，更新知识。此外，学校可以设立专项经费，资助教师参加学术会议、撰写教育论文等，鼓励教师积极投入教育研究和学科发展。

高中教师需要及时获得同行和上级的反馈意见，以便更好地改进教学方法和教学效果，这就要求学校要建立有效的反馈机制和评估体系。学校可以组织定期的课堂观摩和互评活动，让教师之间相互学习和借鉴。同时，学校还应建立科学完善的教师考核和评价制度，将教师的教学质量和专业发展纳入评估范畴，并为优秀的教师提供相关奖励和晋升机会，激发教师的积极性和创造力。

最后，学校领导和管理者应树立榜样作用，注重自身的学习和成长，向其他教师展示持续学习的重要性，营造积极向上的学习氛围和文化。学校可以组织学术讲座、专题培训等活动，邀请专家学者分享最新研究成果和教育理论，激发教师的学习热情。同时，学校还可以开展集体备课、教学团队建设等活动，促进教师之间的合作与共享，形成学习型教师团队。

（二）开展教研活动

为了推动教师之间的交流与学习，高中学校积极开展各类教研活动。学校通过组织定期的教研讨论会、教学观摩和课题研究等活动，促进教师之间的交流与学习。这些活动不仅能够提升教师的教学水平和专业素养，还有助于推动教育教学研究的发展。

学校定期组织教研讨论会，这是教师们互相分享经验、交流教学方法和教育理念的重要平台。例如，学校可以举行每月一次的教研讨论会，邀请专家学者和有经验的教师作为主讲人，分享最新的教育研究成果和教学实践心得。同时，鼓励教师们结合自己的教学实际，撰写教育教学论文，将自己的思考和探索分享给大家，推动教育教学研究的深入发展。

学校应积极注重教学观摩和互评活动的开展。每学期定期安排教师们相互观摩课堂教学，并进行互评。通过观摩好的课程，教师能够学习到先进的教学理念和方法，受益于同行之间的专业交流。同时，通过互评的方式，教师们可以及时获得同行的反馈意见，发现自身的不足并进行改进。教学观摩和互评活动既是一种学习的机会，也是一种促进教师之间沟通和合作的方式，有助于提高整体的教学水平。

学校应积极鼓励教师开展课题研究与实践。设立课题研究项目，鼓励教师选择自己感兴趣的教学问题进行深入研究。教师可以组成小组，共同探讨课题，并制定研究计划和实施方案。在研究过程中，学校提供必要的支持和资源，包括研究经费、研究指导和相关文献资料。研究结束后，教师们需要撰写研究报告，并进行成果分享和总结。这种课题研究的方式，既能提高教师的专业素养，又能促进教师之间的交流与合作。

（三）激励教研成果

激励教研成果和鼓励教师进行教育研究和教学探索有助于提升教师的专业素养和教学能力。教育事业不断发展变化，新的教育理念和教学方法层出不穷。通过教育研究和教学探索，教师能够深入了解并运用最新的教育理论和实践，不断提升自己的专业水平。鼓励教师参与教育研究和教学探索，有助于拓宽他们的教育思维和视野，培养创新能力和问题解决能力，进一步提高教师的教学质量和水平。

学校应将教研成果纳入绩效考核和职称评定体系中，激发教师的积极性和创造性。教育研究和教学探索需要投入大量的时间和精力，如果没有相应的激励机制，教师们可能会因为工作负荷之重而望而却步。然而，一旦教研成果被纳入绩效考核和职称评定体系中，教师们就能够看到自己付出的努力和获得的回报。这样，教师们将更加主动积极地参与教育研究和教学探索活动，推动整个学校的教学水平不断提高。

激励教研成果和鼓励教师进行教育研究和教学探索，也有助于促进教师之间的交流与合作。教育研究和教学探索往往需要多位教师共同参与，形成团队合作的氛围。通过交流分享彼此的教研成果和经验，教师们可以相互借鉴，共同进步。激励教研成果的出台，鼓励教师进行教育研究和教学探索，可以有效促进教师之间的沟通交流和合作互助，形成良好的教师团队合作氛围，提升整体的教育质量。

将教研成果纳入绩效考核和职称评定体系中，还有助于营造积极向上的教育环境和文化。教师是学校教育事业的中坚力量，他们的专业素养和教学能力直接关系到学生的发展和教育质量。通过激励教研成果和鼓励教师进行教育研究和教学探索，学校表达了对教师工作的认可和支持，进一步提升了教师的工作积极性和满意度。这样的举措既能够留住优秀的教师，也能够吸引更多的人才加入教育行业，促进教育事业的健康发展。

（四）提供资源支持

为了支持教师的教研工作，高中学校应当提供必要的教研资源，如资金、图书、技术设备等。同时，学校还应建立健全的图书馆和教育资源中心，设立教研团队，鼓励教师参与培训和学习机会，以提高教师的教育研究能力。通过这些措施，学校能够为教师提供良好的教研环境和资源支持，促进教师的专业发展，进而提升整体的教育质量。

学校可以拨款设立专项经费，用于支持教师的教研活动。这些经费可以用于购买教研所需的图书、期刊、参考资料等，为教师提供丰富的文献资源。此外，学校还可以通过购买教学软件、教育科技设备等方式提供必要的技术设备，以满足教师进行教研实践的需要。

其次，学校可以建立健全的图书馆和教育资源中心，为教师提供良好的学习和研究环境。图书馆可以收录丰富的教育类书籍、文献资料，让教师能够方便地获取所需的教研资源。教育资源中心可以提供多媒体设备、电子图书、在线数据库等数字化资源，为教师提供更加便捷的学习和研究方式。此外，学校还可以与其他高校或教育机构建立合作关系，共享资源，并组织教师参加学术研讨会、培训班等活动，促进教师之间的交流与合作。

学校还可以设立教研团队，由专门的教研人员负责搜集整理教研资源，并为教师提供咨询和指导。教研团队可以通过建立教研网站或在线平台，发布教研成果、经验分享和教学资源，方便教师进行查阅和下载。同时，教研团队还可以定期组织教师进行教研活动，如开展研讨会、研究课题等，提升教师的教研能力和水平。

学校应当重视教师的专业发展，鼓励教师参与各类培训和学习机会，提高教师的教育研究能力。学校可以邀请专家学者进行专题讲座，组织教师参加研修班、研讨会等，引导教师关注教育前沿问题，提升教育研究的深度和广度。此外，学校还可以制定相应的政策，鼓励教师参与教育研究项目的申报和实施，提供相应的支持和奖励。

三、实践中的思考

（一）引导专业发展

学校学科科组应制订明确的专业发展计划和目标，为教师提供具体的方向和指导。学科科组应对学科领域的发展动态进行深入研究，掌握最新的教育理念、学科知识和教学方法，并将其转化为教师专业发展的目标和任务。科组成员可以与教师共同制定个人发展计划，明确需要提升的专业能力和知识点，并制订相应的培训和学习计划。同时，科组可以组织学科研讨会、专题讲座等活动，邀请专家学者为教师提供专业指导和培训，帮助教师不断提升自身的专业素养。

学科科组还可以鼓励教师参与学术研究和教育实践，以拓宽教师的视野和思维。科组成员可以引导教师选择合适的学术研究课题，鼓励他们积极进行教育实践和教学创新，提高教师的学术研究能力和创造力。科组可以组织论文评选、项目申报等活动,并提供相应的支持和指导,以促进教师的学术成果转化和应用。此外,学科科组还可以鼓励教师参加学术会议、研讨会等学术交流和学习机会,与同行进行深入的教育和学术讨论,推动教师专业发展。

建立良好的师徒关系和团队合作氛围,为教师提供互助与支持也是科组建设的重点。通过组建师徒小组或导师制度,学科科组可以将经验丰富的教师指导和培养新教师,传递教学经验和教育理念。同时,科组成员可以相互交流和分享教学心得,共同面对和解决教学中的难题。建立团队合作的氛围,鼓励教师之间互相学习和借鉴,形成相互促进的专业发展模式。

从需求的角度来说,学科科组应及时关注教师的专业发展需求,并为其提供支持和机会。科组成员可以进行定期的教师评估和反馈,帮助教师了解自己的优势和不足,制定个人的专业发展计划。学校可以提供经费支持和学习资源,为教师参加培训班、研修会等提供便利条件。此外,学校还可以设立相应的激励机制,如奖励制度、晋升通道等,给予教师相应的回报和认可,激励他们不断提升自身的专业素养。

(二)注重实践创新

对于教师发展而言,学校学科组应要求教师注重实践创新,跟上时代脚步,满足学生成长的大环境、大背景。实践创新可以更好地满足学生的学习需求和发展需求。学生在高中阶段需要培养实际操作能力和综合素质,而传统的教学方法往往难以完全满足这一需求。通过项目制学习、探究式学习等创新教学模式,教师能够将学生置于实际情境中,让他们亲身参与问题解决过程,提高实践能力和综合素质。

传统的课堂教学往往过于单一和被动,容易引起学生的学习疲劳和无效习得,实践创新则能够激发学生的学习兴趣和主动性。通过实践创新,教师能够设计出更加具有针对性和趣味性的教学活动,如实践实验、实地考察等,激发学生的学习兴趣和主动性,使他们更加愿意积极参与到课堂中来。这样,学生的学习效果将会得到提升。

实践创新有助于培养学生的创新思维和创造力。现实社会对于创新能力的需求日益增长,培养学生的创新意识和创新能力已经成为高中教育的重要任务之一。通过实践创新,教师可以引导学生进行自主探究、问题解决和创新实践,培养他们的观察、思考、分析和解决问题的能力,培养学生的创新思维和创造力。这样,学生在未来的学习和工作中将能够更好地适应变化和面对挑战。

实践创新还有助于提升教师的教学能力和教育水平。教师通过实践创新，不仅能够更好地理解和把握学科知识，更能够锻炼和提升自身的教学能力和教育理念。实践创新将教师从传统的知识传授者转变为引导者和启发者，要求他们具备更灵活的教学方法和策略。同时，实践创新也促使教师与同行进行交流和合作，分享教学经验和教育理念，共同提高教育水平。

（三）建立良好的反馈机制

建立良好的反馈机制有助于促进教师之间的互动和合作。学科科组由一群共同领域的教师组成，在各自的教学实践中都积累了丰富的经验和知识。通过建立反馈机制，教师们可以相互交流和分享自己的教学观点、资源、经验等，从而形成互相借鉴、学习和提升的氛围。例如，学科科组可以定期组织教学观摩活动，让教师们相互观摩课堂教学并进行交流和评价。另外，科组还可以通过会议、研讨会等形式，让教师们分享自己的教学策略和教育教学思考，以促进彼此之间的互动和改进。

建立良好的反馈机制对于及时发现问题、解决问题至关重要。教师在教学中难免会遇到各种各样的困难和挑战。通过建立反馈机制，教师可以及时向学科科组提出自己遇到的问题，并得到他们的帮助和支持。学科科组可以通过讨论、专业指导、集体备课等方式，帮助解决教师在教学过程中的问题，提供支持和建议，促进教师的成长和改进。此外，建立反馈机制还有助于收集教师对学科科组工作的意见和建议，以便更好地改进和完善学科科组的建设。

建立良好的反馈机制还可以推动学科科组的建设和发展。通过反馈机制，学科科组可以了解教师的需求和期望，及时调整和改进科组的工作方向和目标。科组成员可以根据教师的反馈，针对性地开展培训和学习活动，提供教学资源和支持，以满足教师的专业发展需求。此外，科组还可以定期进行评估和总结，了解科组建设的效果和存在的问题，并及时进行调整和改进，以不断提升学科科组的质量和影响力。

为了促进教师之间的互动和改进，学科科组可以采取以下措施。首先，建立定期的会议制度，通过会议来汇报工作、分享教学经验和交流问题，激发教师的参与意愿。其次，鼓励教师参与课题研究和教育改革实践，开展集体备课和教学团队活动，共同探讨课程设计与教学方法。此外，可以建立在线平台或社交群组，方便教师之间的沟通和信息交流。还可以组织定期的专题讲座、研讨会等活动，邀请外部专家进行指导和分享，丰富教师的专业知识和视野。

▶▶ 第三部分
新高考背景下的年级管理

　　新高考改革举措给学校年级管理带来了挑战。布吉高级中学在长期的教育教学管理实践中，形成了一套完整的年级管理机制。围绕新高考背景下年级教育教学管理质量提升的中心任务，布吉高中进行了选科走班教学的实践与探索，优化教学质量管理系统和成绩分析系统，强化高考备课策略与方法研究，旨在调动老师迎接新高考挑战的积极性，充分领会新高考精神；结合年级育人目标，发挥主体作用，使老师们在具体教育教学工作中，有规可依，有章可循，更好提升教育教学效果。

第十三章　新高考背景下高三备考的策略与方法研究

高考是基础教育和高等教育衔接中的关键环节。高考质量在很大程度上决定了高中学校的办学水平和社会声誉，高三备考也就成为学校工作的重中之重。2014年发布的《国务院关于深化考试招生制度改革的实施意见》，标志着我国启动新一轮高考综合改革（以下简称"新高考"）。新高考背景下，师生如何适应成为高三备考中的核心问题。我校在新老高考衔接、新旧课标交叠的过程中积极探索与实践，逐步形成新高考背景下的高三备考策略，以实现"树质量意识，办优质高中"的办学目标，为国家培养德智体美劳全面发展的人才。

一、潜心研究，明确目标

高三是整个高中最为关键的一年，高三备考更是一个复杂的系统工程。要想实现精准备考，首先要做的就是潜心研究，研究政策、研究教师、研究学生、研究学科等。要紧紧围绕"以人为本、以德为先、以学为主，全面提高教育教学质量"的教学理念，树立强烈的忧患意识，精雕细琢，明确好备考目标。

（一）研究新高考

新高考的各项改革是一个动态完善的过程，先后颁布了一系列的改革文件，总体上强调新课标、新政策、新教材、新教学"四新"联动，协同推进。随着新课标、新政策、新教材的陆续出台，从高中学校视角就是开展好适合本校生源的新教学，这是高中学校和老师面临的新机遇与挑战。高三阶段，最值得关注的是新课标、考试招生制度、新高考内容和命题等方面的改革，便于适时调整复习备考策略，准确把脉新高考，力争在新高考的开局之战取得优异的成绩。

1. 研究新高考模式

"3+1+X"新高考模式是近年来出现的一种新的高考模式。在这种模式下，语数外三门是必考的，而"1"是指在物理和历史两门科目中选择1门，"X"则是在思想政治、地理、化学、生物学4门科目中选择2门。这种模式旨在打破传统文理科的界限，让学生可以根据自己的兴趣和优势进行选择，使高考更加公平合理。首先，3+1+X模式中的"3"与以往高考中的语数外三科一样，是每个学生必须参加的科目。这三门科目的成绩直接决定了学生的基本知识和语言表达能力。其次，"1"是在物理和历史两门科目中选择1门。这一环节的设计是为了让学生根据自己的兴趣和优势选择适合自己的科目。物理和历史作为自然科学和人文学科的代表，可以让学生在学习过程中接触到更多元的知识，培养其全面的素质。最后，"X"是在思想政治、地理、化学、生物学4门科目中选择2门。这一环节是为了让学生在高考中充分展示自己的特长和兴趣，同时扩大学生的知识面，培养学生的综合素质。

总体来说，3+1+X高考模式的目的在于增加学生的选择权，减轻学生的压力，并更好地考查学生的知识和能力。然而，由于学生选择的多样性，这也给学校的教学和管理工作带来了一定的挑战。同时，由于学生选择科目的不同，也可能导致某些科目出现选课人数不足的情况。这种高考模式还强调标准化测量和命题实践改革，以全面、客观、准确地测量和评价学生的综合素质。这个评价体系也有利于打破"唯分数"的单一评价模式，构建多元化评价体系。新高考评价体系更加注重学生的综合素质和创新能力，同时也更加注重高考评价的公平性和科学性。

2. 研究新高考背景下的学生个体差异

新高考背景下，学生个体的差异更加明显。首先，学生的学科兴趣和擅长领域存在差异。取消了文理分科后，学生可以自主选择科目参加高考，这有利于发挥学生发展自己的兴趣和擅长领域。然而，这也要求学生对自己的兴趣和擅长有更清晰的认识。其次，学生在选择大学专业时存在差异。虽然新高考取消了文理分科，但是在填报志愿时，很多专业仍然偏向文科或理科。例如，医学专业、计算机专业、工程类专业和机械类专业等偏向理科，而文学专业、历史专业、哲学专业等偏向文科。因此，学生在选择大学专业时，仍然需要考虑自己的兴趣和能力是否与所选择的专业相符。再次，学生在未来职业规划和发展方向上存在差异。新高考背景下，学生可以自主选择科目参加高考，这有利于学生更好地适应未来的职业规划和发展方向。例如，学生如果想要从事医学或计算机专业相关的职业，可以选择物理和化学等科目；如果想要从事文学或历史专业相关的职业，可以选择历史、地理和政治等科目。最后，学生在学习和考试能力方面存在差异。由于每个学生的学习方式和考试能力不同，因此在新高考背景下，学生的学习和考试表现仍然存在差异。例如，有些学生可能更善于逻辑思维和分析能力，而有些学生可能更善于记忆和运用知识的能力。

3. 新高考背景下学生考试的压力变化

新高考改革使得高考成为一个更加综合性的考试，不仅考察学生的知识掌握程度，还考察学生的综合素质和实践能力。这使得学生在备考过程中面临着更大的心理压力，需要更好地调整心态和应对挑战。首先，高考科目由"3+文/理综"变为"3+1+2"，给学生提供了更多选择，有利于学生发挥自己的优势和兴趣，但同时也增加了学生的考试压力。因为学生需要在多个科目中选择自己擅长的科目，并取得好的成绩，这需要学生具备更高的自我认知和自我管理能力。其次，新高考实行"赋分制度"，即根据考生的成绩分布情况，将每个科目的考生分为不同的等级，并赋予不同的分数。这种制度对于一些成绩较好的学生来说，可能会降低他们的分数，而对于一些成绩较差的学生来说，可能会提高他们的分数。这种不确定性和不可预测性也增加了学生的考试压力。最后，新高考取消了文理分科，使得考生人数增加，竞争更加激烈。

（二）研究教师

每年的6月高考结束后，学校就会启动新一届高三团队的人员组建。在保证学校整体发展的基础上，从教师年龄结构、资深骨干教师占比、青年教师培养、学生发展状况等方面进行统筹，研究每一位教师，科学分析哪些老师适合留高三、哪些老师适合跟上高三，充分调动教师的积极性，在暑期放假前组建好高三团队，让教师在适合自己的岗位上发光发亮。近几年，我校教师已完成新老交替，学校大胆启用新教师和多年不上高三的教师，取得非常好的效果，升学率得到提高的同时又锻炼了队伍，整体上形成了一支由专家领军、名师助航的成熟度高、专业性强、势头强劲的橄榄型教师团队，使每个教师都能带好高三。

高三教师在备考中须扮演好多重角色，面临着很多挑战和要求。作为班主任，需要时刻关注学生的思想情绪，适时地、恰到好处地鼓舞学生的斗志，充当鼓舞者励志者的角色。这要求教师不仅要扮演好鼓动师的角色，还要及时把握学生的思想情绪，针对不同层次的学生进行多方面的鼓励。特别是当学生身处逆境时，班主任需要急学生所急，帮其分析原因，通过鼓励性的语言，告诉学生曙光在前头。当学生身处顺境时，更要及时鼓励，以激励学生更上一层楼。根据调查，高三学生有近半数处于心理亚健康状态。因此，作为班主任，需要扮演好心理医生的角色。这不仅需要关注学生的心理健康状况，还需要及时发现并解决学生的心理问题。班主任可以通过定期的心理咨询、谈话等方式来缓解学生的心理压力，帮助学生建立积极的心态和自信心。总的来说，作为班主任，要不断提高自身素质和教学能力，关注学生的需求，帮助学生应对新高考带来的挑战。

而作为高三教师中的普通成员，一定要具备教学能力和专业素养，要具备扎实的学科基础和丰富的教学经验，能够熟练掌握各种教学方法和技巧，能够根据学生的特点和需要进行有效的教学。首先是要具备强大的心理能力和沟通能力，在面对高考升学的压力时，高三教师需要有足够的耐心、细心和爱心，去倾听学生的心声，帮助学生解决问题，同时要懂得适时地鼓励学生，激发学生的学习动力。其次是要具备组织和管理能力，高三教师需要能够组织和安排紧张而有序的教学和复习计划，同时要具备良好的管理能力，能够管理好课堂纪律和学生行为。再次是要具备创新能力和自我提高能力，新高考背景下，高三教师需要不断创新教学方法和手段来提高学生的学习效果，同时也要不断学习新知识、新技能，不断提高自己的教学水平。最后是要具备团队合作能力，高三教师需要与同事、学生、家长等各方进行有效沟通，建立良好的合作关系，共同完成教学任务和目标。

就一节课而言，所有的高三教师在教学工作中一定要做好课前的创作者、课堂的组织者和课后的监督者。

1. 课前的创作者

课前创作者，高三教师需要具备以下能力：

（1）课程设计能力和创新能力。高三教师需要能够根据学生的特点和需要，结合新高考的要求和考试方向，设计出适合学生的教学内容和方法，同时要具备创新能力，能够不断探索新的教学方式和手段，提高教学效果。

（2）信息搜集和整合能力。高三教师需要具备信息搜集和整合能力，能够及时获取各种高考信息和考试方向，并将其整合到教学内容中，帮助学生更好地应对高考。

（3）教学计划和组织能力。高三教师需要具备教学计划和组织能力，能够制定详细的教学计划和方案，合理安排教学内容和时间，组织好课堂教学和复习计划。

（4）教学反思和总结能力。高三教师需要具备教学反思和总结能力，能够及时回顾和总结自己的教学方法和经验，发现问题和不足，及时进行改进和提高。

（5）团队协作能力。高三教师需要具备团队协作能力，能够与其他教师、学生、家长等各方进行有效沟通，共同制定教学计划和方案，共同完成教学任务和目标。

2. 课堂的组织者

在新高考背景下，高三教师作为课堂组织者，需要具备以下能力：

（1）熟知新高考之征的能力。新高考强调学生的全面发展，教师需要掌握新的评价标准，理解高考评价的多元化和学科融合的特点，以便更好地指导学生的学习。

（2）深悟新课改之态的能力。新高考与新课改紧密相连，教师需要深入理解新课改的理念和目标，改变传统的教学方式，注重学生的自主学习和合作学习能力培养，以适应新的高考评价要求。

（3）掌握教学技术的能力。随着现代技术的应用，教师需要掌握一定的教学技术能力，如利用互联网进行辅助教学、制作多媒体课件、引导学生进行在线学习等，以提高教学效果和学生的学习效果。

（4）学科交叉素养。新高考强调学科融合，教师需要具备跨学科的知识和素养，能够引导学生进行跨学科学习，培养学生的综合素质。

（5）评价与反思能力。教师需要不断进行教学评价和反思，了解学生的学习情况和需求，及时调整教学策略，提高教学质量和效果。

3. 课后的监督者

高三教师作为课后监督者，需要具备以下能力：

（1）监督能力。课后监督是保证教学质量的重要环节，教师需要具备对学生的学习行为、学习效果、作业完成情况等进行全面监督的能力。

（2）指导能力。课后监督不仅仅是检查学生的作业和测试，更重要的是发现学生的学习问题，及时给予指导和帮助，帮助学生解决学习中遇到的困难。

（3）沟通能力。课后监督需要教师与学生、家长进行有效的沟通和交流，教师需要具备善于沟通的能力，能够及时反馈学生的学习情况，与家长一起制订有效的学习计划。

（4）创新能力。课后监督也需要不断创新，教师需要不断探索新的监督方式和方法，结合学生的实际情况，制订个性化的监督方案，提高学生的学习效果。

（5）数据分析能力。课后监督还需要对学生的学习数据进行分析和整理，以便更好地评估学生的学习状态和需求，制订更加精准的教学计划。

（三）研究学生

学生的学习是一个动态发展的过程。通过每个学生前两年的整体表现可对学生进行分类分析。从学业成绩方面，根据中考、高一高二期中期末大型考试的综合成绩，可将学生分为尖子生（特控线比例以上）、腰部生（本科线比例）、后进生（专科线比例）、临界生（包括特控线上下和本科线上下的学生）、专业生五大类。将名单发布给班主任，班主任对每位学生的各科成绩进行分析，找出其优势科目和劣势科目，尤其是临界生，与科任老师形成合力，形成导师跟踪辅导制进行个性化指导。从身心健康方面，学生分为情绪稳定类、情绪易起伏类、轻度心理问题类和严重心理障碍类，联合心理老师、党员义工教师组建心理辅导团，对学生进行分类疏导。

同时，学生在进行高考备考的过程中也可以采取以下的策略，配合老师完成高考备考，取得高考的胜利。

（1）掌握基础知识。对于任何一个学科来说，掌握基础知识都是至关重要的。因此，学生应该注重基础知识的学习，并确保对这些知识有深入的理解和掌握。

（2）提高自主学习能力。在高考备考过程中，学生的自主学习能力是非常重要的。这不仅包括课堂上的学习，也包括课后的自我研究和学习。

（3）做好时间管理。高考备考过程中，时间管理也是非常重要的。学生应该合理规划自己的时间，确保有足够的时间来学习和复习各个科目的知识。

（4）保持身心健康。高考备考不仅是对智力的考验，也是对身体的考验。因此，学生应该保持良好的生活习惯和心态，确保身体健康和心理健康。

（5）参加模拟考试。模拟考试可以帮助学生更好地了解自己的学习情况，找出自己的不足之处，并及时进行改进。

（6）寻求帮助。在备考过程中，学生难免会遇到一些难题和困难。因此，学生应该敢于寻求帮助，及时向老师、同学或家长请教，解决问题。

（四）明确目标

1. 目标的分类

目标是行为结果的超前反映。高三阶段作为一个年级管理体系，年级在学校顶层设计的高中学生三年整体培养目标的基础上，从学校、教师、班情、学情和考情的实际出发，形成高三年级整体目标，制订出当年的高考奋斗目标，确定各分数段的上线人数，并落实到各班、各科，努力营造"紧张、有序、科学、高效"

的教学氛围，以"立足课堂、勇于拼搏、提高效率、再创辉煌"为志向，潜心钻研高考，面向每一位学生，因材施教，狠抓"两头"，壮大"腰部"，即抓尖子生促名牌、抓后进生保稳定，抓目标生提升学率，逐步构筑一套适用我校实际的高考备考路径，在努力做好立德树人、落实学科核心素养的同时，把目标集中在学生学业成绩的提升上，努力保持学校各项升学指标的增长态势，力争实现高考新突破。当然，整体目标的实现不可能一蹴而就，各学科须对其进行分解，尽量细化教学目标，充分考虑学生个体间的差异，帮助学生明确个人最终目标，以及分解出近期目标、短期目标和阶段目标，明确好师生的任务，在教学实践过程中不断调整，一步一个脚印逐一实现，最终实现年级的整体目标。

2. 综合考量

在制订高考备考目标，需要有一个前提，就是要将高考目标和国家人才培养策略相统一。在新的高考背景下，高三备考目标的制订需要紧密结合高考改革的方向和要求，同时要充分考虑学生的实际情况和个体差异，注重培养学生的综合素质和创新能力。在布吉高级中学，高三管理团队在制订高考目标的时候，主要考虑了以下一些因素：

（1）全面掌握学科知识。新的高考背景下，学科知识的掌握程度仍然是高考成绩的重要影响因素。因此，高三备考的首要目标应该是帮助学生全面掌握各学科的基础知识和基本技能，加强知识点的理解和运用能力。

（2）提高综合素质。高考改革注重考查学生的综合素质，包括思想道德素质、科学文化素质、身体心理素质、实践能力和创新精神等。因此，高三备考的目标应该是在提高学生学科能力的同时，注重培养学生的综合素质，包括自主发展能力、社会交往能力、团队合作能力和实践能力等。

（3）培养创新精神和实践能力。新的高考背景强调对创新精神和实践能力的培养，这也是当前国家人才培养的重要方向。因此，高三备考的目标应该是培养学生的创新思维和实践能力，鼓励学生勇于尝试和探索，提高解决实际问题的能力。

（4）增强应考能力和心理素质。高考是一种选拔性考试，对学生来说是一种极大的挑战。因此，高三备考的目标应该是增强学生的应考能力和心理素质，帮助学生掌握有效的备考策略和方法，缓解考试压力，提高考试成绩。

（5）关注学生个体差异。每个学生都有自己的特点和优势，因此在高三备考中应该充分关注学生的个体差异，注重因材施教，为学生提供个性化的指导和支持，帮助学生发挥自己的优势和潜力。

在新的高考背景下，高三备考目标的制订应该注重培养学生的综合素质和创新能力，同时要关注学生的个体差异，加强心理辅导和应考训练，为学生取得优异的成绩和未来发展奠定坚实的基础。

二、组建团队，制订计划

一个人可以走得很快，一群人才能走得更远。高三复习备考最忌讳的就是单打独斗、各自为阵，良好的教育与管理队伍则是决胜于全面建设高考目标的关键保证，全年级师生须上下一心、步调一致、协同作战，提前组建好几个核心团队，才能制定出科学合理的复习备考计划。

（一）年级管理小组团队建设

年级管理小组由1位校级领导引领、2位处室主任落级、4位级组长组成，负责整个年级的管理和发展工作，做到"三明确、三到位"。

1. "三明确"

（1）目标明确。年级管理小组负责年级整体目标的实现，级组长是目标实现的组织者和承担者，同时还要关注各班和特殊学生群体目标的实现。年级的各项活动都服务于和服从于目标的完成，教学评价和考后质量分析以目标的完成为标准。

（2）责任明确。年级管理小组成员是年级教育教学质量的直接责任人，既负责对学生的管理和教育，也负责对教师及教学活动的组织和管理。整个团队组织全年级教师研究备考，监控各项教学、德育活动的开展和任务的达成。

（3）分工明确。校级领导把握方面和决策，落级主任和级组长按"1+2"模式分成教学组（1名负责教学的主任和2名教学级长）和德育组（1名负责德育的主任和2名德育级长），共同组织和参与年级工作的决策并具体实施，工作内容上各有侧重。每位成员既要当好年级教育教学活动决策的参谋，又要教好自己班级的学生，同时还要深入挂点科组参加教研活动（教学研讨、听课、评课等），明确各个任务，当好各个角色，做到身先示范、重心下移，监控整个年级的教育教学质量。

2. "三到位"

（1）合作到位。小组成员之间分AB角，既分工明确，又团结合作，尤其是全年级的活动和事务，更是相互配合、相互补台。

（2）监督到位。坚持"一线工作法"和"走动式管理"，经常到班级和教师办公室走动。

（3）整改到位。发现问题及时介入并解决，把问题发现在基层，有问题不过夜。

（二）班主任团队建设

班级是年级管理工作的基本单位，班主任是班级的直接管理者。班级管理的主要内容是德育，德育并不是简单的照本宣科，而是帮助学生塑造思想，形成正确的价值观、人生观的过程。因此，班主任是学生最直接的学习激励者、心灵倾听者、思想指导者，在班级组织和管理中做到"三有、四到位"。

1. "三有"

即心中有目标、目中有学生、手中有方法。

2. "四到位"

（1）动员教育到位。教学组织、活动开展、考试动员、成绩分析、学生学习和应考状态等要发动和教育到位，做到有的放矢。

（2）时间管理到位。让学生形成珍惜时间的好习惯和掌握时间的好方法，学会管理自己的时间，知道什么时候干什么事的意识，开学合理分配时间，提高时间的有效运用。

（3）目标激励到位。帮助每一个学生点燃前行的火炬，不断调整自己的目标，让每个学生获得成功的喜悦，增强学习的信心和动力。

（4）跟踪指导到位。帮助学生总结学习过程中的得与失，特别是备考方法和应试技巧，找到客服各种困难的方法和途径。

（三）学科备课小组团队建设

高三学科备课小组以备课组长为核心，开展好每周一次的集体教研活动，内容为集体备课、组卷、专题研讨以及学校和年级工作的传达安排等，做到"三定"（定时间、定地点、定内容），"五统一"（统一计划、统一进度、统一练习、统一资料、统一批阅），提高教师合作意识和团队意识。备课组长组织全组老师研究新课标、新高考、新教材，探讨高考复习备考内容，分析学生实际，积极打造精品课堂等，群策群力、齐心协力，制订出本科组合理的高三复习备考计划，对教学进度和深度、综合训练考试的范围、命题的难度和数量做出具体要求，并于开学第一周内上交。加强交流学习，熟悉最新动态。利用一切可以利用的资源，扩大区内、市内、省内乃至国内的交流与培训，熟悉改革的最新动态，不断丰富和提升自我。年级管理小组成员及在年级授课的行政干部落到具体科组，参与、监督各科组的教研活动，年级配合学校教学处加强对科组教研活动的检查督导，以期努力提升高三复习备考的质量。

（四）制订复习备考计划

时间安排	总体目标	总体要求	目标任务	方法措施
（一轮） 第一阶段 8月—1月底	基础过关、全面复习	基础、全面、熟悉、系统	以章节内容为主线，以教材为依托，以训练为主导，以落实学科核心素养为目标，帮助学生构建完整的知识体系，提升学生的学科思维，提高学生的关键能力	全面、系统地复习所有的知识点，初步掌握各单元的知识结构，完成所需记忆的知识，着力培养初步的综合能力和学科能力；做近3年高考试题，师生从一开始就进入备考氛围
（二轮） 第二阶段 2月—3月底	构建网络、综合复习	系统、条理、熟练、灵活	以专题为主线，以教材为依托，整合教材内容，帮助学生建立学科知识网络，培养学生运用知识、迁移知识的综合能力，加快学生解题速度	以练为主，练、评、学、改相结合；开展专题限时限量训练，运用知识，迁移知识
（三轮） 第三阶段 4月初—5月中	强化训练、规范答题	全面、保证、熟练、规范	模块训练，全面提高综合能力和应试能力，进一步提高解题速度	以综合题为载体，练、看、讲相结合，突出知识的灵活运用，重点强化学生规范解答；瞄准高考，认真研究高考信息，按高考命题的内容、形式、要求、难度，精选各地模拟试题；关注历次考试中丢分的题，分析错误原因，规范语言表达
（冲刺） 第四阶段 5月中—6月初	回归教材、查漏补缺	综合、规范、效率、提高	综合模拟考试训练，提升答题的规范技巧，查漏补缺，调整考试状态，以积极心态备考	考试内容回归教材、查漏补缺；开展针对性、适应性的模拟训练，强化综合科目训练

三、强化管理，有效实施

（一）制度管理

建立月考制度和常规年级例会制度，确保年级工作正常有序开展。

（1）实行月考制度。为了更清晰地了解复习备考效果，及时发现问题、弥补不足，月考由年级统一组织：统一命题、统一阅卷、统一讲评、统一分析。

（2）年级管理小组每周召开一次（周一下午）碰头会，小结上周工作、安排下周工作。

（3）每周召开一次班主任会，小结上周工作、安排下周工作。

（4）年级每月召开一次科组长会议，对各科组教学情况进行深入了解和跟踪。

（5）各科组每周召开一次集体备课研讨会。

（6）每半学期召开一次年级全体教师大会，分析考试成绩，总结前段工作，提出问题和整改措施、工作要求等，布置下阶段的工作。

（二）年级管理

所有的目标和计划都要狠抓落实才能真正落地。年级管理工作坚持"严谨、细致、落实"的工作方针，根据相关制度要求，实施分层教学、分类管理、实时评价的策略，实行扁平化、渗入式管理，深入年级、深入科组、深入班级、深入课堂。抓落实的工作采取逐级监督管理的办法，分层落实管理任务，即学校抓年级，年级分教学和德育两条线。德育组长抓班主任，班主任紧紧围绕指标任务来开展工作，召开好班科会议、增强班级管理。教学级长抓各备课组长，各备课组长抓本学科组的各位教师，发扬凝心聚力、团结协作、吃苦奉献、认真高效的团队精神，每个阶段认真总结、及时调整教学策略。完善和落实年级值班制度，加强早中晚课堂的巡查机制，帮助班级发现问题并及时干预、及时反馈、及时解决，各项值班巡查责任到人、到楼层，做到查有结果，结果及时通报反馈，使备考工作做到科学、务实、高效，确保年级学生秩序井然、学风浓厚。

（三）教学管理

1. 认真学习，精心制订教学计划

年级组、各备课组认真研究《中国高考评价体系》《中国高考》和《考试说明》，总结往届高三成功的经验，不断有针对性地搜集高考信息，把握高考新动向和高考对学生能力方面的要求，根据高考教学内容、教学进度、不同层次班级学生的实际情况，科学制订各科年度备考教学计划。（后附年级高考备考工作计划）

2. 加强研究，积极开展集体备课活动

以科组为单位，重视发挥高三备课组长的作用，让他们把更多的精力投入系统研究上，在分类要求上实现严格把关。确定研讨内容，创新研讨形式，提高科组集体备课的水平和科组研究的实力。全体高三老师把集体目标的达成作为自己工作努力的方向，发扬团结协作精神，优化课堂教学，落实每周一次的具体备课，做到"三定、五统一"。认真组织和开展科组内部的听课评课活动，青年教师和老教师之间相互学习、优势互补，共同提高。

3. 注重效率，努力提高教学质量

高三阶段的教学以复习、练习为主，坚决贯彻"教师为主导、学生为主体、训练为主线"的教学原则。课堂上重视学生的参与，实践"三动课堂"，加强训练和运用，让学生对所讲所练的知识进行思考、领悟、消化、反思、吸收。同时注意把握好复习的高度、深度和效度。高度，即充分备课，复习课的内容既要抓住每一个考点、知识点，又必须做精要的归纳。深度，即选题精要注重基础性，又要兼顾综合性，力求由浅入深、触类旁通。效度，即根据不同层次班级的学生实际，把知识点的回顾与足量的巩固练习结合起来，做到讲练结合，该讲则讲，该舍则舍，确保复习的针对性和有效性。

4. 常规教学，注重紧抓五方面

教学常规（备、讲、改、辅、考）要抓实在；教学过程（起、承、转、合）要抓规范；教学重点（课程标准、考试说明、教材文本、辅导资料）要抓细致；教学形式（教学模式、教学方法、教学手段、教学媒体）要抓得体；教学研究（高考试题、名校资料、短平快项目、校本化练习）要抓精妙。

5. 重视反馈、狠抓落实，提高教学的有效性

高三教学任务重、难度大，教师在教学中要重视学情，一切从实际出发，及时反馈。平时，作业批改做到"有发必收，有收必改，有改必评，有评必补"。试卷讲评做到"一查（考试目的）、二统（成绩分析）、三找（错误及原因）、四改（改进措施）"。知识落实做到"两花两放"：功夫花在备课上，技巧花在选题上，落实放在训练上，提高放在讲评上。每一次考试，年级做全方位的质量分析，各班主任、各科组长、各科任老师根据考试成绩及质量分析，认真分析考试情况，查找问题、制定整改措施，随时修正完善复习备考安排。

6. 培尖补弱，最大化实现高考目标

组建培尖和补弱教师团队、培尖和补弱班级，强化尖子生和本科边缘生的培养力度。一是实行培养目标跟踪制度，积极组织开展学习互助小组活动，形成稳定的尖子生队伍。二是积极引导学生树立追求卓越的意识，树立超越特控线和本科线目标意识，时刻引导学生为目标奋斗的浓厚热情和激情。三是师生共同注意纠错，及时对知识进行回顾和总结，确保错误不再重犯。四是注重班级教学团队对尖子生的成绩分析、态度激励和心理辅导工作，提升本科边缘生的薄弱科目。

7. 教学工作做到"六化"

（1）早读结构化。每天早读分两部分：当天要求和复习任务。

（2）晚修多元化。基础好的班级要"放"，以学生自学为主；基础较弱的班级要"收"，第三节晚修可集中讲课和答疑，每晚安排一科。

（3）评测严密化。凡年级统一集中进行的测试，必须严密组织，做到事先领卷，统一考试时间，严抓考风考纪，及时批改试卷和反馈，提高评测的效率和功能。

（4）辅导经常化。个别辅导与集中答疑相结合。

（5）学案分层化。针对年级层次多、学生基础不同的现状，不同层次的学案和资料应有所不同，在联系和专业的布置上应加以区分。

（6）课堂高效化。坚持"三动课堂"，以最有效的教学方式讲授教学内容；坚持"低起点、小坡度、快节奏、大容量"的策略。针对基础较弱的学生，要注重基础、核心的考点和知识，不固守条框，做到多循环，强化重点知识复习的频率；针对基础较好的学生，课堂增加信息量，做到快节奏、大容量。

此外，年级组还加强对考试频率的研究，确立考试质量与数量并重的理念，统筹安排综合学科和其他学科的测试。每次考完后将成绩及时统计汇总，打印下发给每个任课教师；及时召开分析会，本着实事求是、不回避问题的原则，分析现状，制订对策，交流经验，安排下一阶段的工作。

（四）德育管理

德育是教学的基础，养成好的行为习惯才能成就高效的教学效果。高三依然要坚持常规管理不放松，齐抓共管同努力，进一步引导学生树立正确的目标。大力营造良好的学习氛围，形成良好的学习风气，调动全体学生学习的积极性和主动性，增强责任意识和担当意识。同时关注学生品行和心理，及时把握学生心理动向，适当组织课外活动，及时调整学生的学习、生活状态，减轻高三学生因考试频繁、直面竞争而导致的心理压力，进一步改善学生的行为习惯、提高学生的思想品德和心理素质。

四、总结

高三备考需要整合多方面的教学资源，从宏观上的布局到细节处的落实都至关重要。因此，首先就要制订出详细的备考方案、组建好相关团队，全体高三师生调整好状态，齐心协力，以积极的态度面对高三的挑战、以良好的心态迎接新高考。备考过程是否真有效，需要通过客观评估来检测，市、区、校多层级多方面的视导工作就是一种非常有效的评估方式。同时，教师对每一位高三学生也要有一个动态的形成性评价，针对不同阶段的学情来不断修正和调整备考方案，以确保教学过程的有效性，最终实现备考目标，促进学生更好更全面的发展。

附 **布吉高级中学2022届高三年级组备考工作计划**

长计划、短安排、强管理、重实效
布吉高级中学2022届高三年级组备考工作计划

一、基本情况

（一）学生情况

高三年级20个教学行政班，分为历史类、物理类两个平行组进行管理，物理类组由1个先锋班、3个重点班、7个平行班构成；历史类组由1个先锋班、3个重点班、3个平行班、2个美术班构成。

本届学生共943人，其中物理类491人，历史类452人。中考分400分以上共计86人（物理类59人，历史类27人）。

学年	类别	前15%	前35%	前55%	前75%	后20%	后10%
高一市统考	历史类	24	145	302	394	14	6
	物理类	8	66	165	325	116	36
高二市统考	历史类	62	145	228	311	83	42
	物理类	71	166	262	356	95	47

从人数上看，物理类491人比历史类452人多39人；从生源结构看，物理类生中考平均分比历史类高4.9分（原始分），其中物理类先锋班中考平均分比历史类先锋班高8.3分（原始分）；物理类人数占年级一半以上，男生占物理类绝大多数，要着重研究针对男生的特点管理，如打架、抽烟等；历史类人数适中、女生占绝大多数，要着重研究针对女生的特点管理，如化妆、穿短校服等。

（二）教师情况

共79人，男教师34人，占40%，女教师45人，占60%；高端人才1人，正高级教师1人（语文贺克春老师）。

二、指导思想

高三年级是整个高中阶段最关键的一年。坚持我校"以人为本，以德为先、以学为主，全面提高教育教学质量"教育教学思想为指导，高三年级管理上长计划，短安排，实施分层教学、分类管理、实时评价的策略，深度教研，深度管理。备考工作做到科学、务实、高效，坚持落实、落细、落点的工作作风，指导、跟踪、评价到位。继续坚持"德育和教学"两手抓、两手硬的方针，进一步优化学生的行为习惯和学习习惯，努力营造"团结、紧张、严肃、活泼"的年级氛围；树立强烈的忧患意识，精雕细琢，狠抓"两头、两边"，即抓优生促名牌、抓后进生保稳定，狠抓本科边缘生（包括重点大学边缘生），力争重点、本科上线都有新的突破，尽最大努力超额完成高考任务，再创布高新的辉煌！

三、工作目标

（一）教学目标

（1）统考目标：总体位置不变，单科位置提升；与平冈中学相比较，部分科超过它；无论历史类物理类，区前100名有人，人数共计13人；单科有效人数，比高二下学期市统考有大幅增加。

（2）高考目标。根据优生生源状况，以2021届高考为新的起点，根据校长办公会确定的本届高三高考的最高目标，力争文化考生和体艺考生有进一步的突破。具体如下：

组别	人数	特控线目标		文化本科		艺体本科				专科
		奋斗目标	必达目标	奋斗目标	必达目标	体育	美术	音乐	传媒	目标
历史类小计	444	30	25	258	241	16	38	13	11	444
物理类小计	479	75	65	322	299	8				479
全年级	923	105	90	580	540	24	38	13	11	923

（二）德育目标

以树立学生道德纪律法制观念为目标，以提高学生的责任感和集体荣誉感为抓手，以培养学生良好的学习习惯和行为习惯为立足点，以打造良好的班风学风为突破口，实施阳光德育，发挥德育正能量，杜绝重大安全事故发生，杜绝违法犯罪行为的发生，培养学生优秀的道德品质和自我教育能力。

四、工作任务

（1）通过班主任抓学生的学习习惯和行为习惯，促进良好班风和学风形成。

（2）通过科组长抓科组老师的教学常规、集体备课、培优补差等工作，提高教学质量。

（3）通过年级组长抓学生和老师的管理，提高年级管理水平，促进年级教育教学质量提升。

五、工作要求

（1）心中有目标。根据优生生源状况，以2021届高考为新的起点，根据校长办公会确定的本届高三高考的最高目标（待定），分解到历史类、物理类组、班级，落实到学科组和每一位科任老师，进一步明确目标、强化目标意识。

（2）眼中有学生。以尖子生、专业生和问题生（品行和心理）为重点关注对象，强化盯人意识和责任意识，在稳定的前提下落实尖子生的辅导和体艺生的跟踪，力争文化考生和体艺考生有进一步的突破。

（3）备考有重点。备考的重点在基础，要以基础知识过关为抓手，立足基础训练，面向全体学生。

（4）计划有落实。年级、学科组、班级既要制订科学的工作计划，又要脚踏实地、狠抓落实。

六、工作措施

（一）年级管理

高三年级管理上长计划，短安排，实施分层教学、分类管理、实时评价的策略，备考工作做到科学、务实、高效，坚持落实、落细、落点的工作作风，指导、跟踪、评价到位。

继续实行扁平化、渗入式管理，管理小组成员深入年级、深入科组、深入班级、深入课堂，加强年级管理小组对学科组工作的服务和指导；加强管理小组的早中晚、课堂的巡查机制，帮助班级发现问题并及时干预、及时反馈、及时解决；根据学校统一要求，加强对老师的考勤和管理（比如遵守请假制度，强化升旗仪式的管理）。

（1）成立高三年级领导小组。实行年级领导小组指导下的年级组长负责制，进行日常事务的管理。由学校×××副校长统筹年级整体工作，德育处×××主任负责年级的全面工作，年级×××副主任协助年级主任开展年级相关工作。具体由×××、×××老师分管物理类组（10—20班）和×××、×××老师分管历史类组（1—9班）。

（2）成立高三年级备课小组。以备课组长为核心，全组老师齐心协力研究高考复习备考方案，了解全国高考的新动向，科学制定本科组的复习备考计划，努力提高高三复习备考的质量。为积极推动各备课组的教学工作，高三年级领导小组按惯例到各科组挂点，集体安排如下：（略）

（3）建立月考制度和常规年级例会制度，确保年级工作正常有序开展。

①实行月考制度。为了更好地检验复习备考效果，及时发现问题、弥补不足，月考由年级统一组织：统一命题、统一阅卷、统一讲评、统一分析。

②年级管理小组每周召开一次（周一下午）碰头会，小结上周工作、安排下周工作。

③物理类、历史类组每周召开一次班主任会（一般分开开，必要时统一开），小结上周工作、安排下周工作。

④年级每月召开一次科组长会议，对各科组教学情况进行深入了解和跟踪。

⑤各科组每周召开一次集体备课研讨会。

⑥每半学期召开一次年级全体教师大会，分析考试成绩，总结前段工作，提出问题和整改措施、工作要求等，布置下阶段的工作。

（二）教育管理

（1）常规管理不放松，齐抓共管同努力，进一步引导学生树立正确的目标。

高三这一年，班主任和全体教师要一如既往抓好班级常规管理，包括出勤（点名）和课堂纪律、安全与卫生、学习与锻炼等，严格履行学校制定的请假点名制度。在安全稳定的基础上，各班主任和科任老师要指导学生根据自己的学习状况，帮助学生树立远大理想和明确现实目标（阶段性目标、年度目标、高考目标等等）。大力营造良好的学习氛围，形成良好的学习风气，调动全体学生学习的积极性和主动性，增强责任意识和担当意识，为高一和高二学生树立良好的榜样！

（2）关注学生品行和心理，进一步改善学生的行为习惯、提高学生的思想品德和心理素质。

高三学生考试频繁、直面竞争，导致心理压力大，容易产生焦虑、疲劳、自卑、过度兴奋或过度紧张等心理，班主任、科任老师和心理老师、家长一道要努力走进学生心里，重视个体引导，关注后进生，把握学生心理动向，适当组织课外活动，及时调整学生的学习、生活状态，保持适度紧张，避免过度兴奋或过度紧张，最大限度提高教育教学效果。

（三）教学管理

1. 认真学习，精心制定教学计划

年级组、各备课组要认真研究《中国高考评价体系》《中国高考》和《考试说明》，总结往届高三成功的经验，不断针对性地搜集高考信息，把握高考新动向和高考对学生能力方面的要求。各科组要根据高考教学内容、教学进度、不同层次班级学生的实际情况，科学制定年度教学计划。

2. 加强研究，积极开展集体备课活动

以科组为单位，科组长真正负起责来。要重视发挥高三备课组长的作用，让他们把更多的精力投入系统研究上，在分类要求上实现严格把关。确定研讨内容，创新研讨形式，提高科组集体备课的水平和科组研究的实力。

全体高三老师要把集体目标的达成作为自己工作努力的方向。发扬团结协作精神，优化课堂教学，落实每周一次的具体备课，做到"四统一"：统一教学计划、统一教学进度、统一考试、统一教学资料。认真组织和开展科组内部的听课评课活动，青年教师和老师之间相互学习、优势互补，共同提高。

3. 注重效率，努力提高教学质量

高三阶段的教学以复习、练习为主，坚决贯彻"教师为主导、学生为主体、训练为主线"的教学原则。在上复习课过程中重视学生的参与，加强训练和运用，让学生对所讲所练的知识进行思考、领悟、消化、反思、吸收；注意把握复习的高度、深度和效度。

（1）高度。充分备课，复习课的内容既要抓住每一个考点、知识点，又必须做精要的归纳。

（2）深度。选题既要注重基础性，又要加入综合性，力求由浅入深、触类旁通。

（3）效度。根据不同层次班级的学生实际，把知识点的回顾与足量的巩固练习结合起来，做到讲练结合，该讲则讲，该舍则舍，确保补习的针对性和有效性。

4. 重视反馈，狠抓落实，提高教学的有效性

高三教学任务重、难度大，教师在教学中要重视学情，一切从实际出发，及时批改作业和试卷，做到"有发必收，有收必改，有改必评，有评必补"；试卷讲评做到"一查（考试目的）、二统（成绩分析）、三找（错误及原因）、四改（改进措施）"。

知识落实要做到"两花两放"：功夫花在备课上，技巧花在选题上，落实放在训练上，提高放在讲评上。

5. 注重常规教学，紧抓五个方面

教学常规（备、讲、改、辅、考）要抓实在；教学过程（起、承、转、合）要抓规范；教学重点（课程标准、考试说明、教材文本、辅导资料）要抓细致；教学形式（教学模式、教学方法、教学手段、教学媒体）要抓得体；教学研究（高考试题、名校资料、短平快项目、校本化练习）要抓精妙。

6. 做好考试质量分析工作

在年级质量分析的基础上，各本班主任、各科组长、各科任老师要根据考试成绩及质量分析，认真分析考试情况，查找问题、制定整改措施。

7. 课程课时

兼顾一般，照顾特殊，上学期突出语数外；下学期选择性科目课时调整。

8. 增加自习课时

让学生自由选择科目复习，查漏补缺；春考班自习课上课（中英数），传媒班自习课上课。

9. 培尖补弱

组建物理类培尖班，加强1+2科目培尖。组建历史类培尖班，加强基础科目和选择性科目培尖。对培尖班进行长期跟踪，培尖跟踪到2022年5月份。

补弱：本科边缘生的薄弱科目。

10. 先锋班

分层走班教学（6、10班数学、英语分层走班，分ABC三层同时上课）。

11. 春考班

春考班（物理、历史方向后50名）加强中英数教学，利用晚修、自习课开展中英数基础强化。

七、高三年级高考备考策略

（一）班主任在班级组织和管理中做到"四到位"

（1）动员教育到位。教学组织、活动开展、考试动员、成绩分析、学生学习和应考状态等要发动和教育到位，做到有的放矢。

（2）时间管理到位。让学生形成掌握时间的好习惯和珍惜时间的好方法，学会管理自己的时间，开学合理分配时间，提高有效运用时间的能力。

（3）目标激励到位。帮助每一个学生点燃前行的火炬，不断调整自己的目标，让每个学生获得成功的喜悦，增强学习的信心和动力。

（4）跟踪指导到位。帮助学生总结学习过程中的得与失，特别是备考方法和应试技巧，找到度过各种困难期和高原期的方法和途径。

（二）科组长和老师在教学和管理中要做到"六化"

（1）早读结构化。每天早读分两部分：当天要求和复习任务。

（2）晚修多元化。先锋班和重点班要"放"，以学生自学为主；平行班要"收"，第三节晚修可集中讲课和答疑，每晚安排一科。

（3）评测严密化。凡年级统一集中进行的测试，必须严密组织，做到事先领卷，统一考试时间，一个考风考纪，及时批改试卷和反馈，提高评测的效率和功能。

（4）辅导经常化。进入高三的培优和补偏工作原则上由本班科任老师负责，不再统一时间，自己找时间，采取个别辅导、集中答疑相结合。

（5）学案分层化。针对年级层次多、学生基础不同的现状，先锋班、重点班、平行班的学案和资料应该有所不同，在年级和专业的布置上应该加以区分。

（6）课堂高效化。用最有效的教学方式来讲应该讲的教学内容，这样的课堂既是高效的也是大容量的。教学要坚持"低起点、小坡度、快节奏、大容量"的策略。针对平行班学生，要注重基础、核心的考点和知识，不要固守一些条条框框，做到多循环，强化重点知识复习的频率；针对先锋班和重点班，课堂要增加信息量，做到快节奏、大容量。

（三）年级领导小组要做到"三明确、三到位"

（1）目标明确。按照学校确定的"三线"目标，开学合理分解到两个组、各班。级组长是本组目标完成的组织者和承担者，各项活动都要服务于和服从于目标的完成，教学评价和考后质量分析要以目标的完成为标准。

（2）责任明确。级组长是本组教育教学质量的直接责任人，既负责对学生的管理和教育，也负责对教师及教学活动的组织和管理。各组要根据本组的具体情况，研究学情和教情，监控各项教学活动的开展和任务的达成。

（3）分工明确。年级领导小组既要当好年级教育教学活动决策的参谋，又要教好自己班级的学生，同时还要深入挂点科组参加教研活动（教学研讨、听课、评课等），各个任务要明确、各个角色要当好，做到身先示范、重心下移，监控教育教学质量。

（4）合作到位。两个组之间和内部，既要分工明确，又要团结合作，特别是全年级的活动和事务，更要相互配合、相互补台。

（5）监督到位。坚持"一线工作法"和"走动式管理"，多到班级和教师办公室走动。

（6）整改到位。发现问题及时解决，把问题发现在基层，有问题不过夜。

八、高三教学进度

（1）第一阶段：2022年1月底结束第一轮复习。

（2）第二阶段：2022年2月至2022年3月底，完成第二轮专题知识复习。

（3）第三阶段：2022年4月初至2022年5月中旬，完成高考第三轮综合训练。

（4）第四阶段：2022年5月中旬至2022年6月初，回归课本，查漏补缺，调整心态，迎接高考。

九、年级学期工作行事历

（一）2021年8月重点工作

（1）年级教师大会、班主任会和备课组会、科组长会、分层走班动员会、春考班协调会。

（2）年级下发课表和晚修表。

（3）组织学生入学、统计。

（4）召开高二下学期区统考成绩表彰和高三学生动员大会。

（5）中英数及物理、历史测试。

（6）近五年没上过高三老师汇报课。

（二）2021年9月重点工作

（1）第一次月考及考试分析会（2021年9月13–15日）。

（2）召开班科联系会。

（3）老高三老师示范课。

（4）高三年级家长会（待定）。

（5）参加市教科院组织的2022届高三教师学科培训活动。

（6）中秋和国庆假期安全教育、布置假期作业。

（7）参加全市高三年级各学科高考备考培训会议。参加全市现高二、高三年级上学期全市统一考试整体与各学科的质量分析。参加分层分类召开2021年高考总结暨高三年级2022年高考备考经验交流（形式、地点、时间待定）。龙岗区2022届高三年级第一次模拟考试命题及相关考务工作。

（三）2021年10月重点工作

（1）国庆假期。

（2）第一次龙岗区模拟考试、班科联系会。

（3）第一次模拟考试成绩分析。

（4）参加龙岗区2022届高三第一次全区联考质量分析；组织高三老师参加深圳市青年教师教学技能比赛决赛。

（四）2021年11月重点工作

（1）把关教师示范课和青年教师汇报课。

（2）第二次月考（11月底）。

（3）第二次月考考试质量分析。

（4）第二次月考班科联系会。

（五）2021年12月重点工作

（1）扎实推进各科教学工作的落实。

（2）各班召开班科联系会。

（3）推进培优补偏工作。

（4）高考报名。

（5）学校体育艺术节开闭幕式、学校田径运动会。

（6）参加龙岗区第二次模拟考试。

（六）2022年1月重点工作

（1）元旦放假。

（2）龙岗区2022届高三全区第二次联考组考及统一阅卷。

（3）完成期末考试各项评价分析工作和学校期末各项工作。

（4）高三年级参加广东省2022年学业水平合格性测试即2022年广东省春季高考（语文数学英语）。

（5）龙岗区2022届高三第二次全区联考质量分析。

（七）2022年2月重点工作

（1）高三年级参加2022年深圳市一模考试及一模质量分析会。

（八）2022年3月重点工作

（1）参加龙岗区2022年高考模拟命题及说题比赛的复赛与决赛。

（2）组织学生参加2022年高考英语听说考试。

（九）2022年4月重点工作

（1）参加2022年深圳市二模考试及二模质量分析会。

（十）2022年5月重点工作

（1）参加深圳市2022年高考模拟命题及说题比赛的决赛。

（2）集中研讨并组织老师编写2022年高考考前查漏补缺资料。

（十一）2022年6月重点工作

（1）2022年高考。

（2）2022年高考成绩统计。

第十四章　新高考背景下高中年级教学常规管理的提升措施

教育教学质量是一个学校的生命线，教学常规管理是实现教育教学质量的重要抓手和保障。自国务院提出"深化教育改革、全面推进素质教育"[1]以来，我国教育体系发生着巨大的变化，多次课改的尝试和优化使教师、家长和学生的教育观念都发生着显著的改变。进入21世纪，普通高中新课改持续推进，通过构建符合素质教育要求的基础教育课程体系，落实立德树人的根本任务，发展学生的核心素养，为学生终身发展奠定基础。新高考背景下的新课改对高中教学常规管理提出更高要求，各高中学校需与时俱进，根据校情变化积极探索、不断改革创新，以顺利达成教学目标，全面提升教育教学质量。其中，以年级为单位的年级负责制管理模式是大班额学校的常规管理模式，是学校教学活动顺利开展的保障。本章结合我校实情，解析新高考背景下我校提升年级教学常规管理的具体措施。

一、加强级组团队建设

年级组是学校教学和教师管理的实体，学校在每个年级都成立年级管理领导小组。级组的管理不仅需要学校各行政主管部门的大力支持，更离不开班主任、教师、学生干部及家长的力量。因此，级组团队由年级管理领导小组、班主任团队、学科备课小组团队、学生会干部团队、家委会、导师组等多个小团队构成，每个小团队都必不可少，在整个教育教学过程中发挥中重要的作用。级组团队的建设是实现高效管理的着力点，每个年级虽都有其特殊性，但凝心聚力打造一支

---

[1]1999年6月13日，中共中央、国务院颁布了《关于深化教育改革，全面推进素质教育的决定》，提出全面推进素质教育，培养适应21世纪现代化建设需要的社会主义新人。

团结奋进的级组队伍是每个年级促进学生学习成绩提升和教育教学质量发展的首要任务。

（一）年级管理领导小组建设

年级管理领导小组作为学校管理的最前沿阵队，是一个年级组的主心骨，既是引领者和管理者，更是协调者，负责年级的各项管理和发展工作，由1位校级领导、2位处室主任和4位级组长组成。新高考背景下，新课标、新教材、新命题方式、新高校招生模式等叠加，年级管理领导小组成员应以饱满自信的精神面貌引领本年级教师，自觉参加各类培训和学习，转变教育教学观念，提升自身管理能力，积极研讨并制定好年级教学计划和目标、管理策略和具体的实施细则，加强年级组的文化建设，营造良好的年级组教育环境，加强人文关怀情感教育等。在年级管理领导小组建设方面要重点注意以下几个环节：

1. 提升领导班子整体素质

年级组是学校综合管理的前沿阵地，高三领导小组是年级管理的决策者、实施者和监督者。要提升年级教育教学质量，首先必须加强高三年级部领导班子建设，使之成为年级教育教学管理的灵魂。领导班子的整体素质直接影响到年级管理的效果。因此，要注重领导班子成员的选拔和培养，确保领导班子成员具备较高的教育理论水平和管理能力。

2. 增强领导班子的责任意识

年级管理领导小组应当树立起高度的责任意识，明确自己的职责和使命，确保各项管理工作落到实处。在领导班子内部，要明确责任分工，形成齐抓共管的局面，同时要注重加强团队协作，共同推进年级管理工作。

3. 建立有效的激励机制

为了激发领导班子成员的积极性和创造性，要建立有效的激励机制。可以定期对领导班子成员的工作进行评估和考核，对于表现优秀的成员给予表彰和奖励。

4. 加强领导班子之间的沟通与协调

年级管理领导小组需要密切配合，协同作战。要加强领导班子之间的沟通与协调，及时解决出现的各种问题，确保年级管理工作顺利进行。

5. 加强民主管理

在年级管理工作中，要注重发挥教师和学生群体的积极性，加强民主管理。通过召开教师大会、学生代表大会等途径，广泛征求教师和学生的意见和建议，推动年级管理工作更加科学化、民主化。

（二）班主任队伍建设

班主任是一个班级的主心骨，更是年级组中不可或缺的教育骨干力量。每周召开一次班主任会议，会议内容除了开展上周的小结工作和下周的常规工作安排之外，最重要的是培养"三有"班主任，即心中有目标、目中有学生、手中有方法，在班主任队伍中营造正能量的舆论氛围。组织班主任师徒结对活动，让经验丰富的老班主任更有针对性地对新班主任，尤其是第一年担任班主任的老师进行指导，便于他们谈心交流，能随时了解班主任教师在生活和教学中存在的问题和困难，及时给予其帮助和关怀，点对点地点拨，共同解决班级中棘手的问题。每周五最后一节是班会课，是全年级各班的主题宣讲阵地，各班主任合理制定每期主题，充分调动学生的积极性和主动性，发挥学生的主体作用，以学生策划、学生主持、学生主讲、班主任点评等各种方式精心组织和开展。定期开展班会公开课，老班主任上班会示范课，新班主任上班会展示课，相互切磋交流，以此促进班主任教师的专业发展，提升各班主任的班级管理成效。组织班主任能力风采模拟大赛，进一步促进各班主任教师的专业发展，促进良好班风学风形成，为年级组的文化建设出一份力。在班主任队伍建设过程中要重点注意以下几个环节：

1. 选拔优秀的人才担任班主任

班主任是班级管理的核心，其素质和管理能力直接影响到学生的学习和成长。因此，要选拔有责任心、业务能力强、有教育理念的人才担任班主任，可以从教育理念、业务能力、责任心、沟通能力等方面进行考察。

2. 明确高三班主任的职责和权利

班主任的职责和权利是班级管理的重要保障。学校应该明确班主任的职责和权利，制定相应的管理制度，规范班主任的行为，确保班主任能够有效地开展工作。

3. 加强班主任的培训和提高

班主任的培训和提高是队伍建设的重要环节。学校应该定期组织班主任进行培训，提高班主任的管理能力和教育理念，促进班主任的专业成长。

4. 建立科学的评价机制

建立科学的评价机制是班主任队伍建设的关键。学校应该建立科学的评价机制，对班主任的工作进行全面、客观、公正的评价，激励班主任更好地履行职责。

5. 加强班主任之间的交流和协作

班主任之间的交流和协作是队伍建设的重要途径。学校应该加强班主任之间的交流和协作，促进班主任之间的经验分享和互相学习，提高班主任队伍的整体素质。

（三）学科备课小组团队建设

新课改改革需要依靠教师来实践，只有教师不断地发展，才能更好地促进学生发展，因此构建一支肯钻研、积极向上、朝气蓬勃、团结合作的新教师团队是大势所趋，改革这几年刚好也是我校新老教师更新换代的几年。

首先是教师教学理念的转变。学校提供资源和学习平台，组织教师培训，研究新高考、新课标，认清新形势，领悟新时期教育改革理念、新课程标准要求、新高考改革方向。

其次是教师教学方式的改变。国家提出素质教育之前完全是应试教育，以填鸭式的教学方式为主，死记硬背、题海战术是教学的主流，学生的学习是被动的，这种教学方式的终极目标就是唯考试论、唯分数论。当然素质教育不等于不要成绩、不要检测性考试，而是将考试和分数看作多元评价方式中的一元，对教学方式提出更高要求，各学科备课小组成员需根据学科特色和学情不断地深入研讨，探索出一种以学生为主体、切实可行的教学方式。

为适应广东省新高考"3+1+2"模式，满足学生选课走班的需要，年级教学常规管理由行政班标准化统一性管理向教学班多样化选择性管理转变，教学班没有固定的班主任，而以科任老师为主体的课堂常规管理成为走班教学下必要的管理模式，年级管理领导小组需培养和提升科任教师对教学班的管理能力和应对突发状况的能力，实现行政班和教学班的有效衔接。然后就是以备课组长为核心，做好每周一次的集体教研活动，内容为集体备课、组卷、专题研讨以及学校和年级工作的传达安排等，做到"三定"和"五统一"[1]，提高教师合作意识和团队意识，切实加强对新课程、新教材、新高考的研究，让老师们适应新变化新要求，不断提升自己，积累经验，把握规律，在新课标、新教材、新高考的柔波里畅游。

最后是注重教师的专业发展，年级借助学校教学处组织的六大赛事（新进教师授课比赛、高考真题解题大赛、深圳一模做题比赛、教师基本功大赛、教师教学能力大赛、高考模拟命题比赛）开展教师公开课，依托师徒结对活动开展一对一的辅导、点对点的点拨，积极主动开展教学教研，让老师们在区教师发展中心的教师梯队培养中顺利晋级，从而达到教师个人专业的快速发展。当然，年级组应尽力关心年级每一位教师，例如在教师结婚生子或生病住院时送温暖送慰问，以换取全体教师的向心力，在无形中增强团队的凝聚力，调动教师工作的积极性，进而

---

[1] "三定"和"五统一"为深圳市龙岗区布吉街道布吉高级中学科组和备课组教研活动的统一要求，"三定"为定时间、定地点、定内容；"五统一"为统一计划、统一进度、统一练习、统一资料和统一批阅。

加强教师的归属感与满足感。通过人性化管理，让全年级教师心往一处拧，劲往一处使，有效提升年级组的管理实效。在学科备课小组团队提升方面更加要注意：

1. 选拔和培养优秀的备课组长

备课组长是学科备课小组的领导者和组织者，应该具备丰富的教学经验和卓越的教学能力。学校应该选拔和培养优秀的备课组长，注重对备课组长的培训和考核，以提高备课组长的组织和管理能力。

2. 制订科学的教学计划和教学方案

学科备课小组应该根据学科特点和高考要求，制定科学的教学计划和教学方案。教学计划应该包括教学内容、教学进度、教学方法、教学资源分配等方面，以确保学科教学的科学性和有效性。

3. 加强教学研讨和交流

学科备课小组应该加强教学研讨和交流，定期组织教学观摩、教学经验分享、教学问题研讨等活动，以提高教学质量和效果。同时，学科备课小组还应该积极关注学科前沿动态和高考改革方向，及时调整教学策略。

4. 建立有效的反馈机制

学科备课小组应该建立有效的反馈机制，及时收集学生的反馈意见和建议，根据反馈情况对教学计划进行调整和优化，以提高教学效果和学生的学习效果。

5. 加强团队建设和合作精神

学科备课小组应该加强团队建设和合作精神，培养教师之间的信任和合作意识。备课组应该营造和谐的氛围，鼓励教师相互学习、相互支持、共同进步。

6. 建立完善的培训和学习机制

学科备课小组应该建立完善的培训和学习机制，为教师提供持续的培训和学习机会。培训和学习内容包括新的课程标准和考试大纲、教育教学理论和实践、现代信息技术和教育技术等方面，以提高教师的教学能力和专业素养。

（四）学生会干部团队建设

高中阶段的学生已经具有一定的主权意识和自我意识，加之学习强度断崖式加大，他们的喜怒哀乐非常不稳定，学习状态也是时好时坏，同时还要面临新高考。因此，要想更好地了解学生的真实状态，仅靠班主任和科任老师是不够的，还需要学生干部的加持，他们和同学们整天生活学习在一起，可以及时地为年级组提供第一手资料，同时也可以形成学生自我管理的良好局面。因此，每个年级在高一开学不久就会成立年级学生会，由会长、副会长、督查组、宣传组等构成，协助年级组做好各项管理工作，服务于教育质量的提升。年级组培养学生会干部组织诸多年级活动和常规检查，如早中晚的楼层值班，登记并及时反馈学生迟到、仪容仪表不符合要求等现象，年级组进而及时干预、对症下药，乃至药到病除。定期召开学生会会议，了解学生意见和需求，总结经验，并在学生管理工作中及时调整，取得非常好的成效。高三的学生会组织不同于其他年级，特殊时期赋予其特殊使命，在团队提升方面要注意：

1. 完善学生会干部的选拔和培养机制

为了建立优秀的学生会干部团队，首先要完善选拔和培养机制，通过公平公正的选拔程序，选出有能力、有潜力的学生会干部。同时，要注重对学生会干部的培养，提高其工作能力。

2. 明确学生会干部的职责和分工

学生会干部团队应该明确各自的职责和分工，确保每个干部都有自己的任务和责任，避免工作上的重叠和浪费。

3. 建立有效的沟通机制

学生会干部团队应该建立有效的沟通机制，及时交流工作中的问题和困难，分享经验和教训。同时，应该鼓励学生会干部和其他学生之间的交流，及时了解学生的需求和反馈。

4. 加强指导和支持

学校应该加强对学生会干部团队的指导和支持，提供必要的资源和支持，同时指派指导老师或顾问为学生会工作提供指导和建议。例如，可以设立学生会工作坊、指派老师或学生顾问为学生会工作提供指导和帮助。

5. 强化团队精神和文化建设

学生会干部团队应该积极强化团队精神和文化建设，通过团队活动、团队培训和文化建设等方式，增强团队的凝聚力和向心力。例如，应该组织团队拓展活动、团队文化节等活动，促进团队成员之间的相互了解和信任，增强团队的凝聚力。

（五）家委会建设

教育从来不是学校单方面的教育，父母是孩子的第一任教师，"学校、家庭、社会"三位一体形成合力才能有利于学生的全面发展，所以学校的教育是否有效，需要得到社会和家庭的支持。家长是教师的合作伙伴，我们需针对学生的实际状况分析了解，加强与家长的积极有效沟通，得到家长的支持和配合。家委会在优化学校与家长、学生之间的关系起着桥梁作用，而好的关系就是好的教育资源。因此，组建好年级家委会不但可以促进良好师生关系的建立，还可以让教师与学生、家长同心、同责、同步，彼此悦纳，为年级组营建一个和谐的育人环境，有利于年级组的管理工作高效有序地推进，进而实现效能的最大化。高三家委会在高考备考中会和学校、学生形成合力，共同进行高考备考工作，这个团队的建设要注意：

1. 积极构建现代家庭教育网络

通过搭建线上线下的家庭教育网络平台，提供家庭教育资源、交流平台和咨询服务，加强家长之间的联系和互动，同时促进家庭教育与学校教育的深度融合。

2. 营造有利于孩子健康成长的育人环境

学校和家庭应该共同营造有利于孩子健康成长的育人环境，包括提供良好的学习和生活条件、建立积极向上的班级和家庭氛围、关注孩子的心理健康等。

3. 加强家委会的内部管理

成立家委会，并制定相应的章程和规章制度，明确家委会的职责和任务，同时建立健全的家委会内部管理机制，确保家委会工作的规范化和有序进行。

4. 发挥全体家长的主观能动性

通过开展家长会、座谈会等形式的沟通和交流活动，引导家长参与学校教育活动，发挥家长的主体作用，同时广泛听取家长的意见和建议，增强家校之间的互动和合作。

5. 提高家委会工作的主动性、针对性、预见性和实效性

家委会应该主动参与到学校和班级的教育管理中来，针对孩子的特点和需求进行有针对性的工作，同时能够预见和解决可能出现的问题，提高家委会工作的实效性。

6. 全体家长积极参与班级各项建设和活动

家长应该积极参与到班级的各项建设和活动中来，包括班级文化、文艺活动、社会实践等，增强班级凝聚力和向心力，促进家庭教育与学校教育的有效衔接。

二、科学优化课程实施方案

在新课标、新教材、新高考"三新"全面推开的新高考背景下，以新课程标准为指导，重点关注从课程的高度和课程育人角度来研究学科，从各学科的特征出发，重视素养，狠抓课堂，提升学生综合素质，扎实、稳步地推进各科新课程的实施。学校围绕"新高考、新课改"优化课程实施方案，根据国家课程实施方案，结合我校实际，研究制订《布吉高级中学新课程实施方案》。

1. 课程设置的优化

我校以国家课程为主体，以"让每一个学生都体验成功"的办学理念为目标，以"德才兼备、求实创新"为核心，开发了以"厚德、创新、博才、求实"为主要内容的扬长教育课程体系。班别类型开设先锋体系、实验体系、超越体系，因班施教，最大程度激发学生发展潜力，促进学生全面发展。优化必修、选择性必修和选修三类国家课程与校本课程相结合，学校开齐开足各类课程，确保信息技术、通用技术、综合实践活动、艺术、体育与健康、劳动等课程的实施。同时积极探索开发校本课程，注重多元化培养，开设日语课程，音乐、美术、传媒、田径、足球、书法、摄影等专业课程，满足学生个性化学习需求。通过多项教师辅导机制着力提升学生学习的兴趣，满足不同学生的发展需求，从而增强自信，提升能力。通过"三师一体"育人模式（成长导师、学术导师、学业导师），开设自我认识与职业生涯探索、学习策略与人际关系、理想信念与职业方向、学科指导等课程和讲座，培养学生自信、自立、自律、自强的现代公民意识。在此课程体系下，众多学子先后考入北京电影学院、中国传媒大学、中央美术学院、中国音乐学院、北京体育大学等国内知名艺体学府深造。学校以72个丰富多彩的社团为载体，涉及科技、艺术、体育、学科和综合五大类，形成校本社团课程，开展经典诗文与课本剧比赛，一年一度的体育艺术节、社团科技节、心理教育周、学术讲座、心理剧表演、科普知识竞赛、英语配音比赛、舞台表演等多项活动内容，学生依据兴趣爱好，进行校本选修。

2. 课时安排的优化

在保证教学时间总量和教学科目均不突破的前提下，每天安排9节课，每节课40分钟，以满足新课改要求开设校本选修课、劳动教育课程、体育活动和社团活动的需要。

3. 选课走班的优化

选课走班，充分尊重学生意愿，强调学生的自主选择权，符合高校招考和国家选拔人才的要求。与实行了几十年的当代普通高中班级传统管理模式相比，选课走班在班级组织形式、班级职能、班主任角色、班级管理方式等方面有巨大区别，甚至是颠覆式的变化。但也存在学生流动大、管理难、课后辅导难以开展、师生之间感情不断淡薄的情况。经过多年的新高考选课走班改革研究与积极探索实践，通过科学引导，我校初步形成行政班与教学班相结合的"小走班"分层教学模式，语数外物或语数外历为行政班，其余科目可以选课走班，每一届因学生选科人数不同而有差异。同时逐步实现选课、排课、管理、评价等为一体的智能化智慧校园，构建规范有序、科学高效的选课走班管理模式。

三、有效实施课堂教学改革

课堂教学活动是学生在学习过程中习得知识、提升素质、学会技能、提高能力的重要场所和主要途径，是一所学校的教育教学活动的中心环节。新课改要求高中课堂教育应以学生为课堂主体，教学活动要紧扣学生的身心发展，教师要提高高中课堂的管理能力，实行教学监控，加强课堂沟通能力和处理突发状况的能力。经过多年的积极探索，我校高度重视新课改，转变、优化教学观念和方式，课堂教学改革逐渐构建了"生动、活动、灵动"三动式课堂教学模式，即面向单元教学、走向深度学习的"三动"高效课堂教学模式，以打造高效课堂，落实学科核心素养，提升教学效率。"生动"，让每一个学生在课堂上全身心动起来，用最大的热情投入课堂学习；"活动"，各学科根据自己特点开展各式各样的教学活动，让每一个学生在学科活动中获得成功的体验；"灵动"，各学科教学活动更加关注学生思维活动的广度与深度，学生积极主动呈现蓬勃的生命力。让学生在活动情境中达成教学目标，让课堂灵动有趣，和谐温馨，促进深度学习的发生，让学生达到心灵自由、生命成长的状态。

基于此，各学科构建实现"三动"高效课堂的教学法（语文"依托信息技术构建项目式混合式高效语文课堂"，数学"三问驱动教学法"，英语"问题导学图文联动教学法"，政治"共声共享教学法"，历史"情景教学法"，地理"互联网+背景下情景体验式教学法"，物理"构建物理循环课堂"，化学"基于真实情境的高中化学微项目学习模式的构建"，生物"聚焦概念问题导学教学法"），开展市、区、校、年级、工作室等各级各类公开课，切实实践"三动"课堂，学生积极主动呈现蓬勃的生命力，有更多机会表达自我，认清自我，肯定自我，取得非常好的效果，教育教学质量步步登高。

四、健全教学常规管理制度

所谓"没有规矩，不成方圆"。制度是年级之基本，管理之依据，抓习惯养成就要从抓制度落实开始。高一年级是整个高中阶段的起始年级，重在抓好常规、夯实基础、培养能力；高二年级是关键期，继续养成良好学习和生活习惯。教学常规管理制度能帮助年级组增强年级管理的合理性、科学性和时效性。年级通过学生大会、课间谈话、学生会干部研讨、班干部座谈等方式，在教师和学生的共同参与下制定了《手机管理制度》《早读管理制度》《晚修管理制度》《住宿管理制度》《走读生管理制度》《卫生管理制度》《班级文化建设制度》《跑操制度》《考勤制度》《作业上交制度》《走班管理制度》《仪容仪表管理制度》《年级服务令》等，摒弃传统的压迫式、压榨式管理，进行人性化管理，以达到"抓行为、养习惯、促学习"的目的。对于新时期的高中教学管理者来说也需要相应的管理制度作为辅助，把素质教育落实于课堂教学。要求教师严格执行《布吉高级中学教学常规制度》，对教师的教研、备课、上课、作业、辅导、考试以及早读晚修管理等各方面进一步规范，加强教学质量监控，定期组织开展月考、期中、期末考试等质量监测，精准分析学生学习情况，为年级开展培优补偏工作提供依据。

制度贵在日常落实，贵在有恒。年级教学常规管理实行层级式管理模式，年级管理领导小组包干，责任到班，责任到学科，实行导师制，与班主任配合，加强早晚自习、课堂教学的巡查。每个年级在校领导的带领下成立日常教学巡查组，推门听课，随时检查师生上课状态，对各班学生的在校行为进行监督检查，加强教学过程的监控，抓严抓细，抓紧抓实，并实行日通报、周小结、月评比制度，表彰鼓励先进班级和优秀学生个人，不断营造良好的学习氛围，建立良好的教学秩序。

当然，制度只是教学常规管理的依据，并不是压迫式的外力。我国著名革命家徐特立说过"一切纪律只是自觉地遵守，不是受到无理的外力压迫而遵守。"[1]高压式的管理方式不仅会压抑学生的个性发展，还会使处于青春期的学生越来越躁动，让老师们反感。因此，我校的教学管理融合以人为本的理念，督促教学管理者不断创新管理模式，监管与激励引导并存，探索适合我校高中生的教学管理方式。

五、构建教学多元评价机制

教学质量评价是教学常规管理的落脚点，是对教师教育教学水平的认可，更是对学生学习成果和个人发展的检验，主要包括教学过程性评价和教学结果性评价。年级管理领导小组在日常管理中主要从教学常规准备、课堂教学过程、学生掌握情况等方面进行教学过程性评价的跟踪监管，从学生的进出口成绩对比开展教学结果性评价，具体抓手如下：

1. 构建年级组行政领导落科组制

行政领导参加学科小组的集体备课，动态了解教师个人备课与集体备课情况，检查个性教案、课件、作业安排等，发现问题及时反馈与介入，与教研组长、备课组长沟通交流，促进教师和学科小组共同成长。

---

[1] 徐特立，《徐特立教育文集》，人民教育出版社，1979年。

2. 建立年级组的日常巡查机制

每天安排1名年级管理领导小组成员巡课检查，深入班级、推门听课，随时检查师生上课状态，观察教师备课的准备充分度、业务知识的熟练度、学生课堂的参与活跃度、知识掌握效度、能力培养程度等，是否真正实现高效的"三动"课堂，学生是否真的动起来了。

3. 学校教学评估小组定期视导

各年级每学期接受一次学校教学处组织的教学视导，从听评课、教案检查、作业检查、辅导机制、师生问卷调查、师生座谈等多方面进行检查视导，帮助年级组总结经验、发现问题并及时反馈给年级组，便于年级组做好适当的调整，提高教学效率。

4. 信息化手段的利用

年级组对各科的每次周测都要求制作答题卡，扫描试卷，及时批改试卷，管理领导小组成员可随时登录系统跟踪试卷批改情况，并对学生答题情况进行分析评价，每个学生的知识掌握都有一个动态变化过程，为个性化辅导提供依据。

5. 定期召开年级质量分析大会

每次大型考试（月考、期中考、期末考）结束会，年级组均做好详细的成绩分析，并召开质量分析大会，从整体、学科、班级、学生个人这4个维度进行分析。根据排名的变化要求各学科小组内部进行研讨分析，排名进步的科任老师分享做法，排名退后的科任老师提出疑惑和教学中遇到的困难，学科小组共同商讨解决。学生个人的维度主要是找到目标生，为教师有针对性地辅导提供目标和依据。

6. 定期召开学生表彰大会

每一次大型考试就是一次对学生某一阶段努力的检验，学生可以找准自己的位置，对成绩优秀和进步的学生和班级进行表彰，教师代表和学生代表发言，树立积极正面的榜样，对成绩暂时落后和有所退步的学生进行鼓励，引导他们确立下一个学习目标并为之奋斗。

7. 依托学校的教学评价制度

通过学校层面的教学巡查、教案检查、检查作业批改情况、检查备课组活动、考试成绩分析等教学常规工作的开展，实时反馈，及时跟进，提高"备、教、批、辅、改、测"效果，特别是加强对备课、作业批改情况以及备课小组活动的把握，每一学期都有一次全校规模的教学常规检查，并将检查结果通报各年级，年级组以此为依托进一步加强师生教学环节的管理。

8. 评优评先制度

在每年度评选三好学生、优秀班干部、学习标兵、优秀团员和优秀内宿生的基础上，年级开展"每月年级之星"评比活动，进一步锤炼学生的人格。创建特色班，培育班级文化。以班级文化激励每一个学生，鼓励各个班级开展内容积极向上、有特色的各类集体活动，用文化建班理念培养学生集体感、责任感。

此外，学校还会依据年度考核量化方案与职称评聘方案对教师进行考核评价。

教学常规管理是学校和年级各项管理工作中最基础最重要的一个环节，决定着其教育教学质量。新高考背景下的教学常规管理工作必然对学校、对年级管理者来说都需要不断提升自身素养，提高自己的管理能力，以适应课改的新形势。教师应用于探索创新高中教学常规管理模式，尤其是年级组的管理方式，有效实施落到实处，从而全面提高学校的教育教学质量。

第十五章　新高考背景下年级教学质量管理与成绩分析

高中阶段是我国培养高素质强能力人才的重要阶段。高中年级教学质量管理体系，对培养全面发展型人才有着重要的引导作用。在分析高考改革的特点的基础上，深入探讨高考改革背景下的年级教学质量管理系统如何创新，对今后研究高中年级教学质量的体系与面临的挑战具有重要意义。

如何去进行年级教学质量的有效管理，首先要了解高考改革的特点：

1. 注重学生的全面发展

在传统教学中，高中的文理分科使学生产生了严重的偏科现象，极易导致学生的知识结构系统不完整，部分学科过强，而偏科的那部分则过弱，并且也不利于学生兴趣特点的培养。高考改革之后，不再实行文理分科。学生可以根据自身的兴趣点和学习特长统一学习文理科，文理两科统一考。这样，学生在学习过程中会兼具文理科素养，对于培养全面发展型人才有极大的促进作用。文理不分科打破了传统的高中分文理学科的教学模式，使得学校在配备教学设备方面更加简便。对于那些高考不作要求的科目，学生只需要满足自己的兴趣点，完成所修科目的内容，保证此科目在学业结束考试合格即可，在一定程度上减轻了学习压力。

2. 外语科目给了学生两次参考机会

如今，高考的改革新政策"外语一年两考"成了当前社会关注的一大焦点。传统的高考体制是"一考定终身"。高考改革后的"外语一年两考"政策有效地改变了这一现象，让学生在学习英语的过程中极大地缓解了精神压力。以后的外语高考可能会变为一年多考，甚至此政策会惠及其他科目，比如语文、数学，给予学生更多的选择机会。"一年两考"的外语高考改革，也凸显了外语与语文、数学这些科目的区别，进一步显示了外语这门学科的工具实用性作用。

3. 分数不再是唯一的评判标准

考试分数是当前检验学生学习结果乃至毕业升学的重要依据。由于当前高考制度的改革，学生的总成绩由统一的语数外三门科目成绩和另外能够反映学生高中学业水平的三门科目成绩组成。其中，这三门科目由学生根据自身兴趣特点自主选择。改革后的高考把学生的综合素质作为升学的参考。这就要求学生对每门课程都认真学习，以免造成严重的偏科现象，从而成为综合素质高的全面性人才。高中学业水平考试成为当前高考政策的硬性指标，不仅改变了传统高考政策下学生严重偏科的现象，还改变了一直以来高考成绩作为最高评判标准的年级现象，让学生自主选择学业，减轻了学生的学习心理负担。

面对新高考的各种挑战，教学质量管理具有深远的意义。

教学质量是一项综合指标，是指在教师的教与学生的学的有机统一作用下，使学生具备适应终身发展和社会发展的必备品格和关键能力的达成程度。在评定教学质量高低时，应将重心放在对学生的学习质量的评价上。良好的教学质量应能够激发学生的学习兴趣，引导他们更加积极地参与学习，从而让他们更好地发展自身的能力。从年级层面，可以从以下方面入手，加强教学质量管理。

一、更新管理理念，树立人本思想

1. 确定学生主体地位，活跃本科课堂学习氛围

大量理论研究与教学管理实践证明，学生才是课堂教学的主体，在教学管理中，坚持人本管理理念，尊重学生在教学实践过程中的"主角"地位，是保障教学质量的关键，探索有效的课堂教学模式，提升本科课堂质量。教务管理人员必须高度认识到学生群体在整个教学质量保障体系担当着重要角色，以遵循学生人性发展的需要、遵循学生身心发展规律、遵循知识发展的逻辑规律为前提，采取相应措施，探索有效的课堂教学模式，提升本科课堂质量。

2. 教为学服务，提升教师课堂教学能力

课堂改革对教师提出了更高的要求，既要继承优秀传统，更要创建新的思维模式，使自己在课堂上不止停留在课本知识教会学生，更要引导学生不断提升自己的学习能力，提升探究能力，形成建立学生创新思维的重要基础。建立教为学服务的理念，构建以学为中心的课堂，做到两个合理：合理解读课标和合理解读教材。合理解读课标，就是要明确课标的价值导向，教学目标的设定要由掌握知识走向学科的核心素养培养，教学重心由知识本位走向关注学生的发展。课标不仅仅是教学设计的标准，同时还是学业质量的标准，新课程背景下的教学要把教、

学、评统一起来，重心放在教学过程中的评价标准的制定。合理解读教材，就是"用教材去教"，不是纯粹"教教材"，需要老师对教学内容进行整合和调整处理，同时，要注意教材知识与生活实际的关联，让生活中鲜活的场景进入教师的课堂。

3. 创新教学形式，丰富教学内容

随着教学理念和教学目标改变，传统教学方法已经显得不合时宜，不能符合当下的教育需求，所以，需要推行课堂教学改革。

（1）倡导"多元化"教学，着力提升教学形式的多样性。要合理地启动课堂教学的多元化形式改革，鼓励授课教师多采用新教学形式，比如启发式讲授、探究式讨论，抑或是互动式交流等都更贴近学生心理特点的授课方式，借此激发学生兴趣，让青年学生在课堂学习中能够抬起头、并积极提问，积极参与到课堂学习活动中来。

（2）推进"教室革命"，统筹规划灵活多变的组合教室、移动网络互动教室等类型的智慧教室建设，逐步实现课堂教学"小班化、面对面和点对点"。加快信息技术与教育教学课堂教学的有机融合，推行线上线下混合教学，试行线上课堂教师助课制度。

（3）课堂教学内容要"与时俱进"。面对新的形势发展，在教学管理中应树立起新高考理念，增强课堂教学的目标性，并以新高考下人才培养为导向，调整教学内容，使其适应新高考要求，真正做到与时俱进。注重知识的融合、交叉及新兴方向，以延伸学生的知识体系。

二、完善管理制度，提升管理队伍专业素养

优化教学管理体制。要想通过更新管理理念来优化教学质量，就应尽量完善教学管理体制。在基本原则上，坚持整体优化、高效精简、能级适应、权责适应和因校而异等原则。在教学管理制度上，可通过建立规范的教学规章制度、教学例会制度和工作检查制度来协调各种关系，提高管理效能。

狭义的管理者是指年级管理小组，广义的管理者还应包含：科组长、备课组长、班主任和教师。在新高考背景下，全体管理者要深入学习国家和省、市有关文件，遵循五育并举和全面发展的思想，形成新思想、新理念、新思路、新方法，提升自己的专业素养。

年级管理小组应深刻理解新高考改革的精神，科学地做好年级发展的顶层设计，让核心素养落地。科组长和备课组长要提升教研热情，带领本组老师认真学

习新课程标准，落实学校的教学任务，把握教学规律，把关教学过程，研究行之有效的教学方法。班主任队伍至关重要，采用"引进来，走出去"①的方式，加强对班主任的职业技能交流与培训，制订恰当的评价制度，激励班主任积极主动地开展工作。通过年级教师大会和培训，提升教师队伍的专业素养，重视师德师风建设，培养教师的大局观，打造一支师德师风高尚、专业能力强、特别能战斗的教师队伍。

三、主抓课堂教学，优化教学常规管理

教学是学校教育的核心工作，是教师的主业，是教研的主线，是学校工作的主旨。一所学校办得好不好，关键看教学水平、质量和效益。学校教学质量的提升，关键就是向课堂要质量。因为，课堂是教师和学生之间、学生和学生之间互动最多的重要场所。课堂是实行素质教育的主战场。素质教育贯穿于教课过程的全程，课堂教课是提升学生基础素质的要点，是实行素质教育的主要途径。在实际工作中，我们应该抓住课堂教课这个要点，改革教课方法，让课堂发挥"主战场"的作用。所以，抓好课堂教学就是抓住教学质量的命脉，同时教学常规的管理也需要更加全面和注重细节，以下是我们的部分做法：

（一）课堂巡查常态化

教学常规管理是学校教学管理工作的重要环节，课堂教学检查是常规检查的一个重点环节。为督促教师认真执行课堂教学规范，积极做好课堂教学工作，维护正常的教学秩序，树立良好的教风和学风，提高教学效果和教学质量，保证教学检查工作的平稳切入和规范介入，制定课堂巡查制度。巡查对象为全年级所有教学区域，教学巡查采取定期检查和不定期检查相结合，全面检查和单项检查相结合的形式，年级管理小组成员组成巡查工作小组。课堂教学状态及秩序每日巡查工作的重点是教师到岗、教学准备、学生到课及课堂纪律等情况。具体内容如下：

1. 巡查教师课堂授课情况

（1）教师到岗：有无旷课、迟到、早退和随意调课等现象。

（2）教师仪表教态：在课堂上仪表是否端庄整洁、有无不当穿着。

---

① 本意是指国家在发展经济、文化、科技等方面，既要引进外来的先进技术、经验、人才等资源，也要将自己的技术、经验、人才等资源推向国际市场，实现双向互动、共同发展的战略。此处指引进校外优秀班主任给本年级老师开展培训，我校班主任也可走出学校向外面优秀的教师学习。

（3）教师课堂教学组织：教学环节和授课情况，课堂纪律维护。

（4）教学活动过程中出现的其他情况。

2. 巡查学生课堂学习情况

（1）学生出勤：有无旷课、迟到、早退现象，有无课堂上私自外出现象，是否按规定履行请假手续。

（2）学生课堂表现：学生整体听课状态，有无趴台、有无违纪违规现象。除早读和晚修的值班巡查，白天9节课的抽查常态化进行，年级管理小组成员分工到每个时段，不定时抽查课堂，目的是观察师生状态，如遇到学生趴台等现象及时登记并对相关学生进行教育，每天公布抽查结果，具体到科目。对于学生上课状态不好，趴台学生较多的课堂，年级落级行政找相关老师进行诫勉谈话，以观后效。常态化的课堂巡查对老师也是一种提醒，提醒老师们加强课堂管理，认真实施课堂教学。

（二）科组管理制度化

学科组是学校的一个教学管理机构，由学科教研组长及学科组成员组成，负责本学科教学管理工作，负责教学计划与方案的指定与落实，学科教学评估的开展，学科内部交流研究、示范教学，推进学科组建设。学科组作为学校重要的教学管理机构，应该起到榜样和引领作用，协作推动教育教学质量的提高，营造和谐的教学环境，充分发挥教师的专业和职业素质积极作用。

不同的科组组成年级，尽管学科不同，但教学规律是大同小异的，所以科学的制度会提升管理效率。每学期初，各科制定目标与教学计划，要求目标清晰，计划翔实；定期召开科组会，研讨真问题，合理分配教学工作，认真践行集体备课制度，首先按照分工由指定教师对备课任务进行初备（个人备课），备课组会上集体研讨（集体备课），在集体备课基础上各科任老师根据本班学情进行精准备课（个人备课）；健全听评课制度，明确听课的次数，人员范围，以及评课的具体要求等，做到有科组公开课科组内老师全到、全听、全评，针对课例找问题，多建议，少恭维；多实话，少空话；多专业话，少行外话。期中，配合学校教学处做好教学常规检查，督促老师们写好教案，认真批改作业。期末，各科做好复习备考工作。

（三）培优补偏系统化

培优补偏过程必须优化备课，功在课前，效在课上，成果巩固在课后培优。

备好学生、备好教材、备好练习，才能上好课，才能保证培优补偏的效果。

要精编习题，习题设计要有梯度，紧扣重点、难点、疑点和热点，面向大多数学生，符合学生的认知规律，习题讲评要围绕重点，习题要有多角度，一题多解，一题多变，多题一解，习题要有代表性和针对性的题，练不在数量而在质量，训练要有多样化。

做好学生的思想工作，经常和学生谈心，关心他们，关爱他们，让学生觉得老师是重视他们的，了解学生们的学习态度、学习习惯、学习方法等。从而根据学生的思想心态进行相应的辅导。

加强反馈，动态管理，培优补偏是一个见效慢的过程，培优补偏科目要根据实际调整，做好培优对象的跟踪，根据考试结果动态调整，优胜劣汰，让参与的学生有紧迫感，让未能进入培优的同学有努力的希望。

（四）质量检测规范化

新高考"3+1+2"背景下，语数外最重要，物理、历史次之，最后是四选二学科，所以不能平均用力，或者依据师生喜好分配时间。各科质量检测时间，检测时长，检测频度，检测题量，检测难度等需要在年级统筹下进行，如数学每周一测，语文、外语、物理、历史隔周一测，化学、生物、历史、地理单元测试。避免抢时间、乱作为、不作为，力争测试效率最大化。对于测试要求反馈及时，科学评价，有考必批改、有改必出成绩，有成绩必对比。

四、优化成绩分析，改进教学质量评价管理

学校以教学为主，学生学业成绩的检查评定、质量分析方法的科学与否，会对学校的工作产生重大影响。长期以来，由于受传统教育评价机制的影响，大部分教育工作者、任课教师对学生的多科成绩评价分析大多只习惯于采用传统的平均数和总分求和的方法，这种不科学的方法会导致不合理的推断常常出现，甚至于影响到国家对人才的挑选标准，这是与我国提倡的素质教育相背离的。因此，当务之急必须大力改革现有的学生成绩评价方法，应该推行用正确的统计与测量的方法，强调实际，从事实资料出发，专门做深入大量的探讨，通过量化分析来认识学生成绩所反映的本质与规律。

2020年10月13日，中共中央、国务院印发的《深化新时代教育评价改革总体方案》，要求"改进结果评价，强化过程评价，探索增值评价，健全综合评价"，

年级的成绩分析属于结果评价的一种形式。选科走班是新高考的显著特征，由于选科差异，传统三分两率（平均分、最高分、最低分、及格率、优秀率）已无法准确评价教学质量，于是我校采用了九段评价法评价班级的进退，从入口看出口，属于增值评价，增值评价是国际上最为前沿的教育评价方式，引导学校多元发展。

增值评价是一种发展性评价，增值评价以学生进步为核心，通过相关的统计分析技术，追踪学生在一段时间内学业上的变化，测量一定时间内学生的进步幅度，考察学校或教师对学生学业成绩影响的"净效应"。它不以学生的某次考试成绩或名次作为评价学生、老师、学校的唯一标准，而是以"从入口看出口，从起点看进步，关注过程，让学生有最大空间的提升"，以相对于过去进步的成绩、名次作为评价标准，这种评价体现的是"努力就是优秀，进步就是成功"，"尊重差异，注重起点，关注过程，强调发展"，是一种关注发展、变化的评价体系。增值性评价是从起点谈进步，从入口谈出口，这是市教育局对学校评价方式的转变，是让学生在三年的高中生涯内有所提升，关注学生的人格成长和人格独立，不仅仅是学业上的进步；以学业评价方式的改变为突破，带动其他评价方式的改革，从而解决影响学生学业成绩的不利因素，让教师掌握教学规律、学科体系的规律，从而协调师生关系等，这两个方面是关键。

在不同学段，还会采用其他评价方法和评价指标，具体如下：

（一）对班级整体进退的评价

参照深圳市教科院评价学校以及成绩分析的方法，我校评价各班考试成绩的方法如下：

1. 划分九个等级

以1000名学生的年级为例，各等级比例和人数如下表：

表1　千名学生成绩分析等级人数划分比例表

等级	1等级	2等级	3等级	4等级	5等级	6等级	7等级	8等级	9等级
比例	4%	7%	12%	17%	20%	17%	12%	7%	4%
人数	40	70	120	170	200	170	120	70	40
排名	前40	前110	前230	前400	前600	前770	前890	前970	前1000

对该1000名学生，按中考入学成绩（或上一次考试）总分由高到低排名，按以上比例划定每位学生的等级。具体见下表：

表2　千名学生成绩分析总分等级表

序号	班级	姓名	总分	考试等级
1	1	马同学	660	1
2	9	张同学	659	1
……	……	……	……	……
111	5	吴同学	565	3
112	18	陈同学	563	3
……	……	……	……	……
898	3	李同学	430	8
899	4	谢同学	429	8
……	……	……	……	……
1000	20	申同学	350	9

2. 计算等级变动

一段时间考试之后，按以上的方法再次划定每位学生当次考试的等级，以每位学生本次考试等级减去上次考试等级，得到每位学生两次考试等级的变动。等级变动大于0代表进步，小于0代表退步。汇总一个班的等级变动，即可衡量一个班的进退步，以1班为例：

表3　班级学生成绩变动分析表

序号	班级	姓名	上次考试等级	本次考试等级	等级变动
1	1	小明	3	4	−1
2	1	小李	2	1	1
3	1	小王	5	5	0
4	1	小谢	8	5	3
……	1	……	……	……	……
……	1	……	……	……	……
……	1	……	……	……	……
50	1	小张	4	6	−2
汇总					1

3. 按人均等级变动排序

一个班的等级变动汇总后，因正负相抵，数字可能较小，还存在变动值相同的班级，因此用该值除以班级人数，得到人均等级变动，来评价各班相对上次考试进退步幅度的大小。分物理类、历史类排序后，具体见下表：

表4　各班人均等级变动成绩分析表

班级	人数	人均等级变动	排名	班级	人数	人均等级变动	排名
1	53	0.30	3	10	52	−0.02	9
2	29	1.07	1	11	52	0.13	4
3	30	0.33	2	12	51	0.16	3
4	53	0.02	5	13	43	0.09	6
5	53	0.02	5	14	45	0.13	5
6	55	−0.02	7	15	44	0.09	7
7	52	0.06	4	16	38	−0.13	10
8	53	−0.45	9	17	30	0.07	8
9	56	−0.04	8	18	54	−0.44	11
				19	46	0.35	1
				20	29	0.24	2

通过以上步骤，各班在本次考试中的进退步情况就显而易见了，表彰优秀班级也有依据。

（二）对学科和任课教师的评价

如何根据考试成绩评价教师教学质量，相对评价遵循了以下原则：

1. 比较性原则

有比较才有鉴别。评价方法充分考虑不同班级学生的学习基础的差异，不是将学习基础有差异的班级放在相同的标准上进行评价，而是比较班级学生学习成绩的进步和成长，这是比较合理的。

2. 发展性原则

评价方法的比较性原则也体现了发展性，另外，在确定指标基数以及最低分数线时，考虑到部分学生通过教师的教学有可能进入高分、优良或者及格的行列，这样来确定各组总分及单科的高分（优良、合格）最低标准分数线。

3. 公平性原则

评价方法是相对评价的方法，充分考虑了班级学生的学习基础，考虑了学生学习成绩的成长性，无论是教重点班还是教普通班，只要教师付出了辛勤的劳动，他们获得成就的机会就是均等的，普通班的成绩增长幅度，进步快，教普通班的教师也被认可是优秀的。

4. 导向性原则

评价方法有利于引导全体教师积极从事教学工作，能调动全体教师的教学积极性。同时，综合得分计算中，学校可以根据教学管理的目标或者重点要解决的教学问题，在权重的确定上作适当的调整，以引起教师的特别关注，在教学工作中加以重视。如要引导教师解决教学中的偏科问题，就可以加大单科合格配套率的权重；如要面向大多数学生，提高教学成绩的合格率，就可以适当加大合格配套率和均分系数的权重。

我校评价教师的教学成绩主要参照平均分、排位、均分倍率三个指标。

平行班级和组合主要看排名，不平行的班级和组合主要看倍率。下表是一次大型考试各班的语文成绩，具体见下表：

表5　各班语文成绩分析表

班别		本次均分	本次排位	上次排位	进退	均分倍率	教师	总分排位
历史班	1	100.6	8	8	0	0.95	张三	8
	2	107.2	4	7	3	1.01	李四	6
	3	96.7	9	9	0	0.91	王五	9
	4	108.6	3	3	0	1.03	–	2
	5	109.7	2	2	0	1.04	–	3
	6	114.3	1	1	0	1.08	–	1
	7	106.4	5	5	0	1.00	–	5
	8	103.8	6	4	–2	0.98	–	4
	9	102.6	7	6	–1	0.97	陈六	7
	全体	105.9						

续表

班别		本次均分	本次排位	上次排位	进退	均分倍率	教师	总分排位
物理班	10	113.4	1	1	0	1.08	张三	1
	11	104.6	8	8	0	0.99	李四	6
	12	102.7	9	9	0	0.97	王五	9
	13	105.9	5	3	−2	1.00	−	5
	14	107.7	3	4	1	1.02	−	3
	15	95.1	11	11	0	0.90	−	10
	16	109.4	2	2	0	1.04	−	2
	17	101.7	10	10	0	0.96	−	11
	18	107.6	4	5	1	1.02	−	4
	19	105.2	6	6	0	1.00	−	8
	20	104.7	7	7	0	0.99	陈六	7
	全体	105.5						

本表能清晰显示各语文教师本次考试的均分与排位；能看出与上次考试相比是进步、保持、还是退步。均分与排位是评价教师教学成绩的基本指标。均分倍率是用各班均分除以全体均分（历史班全体或物理班全体）所得，均分倍率大于1，即本班语文成绩高于全体平均成绩，再接再厉；均分倍率小于1，即本班语文成绩低于全体评价成绩，需要继续努力。另外，本表中总分排位是各班6科总分在全年级的排位，用它与本次排位相比，可看出语文学科在6科中贡献的大小。例如，2班本次语文排位第4，总分排位第6，语文为2班总分做了正贡献；11班本次语文排位第8，总分排位第6，语文为11班总分做了负贡献。与此类推，各个学科均可以按此方法操作。

再谈谈其他评价法的协同运用。

以上主要说明基础年级平时的教学、学生分科分班之后的教学情况的评价。对于高三年级，除了继续保持"九段评价法"外，还可以辅之"高考目标达标评价法"，看各班完成任务"特控上线、本科上线、专科上线"情况，通过数据分析可以了解各班目标达成情况，但是这是一个过程的结果，成绩分析的目的在于明得失，找方法，求实效。我们不但对上线具体数据关注，还关注在特控上线和本科上线临界生情况及尾巴生情况，对于特控上线，我们在全年级特控上线人数基础上按照"+3%""-3%"，按照本科上线人数基础上按照"+5%""-5%"确定本科临界生，按照年级后5%确定学困生，做到"心中有目标，眼中有学生，手中有方法，脚下有行动"，针对不同类别学生，因材施教，特控学生重思维培养，对本科学生重方法指导，对学困生重基础过关。"抓学困生、抓临界生"就是抓教学质量提升，成为师生共识，并付诸行动。

针对学科和老师的教学，还可以看"有效率"和"贡献率"的大小。对于规范的考试，组织方对总分和单科有效分进行划线，这样可以比较各班、各科、老师个人的"有效率、贡献率"等考核指标，如下表：

表6　6班各科目"单达率、有效率、贡献率"指标分析表

班级	科目	上线批次		单科参考人数	特控线					本科				
		特控线	本科		单达人数	单达率	有效人数	有效率	贡献率	单达人数	单达率	有效人数	有效率	贡献率
6	语文	4	46	47	15	31.91	3	20.00	75.0	43	91.49	43	100.00	93.48
6	数学	4	46	47	13	27.66	4	30.77	100	44	93.62	43	97.73	93.48
6	外语	4	46	47	6	12.77	1	16.67	25	42	89.36	41	97.62	89.13
6	历史	4	46	47	12	25.53	3	25.00	75.0	42	89.36	42	100.00	91.3
6	生物	4	46	47	17	36.17	3	17.65	75.0	43	91.49	43	100.00	93.48
6	政治	4	46	47	23	48.94	4	17.39	100	47	100.00	46	97.87	100

（▨表明是贡献大的学科和班级，▨表明是贡献小的、有待加强的学科和班级）

（三）对学生学习的评价

在现阶段教育中，尤其是中小学，要尽快重视应用科学的方法，对学生成绩统计及评价，改变传统的成绩评价方法，设计让学校、学生、家长明白的成绩表，一改原始分数看高低的现状。简单地将语文、数学、英语等科目测验的原始分数累加求和，这样来评价被试者的学业成绩的总水平是不科学的。因为各科目原始分数组的平均数和标准差是彼此不等的，甚至测验的卷面分也不等。所以对学生成绩的评价，应放在全体学生整体中，要计算出全体学生的某科平均分数、标准差，用其考分计算出标准分数，然后累加求和，说明其全科学习成绩优劣，进一步可以计算出与初始成绩相比的标准分差来看出个体的进步情况，当然，对某学科整体成绩，也可以用标准分差说明其整体情况与其他科目相比的优劣。对于低年级学生，主要看总分、各科分数和排名的变化。到了高年级，增加上线率、有效分等指标的时候，除了分数和排名，主要看是否上线，是否达到有效分，并针对性地指导学生学习。学校就可以真正了解每个学生的成绩及其某个科目对全体学生的教学效果，家长也会知道学生的真实水平，学生也会在与自己相比不断进步中建立真正的自信。

除了看学生的总分的排名，还要看学生的强势学科和弱势学科，这样可以让学生找出自己努力的方向和采取的措施。

量化分析，据此建立科学的学生成绩评价方法，促进教育教学的大力发展，为国家培养全面发展的合格人才。

五、结语

教学管理的关键在于过程管理。教学过程是根据一定的社会要求与教学目的和学生身心发展的特点，由教师的教和学生的学所组成的双边活动过程。这个过程是由教师、学生、教学内容和手段等要素构成。教师是教学过程的主导因素，学生是教学过程的主体因素，教学内容和手段是教学过程的客观因素。因此，需要抓住主体因素的实际需求，并兼顾客观因素中的成果提炼，树立全面的质量观。要处理好三个关系：（1）注重课程建设顶层设计，进一步处理好学校的课程规划和学生的实际需求之间的关系。（2）健全教学管理落实机制，进一步处理好管理的刚性约束和教师的弹性发展之间的关系。（3）强化创新做法宣传力度，进一步处理好操作的具体举措和成果的系统提炼之间的关系。

总之，年级教学质量的提高是与年级管理理念、管理队伍建设、课堂教学质量等要素的提升密不可分的。当然教学质量的提升也需要运用行之有效的成绩分析方法，才能找到学生学习过程中存在的问题，对症下药，才能事半功倍。当然，在探究新高考背景下的年级教学质量的提升，需要不断反思、不断调整，在不断创新中趋于完善。

第十六章　新高考背景下选科走班教学的实践与思考

新高考背景下，高中课程改革和人才培养该如何发展？本文回顾了我国各省高考综合改革历程，解读了广东省新高考在考试方式、计分方式、志愿填报和录取方式等方面的变化，提出并进行了选科走班的探索。本次选科走班的实践经历了顶层设计的规划、学生选科依据的探索、选科模式的确定、课程课时的规划与安排、教学策略的变化和年级管理的加强，目的在于适应高中新课程改革和新高考改革的需要，满足学生不同发展的需要，适应人才培养规律。

一、我国高考综合改革的进程回顾

2014年9月，《国务院关于深化考试招生制度改革的实施意见》发布，新一轮高考综合改革正式拉开帷幕。

2014年9月，第一批改革试点开始，上海、浙江两个省市率先发布高考改革方案，考试的方式为"3+3"组合模式。第一个"3"代表语文、数学和外语三门科目，每门满分150分，语数外总共450分，不分文理；第二个"3"，上海的方案是学生要在物理、化学、生物、政治、历史、地理6门科目中任选3门作为高考选考科目，每门满分70分，三门总共210分，上海高考总分满分660分。

而浙江省则是从思想政治、历史、地理、物理、化学、生物、技术（含通用技术和信息技术）等7科中选择3科，高考总成绩为750分。

2017年，北京市、天津市、山东省、海南省启动第二批高考综合改革试点，考试的方式为"3+3"模式，沿用的是6选3的模式。

2018年，河北省、辽宁省、江苏省、福建省、湖北省、湖南省、广东省、重庆市实施第三批高考综合改革，考试的方式为"3+1+2"模式："3"为全国统考科目语文、数学、外语，所有学生必考；"1"为首选科目，考生须在高中学业水平考试的物理、历史科目中选择一科；"2"为再选科目，考生可在化学、生物、思想政治、地理4个科目中选择两科。

2021年，吉林省、黑龙江省、安徽省、江西省、贵州省、甘肃省、广西壮族自治区实施第四批高考综合改革，考试方式沿用"3+1+2"模式。

2022年，山西、四川等8省宣布启动高考综合改革，考试方式沿用"3+1+2"模式。

二、新高考方案解读

2019年4月23日，广东省政府印发了《广东省深化普通高校考试招生制度综合改革实施方案》(粤府〔2019〕42号，下称《改革方案》)，标志着我省新一轮高考综合改革正式启动。该方案把促进学生健康成长合理成才作为改革的出发点和落脚点，统筹推进教学、考试、招生和管理的综合改革，着力增强改革的系统性、整体性、协同性，形成全面发展的考试、综合考核的评价、更加公平的选拔，实现学生成长、国家选才和社会公平的有机统一。方案提出从2018年秋季入学的高中一年级学生开始实施，到2021年基本形成分类考试、综合评价、多元录取的考试招生模式，初步构建起衔接沟通各级各类教育的人才成长"立交桥"，健全促进公平、科学选才、监督有力的高校考试招生管理体制机制。该方案主要带来以下几个方面的变化。

(一) 考试方式变化

1. 考试类型多样

普通高中学业水平考试分为合格性考试和选择性考试两种类型。合格性考试成绩是学生毕业和高中同等学力认定的主要依据，是高职院校春季招收高中毕业生(以下称春季高考)的依据之一；选择性考试成绩是普通高校夏季统一考试(以下称夏季高考)招生录取的依据之一。

2. 考试科目增加

合格性考试科目覆盖国家规定的所有学习科目，包括语文、数学、外语、思想政治、历史、地理、物理、化学、生物学、信息技术、通用技术、艺术(或音乐、美术)、体育与健康等科目。选择性考试科目包括思想政治、历史、地理、物理、化学、生物学6门科目。

3. 科目组合更多

广东省采用了"3+1+2"高考模式，"3+1+2"高考模式将"1"作为限选，这是广东省《方案》的特点之一，有利于广东省高考改革的顺利推行。

（1）有效缓解"物理弃考"问题。社会、科技创新的发展需要大量的理科人才。同时，对考生个体来说，不同的选科表示有不同的考生团体，为追求分数利益最大化，考生会将选科变成一种"博弈"，导致出现"物理弃考"现象。广东省"3+1+2"考试模式将物理作为"2选1"科目之一，其余两科可另外选择，这一调整既考虑了学生的自由选择权，也是将个人选择与国家需求进行了有效结合，有利于国家发展及个人发展、实现"双赢"的有力举措。

（2）减轻高中教学管理压力，促进教育公平。受考生学习兴趣差异、追求分数利益最大化、选科组合多样化、不同学科试题难度有差异等多重因素的影响，考生选科具有不确定性且在年际间具有随机性，这又会引发一系列的问题。组合过多会使高中的选课、走班存在很多不确定因素。比如说，今年选考地理的学生较多，但地理教师不足，按需分配好之后，等到第二年选考政治的学生较多，又会出现地理教师过剩、政治教师不足的问题；对于某些选考人数较少的组合来说，会存在学校安排实验室有困难、班主任配备不足等问题。广东省"3+1+2"高考模式有12种组合，在满足学生个性化、分层次的选课需求的同时，在一定程度上缓解了高中教师配置不均衡和硬件设施紧张的情况，有利于组织、管理高中的教学工作，特别是对经济发展较为落后、基础教育发展不均衡的区域来说，减少组合有助于提高教学质量、促进教育公平。

（3）过多组合引发考生选科困难，不利于全面发展。心理学研究表明，一般情况下人可以处理7±2个单位的信息。也就是说，当一个人面临过多的选择时，不但难以抉择出最合适、最有利的选科组合，反而会无所适从，从而会使考生"选择困难"。广东省"3+1+2"考试模式充分考虑了高中学生的心理活动过程以及16~19岁学生的心智发展程度，"3"为全国统考科目语文、数学、外语，所有学生必考；"1"为首选科目，考生须在高中学业水平考试的物理、历史科目中选择一科；"2"为再选科目，考生可在化学、生物、思想政治、地理4个科目中选择两科。提供12种组合是最合适的组合数量，适度简化了选科组合模式，也及时地减轻了考生及家长选科的焦虑情绪。

4. 考试多元

普通高中学业水平考试（简称"学考"）分为"合格性考试"和"选择性考试"两种类型。

"合格性考试"是学生毕业或高中同等学力认定的主要依据，也是实行分类考试，报读高职高专的依据之一。"合格性考试"覆盖所有科目，包括语文、数学、外语、思想政治、历史、地理、物理、化学、生物学、信息技术、通用技术、艺术（或音乐、美术）、体育与健康，其成绩以"合格/不合格"或等级呈现。

"选择性考试"是普通高校夏季统一考试招生录取的依据之一。有思想政治、历史、地理、物理、化学、生物学6门科目，其成绩按照一定方式计入普通高校招生录取总成绩。英语实行"一年两考"，包括一次听力考试、一次笔试，这有效解决了"多次考试但试卷不一致"的问题。思想政治、历史、地理、物理、化学、生物学6门合格性考试科目每年考2次，安排在1月和6月开考，这有利于学校依据学生学习进度来组织、安排考试。思想政治、历史、地理、物理、化学、生物学6门选择性考试科目与夏季国家统一高考科目在同一时间段组织实施，这有利于考试时间的安排、管理更加有序。

将本科高校考试招生和专科高校考试招生适当分开，分夏季高考和春季高考两类。本科高校考试招生主要安排在夏季进行，考试科目按"3+1+2"模式设置，"3"为全国统一高考的语文、数学、外语，"1"由考生在物理、历史2门中选择1门，"2"由考生在思想政治、地理、化学、生物学4门中选择2门。高考总成绩750分，其中"3"和"1"直接采用卷面分，共550分；"2"实行等级赋分，各100分，起点赋分30分，划分为A、B、C、D、E5个等级。

高职院校考试招生主要安排在春季进行，实行"文化素质+职业技能"的评价方式，面向普通高中毕业生、中职学校毕业生、初中毕业生三类不同的学生群体：普通高中毕业生报考高职院校，文化素质使用普通高中学业水平合格性考试成绩，参加职业适应性测试；中职毕业生报考高职院校实行"3+专业技能课程证书考试"，将逐步建立中职学校学业水平考试制度和学生综合素质评价制度；初中毕业生报考高职院校将逐步采用中考成绩和高职院校自主测试方式。

（二）计分方式变化

考生总成绩由夏季高考的语文、数学、外语3门科目成绩和3门选择性考试科目成绩组成，总分750分。语文、数学、外语满分值各为150分，按考生卷面分直接计入总成绩，其中外语科目中，英语科目笔试分值为130分，英语听说考试分值为20分；其他语种的，按教育部当年规定执行。选择性考试科目满分值各为100分，物理、历史以卷面分直接计入考生总成绩。思想政治、地理、化学、生物学以等级分计入考生总成绩，等级赋分方式是，将考生某选择性考试科目的卷面分转换为A、B、C、D、E5个等级，按一定比例转换为一分一档的等级分，起点分为30分，转换后考生在该科目中的成绩排序不变。新高考再选科目等级赋分表如图所示：

新高考再选科目等级赋分表

等级	A	B	C	D	E
人数比例	17%	33%	33%	15%	2%
等级成绩	100-83	82-71	70-59	58-41	40-30

$$赋分成绩X公式：\frac{原始分数区间最高分-原始分}{原始分-原始分数区间最低分} = \frac{赋分区间最高分-赋分成绩X}{赋分成绩X-赋分区间最低分}$$

图1 新高考再选科目等级赋分表

举例说明：

新高考再选科目等级赋分表

等级	A	B	C	D	E
人数比例	17%	33%	33%	15%	2%
等级成绩	100-83	82-71	70-59	58-41	40-30

假设某同学化学高考成绩原始分**88分**，位于当年学生排位的前**12.5%**；根据等级表格，该等级属于A等，当年该区间原始分数区间为**99-81分**，则该同学最后的赋分成绩X为：

$$\frac{99-88}{88-81} = \frac{100-赋分成绩X}{赋分成绩X-83}$$

图2 新高考再选科目等级赋分表

（三）志愿填报变化

新高考改革，采用新的高考模式，也相应带来志愿填报的变化，最大的变化是采用"院校+专业组"的方式进行志愿填报。改革前，填报志愿是以院校为单位进行志愿填报和投档的。每个院校占一个志愿，不可以重复选择同一所院校，志愿填报方式为"一所院校+多专业"。改革后，填报志愿是以"院校+专业组"的方式进行志愿填报。"院校+专业组"就是将一所院校选考科目要求相同的若干个专业合成一个组，每个组内可包含数量不等的专业。一所院校可设置多个"院校专业组"，以"院校专业组"为单位进行投档录取。在院校专业组模式下，因为报考单位规模变小了，考生可以填报的单位更多，所以志愿数也从原来的15个院校志愿，变为45个院校专业组志愿。

从院校志愿到专业组志愿的转变，一方面加强了考生与专业的匹配度，另一方面也减少了考生因不符合专业特殊要求被退档的情况。

如，填报志愿注意事项：

（1）志愿填报应有合理梯度。2023年，我省招生录取批次分提前批次、本科批次、专科批次3个录取批次。具体批次及院校专业组志愿个数见《考生志愿表》。考生填报时，查看近年各在粤招生高校和各专业的往年录取分数、投档最低排位等情况，结合本人高考成绩和排位，按照"冲""稳""保"思路，适当拉开填报的院校专业组和专业志愿之间的梯度，提高被录取机会。

（2）查询高校招生章程。考生要登录教育部"阳光高考"网站或高校门户网站查询拟填报院校的招生章程，详细了解院校办学性质、招生专业对身体条件的要求等，避免填报不宜就读的专业，避免投档后被高校退档。

（3）高校招生录取顺序。除专科提前批次、专科层次卫生专项计划院校安排在本科录取批次结束后、专科录取批次开始前进行外，其他批次院校原则上按照《考生志愿表》先后顺序进行。

（4）普通高中学业水平合格性考试科目成绩要求。普通高中应届考生填报志愿时应注意，计入高考总成绩的3门选择性考试科目对应的合格性考试科目成绩均须合格，方可投档。否则，其填报的志愿无效，不能参与投档录取。

以A大学为例，有9个招生专业。按新高考方案，A大学首先是按照物理和历史分开，假如要求选考历史的有4个专业，选考物理的有5个专业，分开之后，再根据思想政治、地理、化学、生物学4门选考科目要求来组合，选考科目要求相同的为1个组。如4个历史专业中有2个专业要求选考科目为历史＋政治，另外2个专业要求选考科目为历史＋地理，那么8个选考历史的专业就有2个院校专业组，以此类推。

假如5个选考物理的专业分成2个院校专业组，那么A大学9个招生专业就一共分成4个院校专业组，就是等于A大学是有4个院校志愿单位，提供4个院校代码供考生选择填报。即，同一间学校的同一种选科只有一个院校代码。

（四）投档录取变化

新高考模式也带来了投档录取模式的改变。夏季统一高考按"两依据一参考"

进行，主要安排在夏季进行。"两依据一参考"，即依据考生全国统一高考和广东省普通高中学业水平选择性考试科目成绩，参考综合素质评价实施录取。

夏季高考招生按院校专业组的方式实行平行志愿投档。各批次各类型院校实行院校专业组投档录取模式。普通类分物理、历史两类分开划线，分开投档录取；艺体类不分物理、历史按计划类别统一划线，一起投档录取。

1. 普通类专业依据语文、数学、外语3门全国统一高考科目成绩和考生选择的3门广东省普通高中学业水平选择性考试科目成绩，参考综合素质评价择优录取；艺体类专业依据语文、数学、外语3门全国统一高考科目成绩和考生选择的3门广东省普通高中学业水平选择性考试科目成绩及相应专业术科成绩，参考综合素质评价择优录取。投档时，省招办将学生综合素质评价情况提供给招生院校。综合素质评价情况具体使用办法由招生院校在招生章程中予以明确。

2. 符合高校专项计划、高水平艺术团、高水平运动队、综合评价等特殊类型招生资格，且高考成绩达到相应控制线的考生，全部投档给院校，由院校按照招生章程公布的原则进行录取。

3. 不安排分省分专业招生计划的院校专业组，投档时不含政策性加分。

4. 录取时，因生源不足产生的空额计划，要在征集志愿录取时，结合生源情况研究决定。

院校专业组平行志愿投档是以院校专业组为投档单位，按照"分数优先、遵循志愿"的原则，实行一次性投档。平行志愿投档时，按考生投档分从高分到低分排序，依次检索考生所填院校专业组志愿。只要考生所填报的院校专业组志愿中被检索到符合投档条件的院校专业组，即向该院校专业组投档。投档后，其他所填报的院校专业组无效。如没有出现符合投档条件的院校专业组，则不能投档。上述过程完成后，无论档案是否投出，均视为该考生已享受了本批次平行志愿投档机会。如果考生档案投档到某院校专业组后，因故被退出，将不再补投到该批次平行志愿的其他院校专业组。

广东高考录取批次分为3个大批次：提前录取批次、本科录取批次、专科录取批次，在每个大批次中，又分为若干小批次，比如军检类、教师专项、综合评价等。

三、新高考改革背景下选科走班探索实践

"走班制"对课程安排、教师任课、教学评价、班级管理等方面都产生了重大挑战，但在人才培养方面也有不少优点，主要体现在有以下三个方面。

（1）减轻学生学业负担。广东高考改革方案公布后，学生不再纠结，不再苦恼，能将主要精力放在选科上，而不需要九科都应付，最大程度减轻了学业负担。

（2）"走班制"能促进不同选科学生相互学习、思维碰撞。不同选科组合的学生思维习惯很不同，走班制下不同选科组合的学生融合在一个班里，是一个挑战，但也带来相互学习、思维碰撞的惊喜。

（3）"走班制"彰显了学生的主体地位。"走班制"保证了学生选课的自主权，最大程度激发学生的学习兴趣，充分调动了学生学习积极性。同时任课教师也可以根据学生的学习基础与学习接受能力、兴趣爱好与特长，确定教学方式，符合"因材施教"的原则。与行政班教学不同，在走班制形式下，学生每节课下课后，总在更换教室，更换新的学习伙伴。

新高考带来新理念，新理念带来新做法，学校需要在新认识基础上，对国家人才培养有新思考，积极构建新作为的措施。首先，学校要组织全体老师学习高考新方案，加大研究的力度，形成自己特色的校本决策；其次，学校要着力建立走班制科学而高效的管理模式和评价体系；再者，学校要整合社团、研究性学习的管理及引导，做好学生兴趣及人生规划指导，完善校本课程，做好三年课程、课时、人员统筹，实现资源效率最大化。

选科走班是改革的必然趋势。新高考模式，就是要让学生有更多的自主选择权，而不是搞大一统。这是新高考方案中最突出的亮点和特点，其目的是适应高中新课程改革和新高考改革的需要，满足学生不同发展的需要，适应人才培养规律。

（一）选科走班的顶层设计

"选科与走班"是学生多元发展、个性发展的必然要求，突出了学生的自主性、选择走班是课程改革深入实施的体现，也是课程改革的亮点和难点，需要"以点带面"的探索与实践。

1. 确定组合

学校综合考虑师资力量、各组合升学率、学校硬件、设施设备等方面的因素，确定若干组合，供学生选择。此时，要特别注意物理类和历史类学生分流的比例以及各组合的人数。这就需要做好各种准备工作，对学生的选科情况进行调查，并且根据学生选科情况有针对性开展工作，让学生朝着我们设计的选科方向调整。

2. 安排人员

学校根据各个组合的人数，来统筹教师安排。物理类与历史类班级以及各个选科科目的人数，都影响学校对教师的安排。这就需要学校在安排年级教师人员时，考虑各种因素，妥善安排教师，以便满足选科走班的教学要求。

3. 课程设置

选科走班模式确定后，就需要学校从长远角度来考虑课程、课时设置问题。各个年级各个学期安排哪些课程，这些课程安排多少课时，这就需要学校从长远角度来做出规划，以便适应合格性考试和高考科目的课时需要。

4. 选课调整

（1）年级根据学生选课情况进行调整，每个模块的人数都有下限，学生在允许的人类范围内选择。因受教师人数、教室规模的限制，无法满足少数同学的选修愿望，年级会另作通知，涉及的同学需另行选课，班主任和指导教师做好指导。

（2）学生选课结果应得到本人的签名认可，凡经批准选修的课程，一般不能随便改选，如遇特殊情况一定要退选、改选时，学生要填写退选、改选申清单，由班主任统一汇总到年部，经批准后方可进行退选、改选工作。退选、改选、补选工作在选课后两周内完成，过期不再单独处理；1个学期结束后最后一次调整选科。

5. 公布结果

年级汇总公布选课结果，发放《选课通知单》，由年级开出各门课程选修学生名单，一式三份，科任老师、班主任、年级各一份，按照学生选科名单分班组织教学。

（二）学生选科的原则和依据

在新高考模式下，面对十多种不同组合，学生怎样选科，要注意以下原则：

赋分最大化原则：新高考的投档录取原则，第一原则就是分数优先。因此，选科的第一原则，是所选科目要做到赋分的最大化。由于赋分取决于名次百分比，而且名次百分比不随着选科人数的多少而变化，所以基于这一目的，我们在选科的时候要选择自己各科当中名次比较好的科目。

生涯规划与专业发展相协调原则，新高考改革后，学生首先思考的是自己的生涯规划。只有确定未来发展方向方可确定选科方向，一旦选错会影响大学专业的录取。

学习成绩与学科兴趣相统一原则：要清楚兴趣是提高成绩的动力，如果你对某一门学科没有浓厚的学习兴趣，必定影响日后的学习成绩。

学生到底依据什么来选科？根据调查分析，学生主要有以下依据。

1. 招生计划、录取比率

全省招生计划数与各组合录取比率，是学生选科的一个重要因素。就以广东而言，物理类的招生计划数多余历史类计划数，这也导致众多学生选择物理类；录取比率也是一个重要因素，哪些组合的录取比率高，自然也会受到学生的青睐。比如，物理类的物化生组合，录取比率很高，选考科目也符合众多专业的选科要求，专业覆盖面广，所以，物理类学生选择物化生组合的人数也是非常多的。

2. 个人兴趣爱好

兴趣是最好的老师。选科组合关涉到将来大学要报考的专业，而大学专业对选科有一定的要求。所以，学生在选科时会考虑自己的兴趣爱好是什么，根据自己的兴趣爱好来决定自己的选科。毕竟，只有选择自己喜欢的科目，学习才会更加有动力。要是选择自己不喜欢的科目，学习没有动力，那就是度日如年，要想学好，谈何容易。

3. 个人的潜力和优势学科

选科时，学生还会考虑个人的潜力与优势科目。人总是发展的，也是具备很大潜力的，同时学生也会有自己的优势科目。学生在选择科目时，也会考虑自己个人的发展潜力和优势科目。而新高考模式，就是要让学生发挥自己的优势，把自己的潜力最大限度地发挥出来。因而，学生在选科时会考虑自己的潜力与优势学科。

总之，学生选科时，会综合考虑国家的政策、招生计划、录取情况以及自身兴趣与优势，进而做出最优选择，以便在高考中发挥出最佳水平，考上理想大学，就读理想专业。

（三）选课走班模式的确定

一般而言，选科走班有大走班、中走班、小走班三种模式具有典型性。大走班，即全员走班，所有学科都实行组合班级，没有行政班，学生一人一张课表；中走班，即绝大多数的科目是固定的，在行政班上课，少数几科实行分班教学，比如"定三走三""定四走二"；小走班，即基本上夏季高考学科是固定的，在某些科目上实行分层走班教学。除此之外，还有不少学校完全不走班，采取限制性"套餐"模式，学生都安排在行政班里学习，极少学生走动。

我校采取的是分类分层走班教学模式，行政班与教学班并存，选科走班与选课走班并行。我校在物理类与历史类两个方向都实行分类分层走班。

分类走班，即分类别走班，选择了不同课程的学生进行走班教学。比如，同一个班，有的学生选择了化学，有的学生选择了生物，这个班的学生在上化学、生物课时，就分类走班，各上各的课；英语、日语同样如此，同一个组合，有的学生外语选择的是英语，另一部分学生选择的是日语，上外语课时，那就分开上课，上日语的上日语，上英语的上英语，其他课则一起在行政班上课。

分层走班，即在同一个科目，将学生按照成绩分成三个层次，这三个层次的学生分开，走班上课，一个老师负责一个层次的学生。分层走班有两种形式，一种是跨组分层，一种是组内分层。跨组分层，即在物理类与历史类的先锋班中实行，实行的科目是数学与英语。虽为先锋班，但是，学生之间的差距依旧明显。分层走班时，把物理类与历史类先锋班的学生按照成绩分成三个层次，每一个老师负责一个层次，学生去各自所在的教学班上课。如此一来，原本两个行政班的课，就变成了三个教学班，老师针对的是同一个水平层次的学生，教学更有针对性。组内分层，即在物理类或历史类的班级里面就某些科目进行分层走班。比如，在物理类重点班进行数学的分层教学；在历史类重点班进行英语的分层教学。

无论是分类走班，还是分层走班；无论是跨组分层，还是组内分层，这种走班形式大大满足了学生个性化学习需求，也方便了教师开展针对性教学，效果是显而易见的。

（四）整体设计三年的课程与课时

根据新的高考模式，结合广东省关于学业水平考试的相关安排，我校整体设计三年的课程安排。

高一上学期开足开齐国家规定的相关课程，包含文化课必修课程，艺术、技术必修课程，体育与健康，心理健康与生涯规划，综合实践、社团、军训、职业体验等课程，让学生得到全面发展；高一下学期，选科分班，开设文化课必修课程，艺术、技术必修课程，体育与健康，冲刺历地化生"合格考"，综合实践、社团、职业体验等课程；高二上学期开设文化类选择性必修课程、体育与健康（心理）、艺术类专业学习（11课时）、综合实践：社团、职业体验等课程，冲刺物理、政治"合格考"和艺术、技术"合格考"；高二下学期，继续开设文化类选择性必修课程，体育与健康（心理）、艺术类专业学习（11课时）、综合实践、社团、职业体验等课程，学生准备春考；高三上学期，开展高考一轮复习，艺术类考生进行专业集训与专业考试，学生冲刺春考；同时开设体育与健康（心理）课程，为学生安心备考提供保障；高三下学期，开展高考二、三轮复习；艺术生返校，进行文科课备考；继续开设体育与健康（心理）；学生全力冲刺夏季高考。

高中三年课程与课时设置情况如下：

课程与课时设置

高一周课时量统计表

学科	课时
语文	6
数学	6
英语	6
日语	6
物理	4
化学	3
生物	2.5
政治	2
历史	2
地理	2
体育	2
美音鉴赏	2
艺术模块	
专业	
信息技术	1
通用技术	0.5
综合实践	0.5
心理	0.5
安全	
自习、测验	1
社团	2
班会	1

高二周课时量统计表

学科		历史类	物理类	传媒	美术音乐
语文		6	6	5	5
数学		7	7	5	5
英语		6	6	5	5
日语		6	6		
物理	高考		5		
物理	学考	2		2	2
化学	高考	4	4		
生物	高考	4	4	0	0
政治	高考	4	4	3	3
政治	学考	2	2		
历史	高考	5	0	3	3
地理	高考	4	4	3	3
体育		2	2	2	2
艺术	美术	1	1	1	1
艺术	音乐	1	1	1	1
专业				6	11
技术	信息	1	1	1	1
技术	通用	1	1	1	1
综合实践		0.5	0.5	0.5	0.5
心理		0.5	0.5	0.5	0.5
安全					
自习、测验		1	1	5	
社团		2	2		
班会		1	1	1	1

高三周课时量统计表

学科	历史类	物理类	春考	美术	音乐	传媒
语文	7	7	7			7
数学	7	7	7	7		
英语	7	7	7	7		
日语	6	6				
物理		6				
化学	6	6				
生物	6	6				
政治	6	6				6
历史	6					6
地理	6					6
体育	2	2				2
美术鉴赏						
音乐鉴赏						
专业						
信息技术						
通用技术						
综合实践						
心理						
安全						
自习、测验	3	3				3
社团						
班会	1	1		1	1	1

图3　高中三年课程与课时设置表图

(五) 分层走班的教学策略

要做好选科分层走班教学，在教学中每一个环节都要体现基于因材施教的分层策略。

1. 教学对象分层

要顺利实施分层走班教学，首先需要对学生进行合理的层次划分。为了进行合理分层走班，教师要通过调查对学生进行充分的了解。包括学生的学科基础、接受知识的能力，以及学生的兴趣爱好等，对这些进行全面的了解后，在对学生有了充足的认识之后，就要根据学生的兴趣爱好、学科水平、智力状况、求学意愿等进行层次的划分。一般可以把学生分为三个层次：A层次的学生为学科基础薄弱的学生；B层次为学科成绩不稳定的学生；C层次的学生为学科成绩不错、学习兴趣高的学生。完成分层之后，学生层次并不是保持不变的，要对学生进行动态分析和动态考核，根据学生的发展变化情况进行调整，这将使分层走班教学更加科学合理。

2. 教学目标分层

根据学生实际能力水平与新课程标准的教学要求，教师应该分层次地进行教学目标的设定，在此基础上做好分层备课，通过对教学要求的难易程度调整来让学生树立学习的信心，以适应学生实际的学习水平。分层备课需要从凸显教学目标入手，根据不同层次的学生，选好不同的课程，对A层学生来说需要启发引导，培养他们的学习兴趣，从基础入手；而B层学生需要注重巩固加提高，能够在小组讨论合作下完成目标；C层学生则应该加强他们运用物理知识解决问题的能力，能够独立完成任务。由于学生的分层不是保持不变的，而是动态的、流动的，这就要求各层次的备课在进度上保持一致，只是在水平程度要求上不同。

3. 教学过程分层

分层教学是分层走班最重要的环节。在教学过程中的分层与备课阶段的分层是完全不同的，教学过程是由师生共同完成的，主体是学生，教师在讲课的时候选择一种适合教学内容实际和学生相应层次不同需要的教学方式，发挥学生的主体作用，学生整堂课从始至终积极参与，其主体作用得以充分发挥。在教学过程中，教师需要根据教学内容来凸显层次感。根据学生的学习情况来把物理教学内容分成基础型、提高型和拓展型。对A层学生来说应该注重他们基础知识的学习；B层学生需要在理解的基础上巩固提高；C层学生则可以不拘泥于基础型的学习，而要引导他们向更高层次发展。举个例子，在学习物理中的"动能定理"这一节的时候，需要根据学生的不同实力来确定目标：对于A层的学生要求其掌握公式，并掌握直线运动中如何运用动能定理解决基础问题。对于B层的学生要求其理解公式，并能够把这一思想方法迁移到曲线运动中。对于C层的学生，要求其能够灵活地运用动能定理来解决实际问题，如变做功等。如此这样就能让各个层次的学生都有收获，在成就感的驱动下对物理学习更有兴趣。

4. 教学反馈分层

教学效果通过练习和作业反馈出来，符合学生实际的作业和练习过程。首先，课堂练习要进行分层，课堂练习作为检验课堂教学和学习效果的重要手段，更是学生掌握知识和运用知识的重要过程以及教师发现问题和解决问题的最好阶段，在此过程中，教师应根据不同层次学生的学习特点选择不同难度的习题，以此激发学生做题的信心。其次，在进行作业的布置时也要做到合理分层，对于不同层次的学生，课后分层次布置作业是课堂教学分层的延续。教师需要对作业内容进行有效的选择，不同层次学生的作业内容会有所区别。对于A层次的学生，只要求他们完成基础的习题就行；对于B层次的学生，要让他们以完成基础的习题为主，同时加上适量的提高试题；对于C层次的学生，教师要让他们在完成基础习题的基础上进行综合试题的演练。

5. 教学评价分层

在走班教学中教学评价也要分层，为了检测不同层次学生的学习效果，要充分发挥考试的导向功能和激励功能，平时考试、考核也应根据课程标准的要求和各层次学生的教学目标命题，实行分层考查。

在分层走班教学中各环节采用合理的实施策略可以全面提升学科教学的效率。分层走班教学在高中选考学科教学中的实施既能面向全体，又能兼顾个别学生，充分挖掘学生的个性和学习潜能，最大限度地调动学生的学习积极性，更好地促进学生整体成绩和能力的提高。

在实施选科走班模式过程中，我校针对学生实际情况，实行跨组、组内分层两种模式。我们把学生分成A、B、C三个层次，分别实施不同的教学策略。A层学科知识基础扎实，接受能力强，学习自觉、有毅力，学习方法正确，而且学科水平较高，与之相匹配的教学策略是"小综合、多变化、主动走、促能力"；B层学生知识基础一般，学习比较自觉，有一定的上进心，学科水平一般，与之相匹配的教学策略是"慢变化、多练习、小步走、抓反馈"；C层学生学科知识基础较弱，缺乏良好学习习惯与学习毅力，学习主动性较弱，与之相匹配的教学策略是"低起点、补台阶、抓常规、多鼓励"。

（六）选科走班的年级管理

选课走班的优势明显，主要体现在这两个方面：（1）由于人数少，老师可以及时关注每个学生的个体差异，在教学过程中能够实施差异化的针对性的教学，从而实现学生全面而有个性的发展；（2）由于小班充分的时空条件，易于实现深度的思维教学。

当然，选科走班不可避免带来一些问题，对年级的教育教学管理带来一些挑战：（1）行政班管理职能弱化，教学班集体观念淡薄，纪律、考勤、作业、辅导出现一些问题。（2）老师的教学和班级成绩的评价更为困难，也更加难以达到客观。

针对选科走班带来的挑战，年级管理也随之而变，做出了相应调整。

1. 加强学风和班风建设

针对选科走班存在纪律涣散等问题，年级首先进行思想教育工作，给学生说明选科走班的初衷，是为了方便学生发挥自己的最大优势，请学生珍惜；同时，立好规矩，讲清要求，强化管理。对于平时上课的常规，严格管理，对于不听劝告、屡教不改者，提出严厉批评；对于表现突出、成绩优异的同学，及时给予表扬鼓励。联合班主任与科任老师，齐抓共管，共同维护教育教学秩序。

2. 加强条件保障

选科走班涉及方方面面，需要统筹协调解决。比如，选科走班，因为组合变多，对师资数量要求更高，需要投入更多师资力量来进行选科走班的教学，这就需要学校增加教师数量，确保能把组合开起来；另外，选科走班对教室需要量大增，学校必须腾出更多的空间来作为选科走班教室，以满足学生走班学习的需要。

3. 完善选科走班制度

学校根据选科走班实际，研究探索规范有序、科学高效地选科走班运行机制，建立和完善行政班与教学班并存的教育教学管理制度。行政班采用传统的班主任制，教学班采取的是备课组组长、班主任和学生自主管理相结合的管理模式。在安排走班教学时，选课人数比较多的学科，按照行政班排。每门学科的备课组组长是第一责任人，负责本学科的教育教学协调工作。组织学生自主管理队伍，每班走班的学生设置固定的管理人员，形成小的组织，负责本组走班学生的学习管理。这一教学班管理模式打破了传统的"班主任+任课教师"的学科管理模式。

四、反思与感悟

现在，新高考的各项制度日趋完善，过往的夏季高考千军万马"独木桥""一考定终身"模式已经开始改变。

1. 在多种高考升学途径面前，学生多种职业选择通道的衔接问题

夏季高考之外，还有春季高考、"强基计划"、高水平运动队、单考单招等多种升学途径，这多种升学途径为学生提供了丰富的选择。结合我校实际，我们在狠抓夏季高考的同时，也在不断完善春季高考这一重要途径，帮助基础薄弱、学习动力不足的学生，发挥自己的特长，升入适合自己的理想高校。但是，好的想法很难被学生和家长接受。特别是学生参加春季高考、拿到高职院校录取的通知书后还有几个月的时间，这段时间学生可以不到校，也可留在学校。留在学校的学生冲夏季高考的动力不足，状态不佳，给教学管理带来更大压力。

2. 分科走班制下，师资配备结构出现错位问题

传统的行政班班额固定，师资相对稳定。班额确定后，一个年级需要多少科任老师是非常清楚的。这方便学校根据实际需要配备师资。然而，新高考改革后，由于每年学生选科组合不一致，导致出现物理、历史以及四选二学科老师不足或者富余的情况。这种情况会让物理、历史以及四选二学科教师出现结构性、动态性紧缺的问题。由于师资的补充有个滞后期，有时需要临时增加教师的工作量。这种师资结构上的不合理，也会导致教师间工作量不平衡。

第四部分

构建"大思政"观下的思政课程与课程思政融合大格局

建设教育强国是中华民族伟大复兴的基础工程、战略工程，是建设社会主义现代化强国的先导性、全局性工程。推动基础教育的各项改革，促进基础教育高质量发展更是这项战略工程中的基础。如何办好更加公平、更高质量的基础教育？2023年9月，教育部、国家发改委、财政部联合发布了《关于实施新时代基础教育扩优提质行动计划的意见》重点提出要构建"大思政课"体系，促进学生全面发展。本章阐述的内容就是围绕什么是"大思政课"体系、"大思政课"体系的要素构成，以及学校如何去实施"大思政课"的策略和方法展开研究。

第十七章 "大思政"视角下高中政治课教学的策略与方法

育人为本，德育为先。高中思想政治课是落实立德树人根本任务的关键课程。2022年11月4日，教育部印发了《关于加强新时代中小学思政课建设的意见》，明确指出：加强党对思政课建设的全面领导，全面贯彻党的教育方针，落实立德树人的根本任务，积极培育和践行社会主义核心价值观，推进大中小思想政治教育一体化建设，充分发挥思政课关键课程的作用。

为切实推动思政教育教学高质量发展，学校除了提高思政课的质量和水平外，还需要树立"大思政"课的思维和观念，全面深入推进中小学思政教育一体化建设，积极推动思政小课堂与社会大课堂的有机结合，探索全员、全方位、全过程的思政育人新模式，以此来提升学校整体育人水平。

一、什么是"大思政课"教育观

(一)"大思政课"的内涵

何为"大思政课"？这是研究善用"大思政课"的首要问题和逻辑起点。对于"大思政课"的内涵，学界还未形成统一的看法。通过对相关研究进行梳理，可以归纳出学者们主要从以下三个角度对之进行解读。

1. 侧重从"大思政课"之"大"的特点进行解读

要把握"大思政课"的基本内涵，离不开深入解读其"大"之特点。那么，"大思政课"究竟"大"在何处？许多学者提出了自己的独特见解。有学者认为，贯彻"大思政课"理念，必须胸怀"国之大者"，正确认识和把握思政课之"大"。思政课之"大"主要在于三点：对象是青少年学生大群体、出发点是培养担当民族复兴大任的时代新人、落脚点是实现中华民族伟大复兴。有学者则认为,"大思政课"之"大"在于其关涉"国之大者"、具有"大视野"和彰显"大格局"。还有学者指出,"大思政课"之"大"体现为聚焦国家战略需求的大使命、多维时空协同育人的大格局、知识能力素养并重的大目标三个方面。还有学者认为"大思政课"之"大"即思政课之"大",而思政课之"大"在于思政课教学中要具有大视野、大历史、大体系三维视角。有学者侧重从课程实践的特点进行解读,将"大思政课"之"大"概括为视野开阔性、时空延展性、内容针对性、方法开放性等四个特点。还有学者则侧重于教育主体的角度,对"大思政课"之"大"概括为大思维、大情怀、大视野、大融入、大协同等五个方面。从当前基础教育新课程改革的要求讲,落实双新要求,必须运用大概念教学、大单元教学来促进思政学科核心素养的培育。此外,还有学者指出,"大思政课"之"大"体现为课本内容和现实内容相结合、课堂场域和社会场域相结合、引领功能和内化功能相结合。

2. 侧重从"大思政课"之"课"的形态进行解读

从根本上说,"大思政课"是属于思想政治教育范畴的"课"。因此,想要准确把握"大思政课"的内涵,就不得不解读其作为"课"的形态。那么,"大思政课"之"课"究竟是何种形态的"课"?有学者指出,"大思政课"之"课"既是指课堂,也是指课程,二者是内在统一的。其中,课堂是形式,课程是内容,内容决定着形式。因此,构建社会大课堂是"大思政课"的必然要求,"大思政课"只有通过社会大课堂才能得以贯彻和体现。有学者则认为,"大思政课"作为思想政治教育课程的表现形态,其具体实施本质是一项课程实践活动。关于"大思政课"具体是一门什么样的课程?学者们侧重从不同的角度进行解读。有学者认为,"大思政课"实际上是科学理论与时代特征、社会实践结合的思政课,是学校课堂与社会课堂结合的思政课。有学者指出,"大思政课"是激发使命担当的时代大课,是呈现人民伟力的实践大课,是阐释中国之治的理论大课。还有学者则认为,"大思政课"是加强当代青年以党史为重点的"四史"教育的历史大课,是指导当代青年深刻认识新时代中国特色社会主义建设伟大事业的实践大课,是运用不断发展着的马克思主义理论武装青年头脑的理论大课。

3. 侧重从"大思政课"之"思政"的含义进行解读

学校教育的初心使命和根本任务就是立德树人,而思政课则是落实学校立德树人这一根本任务的关键课程。开好思政课具有充分的依据,不仅"理直"而且"气壮"。"大思政课"虽有其"大"的特点,但本质上还是思政课,其核心意涵是思想政治教育,其价值旨归是育人。因此,不少学者着重从思想政治教育价值以及育人功能角度去解读"大思政课"的内涵。有学者指出,"大思政课"的本意就是将立德树人的根本任务贯穿在整个教育教学中,实行全员育人、全程育人和全方位育人,构建全社会协同育人格局。在学校教育中,要求每一位教师成为思政育人的成员,都参与到思政育人的过程中来,切实做到"心中有思政、脑中谋思政、手中做思政",形成"人人育人、时时育人、事事育人、处处育人"的新格局。有学者认为,要打造出高质量的"大思政课",必须围绕立德树人的根本任务,挖掘、整合并运用蕴含在时代、实践和现实中的丰富育人元素。此外,还有学者在阐述"大思政课"的核心要义时,认为"大思政课"遵循"铸魂育人"的价值导向,倡导构筑多元主体共同参与的协同育人新格局,以立德树人为根本目标,着眼于教育引导青少年牢固树立马克思主义的世界观、人生观和价值观。

(二)"大思政课"的主要特征

1. 重大性与精细性的统一

新时代"大思政课"具有用马克思主义观察时代、解读时代、引领时代的重大社会责任,教育引导着学生在百年未有之大变局中立大志、明大德、成大才、担大任,肩负着培养全面发展的接班人的重大任务。新时代"大思政课"应紧扣授课前、中、后过程的精细化设计,提供精准方案,不断满足学生成长发展需求与期待,深入分析学情,精准研判教学对象的代际、思想、心理等特征,着力解决"供需错配""供需矛盾"等问题。

2. 系统性与针对性的统一

系统性是新时代"大思政课"的题中之义,要求将思想政治教育诸要素进行整合和系统优化,更加注重校际联动、家校联动、校地联动等的齐抓共管,形成"学校、家庭、社会协同推动思政课建设的合力"。其涵盖的主体、客体、载体、环体等相互联系、相互作用,它们是有机的整合,所涉及的格局视野、所采取的方法手段、所依托的平台渠道等尽可能广、多、全,如配套的物质、设施等条件保障,包括整合社会资源服务。学校育人既讲目标,又讲过程,应以问题为导向开展专题式教学,使各环节都具有思政元素,因地制宜寓教于乐、寓教于情、寓教于景,有的放矢、生动活泼,引人深思、催人奋进,增强其针对性。

3. 历史性与前瞻性的统一

历史是最好的教科书与营养剂。新时代"大思政课"既有历史的积淀,用"两个一百年"和民族复兴巨大成就说话,"抓好青少年学习教育,着力讲好党的故事、革命的故事、英雄的故事",讲好中国站起来、富起来、强起来的故事,帮助学生充分认识历史必然性；同时，又立足统筹疫情防控和经济社会发展的当前实际，着眼第二个一百年奋斗目标的长远实践，不断增强话语说服力、实践推动力，呈现出良好发展态势。其次，要具备不断适应新情况与新变化的大视野，善于运用新媒体新技术使教书育人、立德树人工作活起来，做到因事而化、因时而进、因势而新。

4. 生活性与科学性的统一

实践是落实立德树人根本任务的关键环节。思政课是一门综合性活动型学科课程，注重知行合一，在学生的生活实践中社会主义核心价值观才能真正入脑入心。除传统课堂以外，新时代"大思政课"也应在社会生活中来讲，用鲜活事例及平易近人的叙事方式说话，体现教育方式的渗透性与潜隐性。其将思政课延伸至社会各个空间，更加重视社会责任与担当教育，在生活中书写"教案"，打造行走的思政课堂，使其生动、活跃而富有活力。新时代"大思政课"倡导科学理性，把道理讲得明白透彻、深入浅出，在温润心灵、启迪心智的过程中将感性认识转化为理性认知。

5. 守正性与创新性的统一

新时代"大思政课"坚持守正创新，用先进文化滋润人，既合乎规律又合乎目的。而实现发展创新的关键在于内容和形式的守正出新。首先，新时代"大思政课"始终不忘为党育人的初心，始终坚守为国育才的立场，营造办好、讲好、学好思政课的良好氛围，培养学生对社会主流意识形态的认同。其次，要以时代特征为拓展依据，以开放的姿态及时传授新知，将新发展理念、新发展阶段、新发展格局等新内容有机融入新时代"大思政课"。再次，新时代"大思政课"教学方式方法之改革创新能更好地促进教学目标之达成。最后，新时代"大思政课"守正创新，是由实现民族复兴和2035年远景目标，以及育人环境的开放性决定的。

6. 具身性与共情性的统一

具身认知亦称涉身认知，其要义在于人的认知是通过身体的体验及活动而形成的。新时代"大思政课"要把握学生思想特点，有的放矢实现课堂环境转换，用好社会化、生活化体验场域，创新思政要素在课堂中的教学活动呈现形式和话语表达方式，产生鲜活、奇妙、深刻的身体感知反应，吸引学生的注意力、激发学生的积极性。同时，从共情性来看，一堂高度互动的新时代"大思政课"是一种双向交流活动，教育者与受教育者之间的界限不再明显，这易于产生更多的共鸣度和同理心，充分激活师生共同的自信情怀、担当胸怀、价值关怀与心理感怀。

7. 基础性与应用性的统一

所谓基础性，就是指新时代"大思政课"继承和发扬了传统思想政治教育优势，具有传统思政课堂的所有元素和关键环节，要实现理论教学与价值引领并重，帮助学生扣好人生的第一粒扣子。所谓应用性，就是指新时代"大思政课"要贴近现实、融入社会生活，在实践应用环节实现了新突破，致力于解决思想政治教育的现实基础被虚化、被抽空而背离现实、脱离现实的问题，"把课堂教学和实践教学有机结合起来"，坚持联系实际讲、结合实践说、奔着真用学，着力做到学思用贯通、知信行统一。

（三）对"一体化"的理解

从字面上看，一体化是指有两个或两个以上相对独立的主体通过某种方式的结合或融合逐步形成一个单一实体的过程。它强调的整体性和系统性，意味着将"多"合成为"一"。对于学校的思政课而言，既有其共性和相通性的东西，比如培养目标趋同性、课程性质的一致性、课程内容的关联性、课堂教学的衔接性、课程评价的共生性等。同时，每个学段的教学具有自身的特点。

大中小学思政课一体化的内涵：在统一的思想理念指导下，大中小学思政课围绕共同的育人目标，根据各学段学生的年龄特征和发展需要，赋予各个学段相应的课程内容，开展符合学生年龄特征的教育教学，接力实现不同学段的目标，最终实现育人的总体目标。[1]冯建军，大中小思政课一体化的内容要求与推进措施[J]. 课程·教材·教法2023（2）：60）

大中小学思政课一体化，就是以人的品德发展的阶段性为基础，以大中小学学段为经，以思政课的要素（课程目标、内容、实施、评价）为纬，形成一个纵向衔接、横向贯通、螺旋式上升的全学段思政课课程体系，表现为思政课各要素的一体化衔接、特别是相邻学段思政课的目标、内容、实施、评价的一体化衔接。（[2]罗滨，支瑶，任兴来.推进思政课一体化建设，落实立德树人的根本任务[J].北京教育（普教）2022（6）：47-48）

二、为什么要提出和强调"大思政"教育观

（一）推进大中小思政一体化的必要性

通过梳理学者们的代表性观点，善用"大思政课"的依据主要体现在以下四个方面。

1. 善用"大思政课",是遵循马克思主义教育教学观的逻辑指向

就其本质特征而言,"大思政课"就是将思政课与社会现实有机融合,即善用社会、时代、实践以及历史资源等这些鲜活生动的现实素材讲好思政课。马克思主义教育思想中的一条基本原理就是强调教育与生产劳动相结合,这为善用"大思政课"提供了重要理论依据。善用"大思政课",正是遵循马克思主义教育观的正确指向。还有学者认为,理论与实践相统一乃是马克思主义的一条基本原理。而"大思政课"强调的正是深刻把握理论与实践的有机统一,不但强调对理论知识的讲解,而且更加重视引导学生在科学理论的指导下实践,并通过实践来检验所学的理论,符合马克思主义之理论与实践相统一之基本观点。

2. 善用"大思政课",是"两个大局"背景下的应然选择

善用"大思政课",有其特定的现实背景和时代背景。"两个大局"的时代背景,正是当前善用"大思政课"的重要现实依据。正如有学者指出的,"百年未有之大变局"使得"大思政课"成为时代新课题。在其看来,全球政治格局发生了重大调整,科技的洪流导致了重大变化,当代的大学生已经可以"平视世界",用好"大思政课",将思政小课堂与社会大课堂相结合,才能有效地应对时代和学生的变化。有学者认为,世界百年未有大变局之"时"与中国特色社会主义进入新时代之"势",是当前中国社会发展的两大基本背景。时势结合之下,"大思政课"呼之欲出。

3. 善用"大思政课",是推进思政课改革创新的客观需要

改革创新是马克思主义的重要理论品格,也是推动新时代思政课高质量发展的题中之义。推进新时代思政课改革创新,内蕴着善用"大思政课"的实践要求。正如有学者指出的,思政课是一类极具包容性和综合性的特殊课程,其学术深度、广度要求很高,因此"大思政课"理念的出现正是思政课本身大容量特点的必然要求。有学者也认为,树立"大思政课"观,既是推动新时代思政课高质量发展的新方向,也是促进新时代思政课改革创新的必然要求。还有学者指出,"大思政课"理念的提出,不但传承和发扬了思政课建设的基本经验,与此同时,也进一步深化了对新时代思政课建设规律的认识。善用"大思政课",能够切实有效地提高思政课建设的质量和水平,有利于推动思政课在新时代守正创新、铸魂育人。有学者也认为,善用"大思政课"能够使思政课教学顺应时代潮流,从而推动思政课教学内容和教学方式常讲常新。此外,善用"大思政课"还可以有效破解当前思政课教学中面临的突出问题,这也是推进思政课改革创新的重要方向。有学者也认为,当前思政课建设面临着时效性、亲和力、针对性不足等问题,善用

"大思政课"能够补充、拓展和深化思政课的场域、视野和格局,是思政课改革创新的新方向。

4. 善用"大思政课",是落实学校立德树人根本任务的内在要求

立德树人是学校教育的根本任务,也是其承载的重大使命。要落实学校立德树人的根本任务,需要善用"大思政课"。正如有学者指出的,"大思政课"与其他单纯传授理论知识的专业课程不同,它是既教授学生理论知识、又贯彻落实立德树人根本任务的特殊课程,其在继承与弘扬马克思主义理论、巩固马克思主义意识形态指导地位、提高全民族特别是青年的思想道德素质方面发挥着独特的作用。还有学者也指出,"大思政课"的核心要义就是将鲜活的时政素材融入思政课堂,在理论与实践的结合中完成立德树人的教学宗旨和计划,更好地铸魂育人。

(二) 推进大中小思政一体化的重要性

1. 引领新时代思政课的高质量发展

新时代"大思政课"坚持在改进中加强、在创新中提高,重视质量、追求质量、提升质量。学校要把更多精力放在完善教学内容、创新教学方法上,致力于课程创优、教法创优、师资创优,既注重内容,又兼顾形式,方法手段不断适应时代与实践发展过程中的新变化,在功能和作用上兼顾"有意义"与"有意思"。不断提高思政课教育教学水平,增强思政课的理论性、思想性,提升思政课的针对性、亲和力、真正把道理讲深、讲透、讲活。

2. 深化对新时代思想政治教育的规律性认识

加强和改进新时代思想政治教育具有现实紧迫性。新时代"大思政课"正当其时,拓展了思想政治教育的新视域,如坚持全员全过程全方位育人,越来越重视与社会生活实现深度融合,以达成系统整体的育人环境,起到润物细无声的效果。其运用学生喜闻乐见的表达方式开展思想政治教育,使新时代思想政治教育更富发展生机。学生在"大思政"课的历练中全面提升政治品格、学理认知、道德情感和实践本领。

3. 夯筑中国精神、中国价值与中国力量

新时代"大思政课"以"故事思政"为基点,讲好中国故事,用好时政素材,引导学生真学、真懂、真信、真用马克思主义。凝聚共识、弘扬主流,厚植爱国主义情怀,将历史与现实相结合、将中华民族伟大复兴战略全局与世界百年未有之大变局相衔接,在具体的、历史的统一上夯筑中国精神、中国价值与中国力量。弘扬中国精神,坚定"四个自信"。构筑中国价值,在思政小课堂同社会大课堂结合培育和弘扬大德。凝聚中国力量,矢志伟大奋斗。

三、"大思政"教育观的实施路径和推进策略

（一）课程体系开发与建构

课程是育人的载体，学校课程体系是落实学生发展核心素养的重要途径。用好"大思政课"，首先要做好国家课程的校本化实施，其次，还要根据学校实际，开发好校本课程。

思想政治教育成效的取得是多方面因素正向发力的结果，"大思政课"的实践推进也是一个系统性工程。因此，善用"大思政课"，需要建立与其相匹配的育人体系。目前，国家层面还没有形成大中小思政课一体化的完整体系，放在每个学段，怎么去构建体系，难度很大。正如有学者指出的，"大思政课"不是孤立的，而是内容体系、施教体系、保障体系在思政课中完美连贯的反映。善用"大思政课"的重要前提，就是要做好顶层设计、教学组织、资源配置、服务保障等多方面的协同，为"大思政课"的有效运行提供体系化的支撑。有学者也指出，"大思政课"是一项复杂的系统工程，善用"大思政课"需要善于衔接整个过程，纵向上统筹推进大中小学思政课一体化建设，横向上将"思政课程"和"课程思政"相结合，实现同向同行、协同发展。还有学者认为，善用"大思政课"需要健全校内外思政课一体化体系，有效衔接课堂教学和实践教学。还有学者强调，善用"大思政课"，需要在坚持以学校思政课为中心的基础上，将思政课内与课外相结合、学校之内部资源与外部资源相联系、理论教学与实践教学相统一，广泛调动育人主体、有效整合育人资源、普遍建立育人机制，以构建起"大思政课"协同育人的"大格局"。

在课程设计方面，"大思政课"要求加强对课程体系和教学内容的考核。《方案》对思政课的基本要求是："坚持用习近平新时代中国特色社会主义思想铸魂育人，加强'四个自信'教育，将学习贯彻习近平新时代中国特色社会主义思想体现在大中小学各学段的课程目标、课程设置和课程教材内容中，实现全覆盖、贯穿全过程。"因此，必须严格考核思政课课程体系和内容设置，确保课程内容的稳定性和规范性，从根本上把握课程方向。既要注重导向性，即考察课程内容设置是否全面贯彻党的教育方针，是否体现习近平新时代中国特色社会主义思想，是否符合立德树人要求；又要凸显层次性，即在纵向上大中小学思政课课程体系和内容是否有机衔接、逐层递进，横向上思政课程和课程思政是否融会贯通、协调一致。

（二）课堂教学方式转型

1. 提高教师善用"大思政课"的能力和水平

"办好思想政治理论课关键在教师，关键在发挥教师的积极性、主动性、创造性。"作为"大思政课"的实施主体，教师的作用无可替代。善用"大思政课"、讲好"大思政课"，从根本上说来自于思政课教师的积极性、主动性、创造性的发挥。为此，一方面，思政课教师要从课堂中"走出去"，走入社会生活，在社会生活中挖掘资源讲述思政课；另一方面，要将一线社会实践工作者引进思政课堂，在思政课堂中讲述和呈现鲜活的社会实践。有学者也认为，善用"大思政课"就要提高教师善用"大思政课"的能力和水平，这对思政课教师提出了更高的要求：一是教师要拥有"大思政"的格局和视野；二是教师要拥有雄厚的思想理论基础和系统的知识结构；三是教师要拥有科学的思维方式和宽广的学科视野；四是教师要不断提升实践教学能力，并善于设计、指导并与学生共同参与社会调研和社会实践。还有学者也强调，善用"大思政课"意味着教师要有"大视野"和"大情怀"。所谓"大视野"，意指思政课教师需具备知识、国际、历史、现实和前瞻等多种视野；所谓"大情怀"，则意指思政课教师要拥有家国情怀、传道情怀和仁爱情怀。

2. 创新善用"大思政课"的方式方法

在"大思政课"建设中要做到三个统一：理论教学与实践教学的统一；教学内容与教学手段的统一；教学表达与教学研究的统一。有学者则指出，思政课的主渠道是课堂教学，为此要善用好"大思政课"，就要创新课堂教学方法，构建思政课教学和思政课教师和谐共存的"大思政课"生态体系。有学者从时代变化和科技发展的角度指出，善用好"大思政课"，就要积极迎接新变化和新技术，将高科技引入思政课堂，创造沉浸式、体验式、互动式的学习环境，采用诸如案例式、探究式、体验式、互动式等多种教学方式。还有学者指出，要善用好沉浸式"大思政课"，增强思政课身临其境的场景感、真实感和历史感，激发教育对象在现场教学中的深度学习意识，聚力教育方式的多元整合与变革创新。有学者认为，善用"大思政课"，需要用好网络视频的思政叙事。所谓网络视频思政叙事，是指以网络视频为媒介来进行思想引领和价值塑造的思想政治教育实践活动，它能够充分发挥媒介融合优势增强思政课叙事的实效性，从而把握叙事时机、贴近叙事对象、创造叙事燃点和丰富叙事载体。此外，还有学者从平台化转型的视角指出，在新技术时代，善用"大思政课"就要实现从"传统媒体思维"向"平台化思维"

的系统转型,创新善用"大思政课"的平台载体,即在充分洞悉新媒介平台系统和平台功能的基础上,既要聚合性生产以适应新媒体平台的渠道分发机制,也要守正创新保证新媒体平台的优质内容供给,讲好面向青少年的"大思政课"。

(三)创新"大思政"课的教学评价

完善"大思政课"课程评价,设立"否定性评价指标""审查性评价指标"和"提升性评价指标"的"三维指标",不断构建与"大思政课"要求相匹配的课程评价体系,进一步推动思政课程评价的优化和发展。

1. 强化否定性评价指标,确保"大思政课"课程设置的方向性

首先要基于课程评价的否定性指标,确保思政课的政治属性和建设方向,确保课程设置体现基本性质、总体要求和根本任务。"否定性指标"意为,该系列中如有否定性的确定项,将不能进入下一级评价考核,评价自此中止。这是"大思政课"评价考核的前提和基础,具体包括教师资格、学分设置、课程设计等方面。

在教师资格方面,"大思政课"要求强化对思政课教师综合素质考评。《普通高校思想政治理论课建设体系创新计划》中明确要求"制定思想政治理论课教师任职资格标准,把政治立场作为教师聘用的首要标准"。"大思政课"评价必须体现思政课程基本性质,建立健全高校思政课专职教师准入、激励、保障、退出制度,系统考察教师的政治立场、师德师风、理论素养和教学能力,定期开展教师培训、注册与考核,未符合要求者不得继续担任思政课教师。

2. 健全审查性指标,提高"大思政课"课程实施的有效性

在确保"大思政课"方向性的基础上,完善"大思政课"课程评价,还要健全审查性指标,具体考察"大思政课"建设过程中的效果,不断提高"大思政课"的科学性、合理性、有效性。这是开展"大思政课"的本质要求,具体可从课程育人实效、师资投入情况、统编教材使用情况等方面进行考察。

从课程育人实效来看,"大思政课"要求立足课程目标,将思政课的实际育人效果作为重要考核内容。作为落实立德树人根本任务的关键课程,"大思政课"不应"局限于回答'受教育者能够认识什么、理解什么、习得什么'等确定的知识性、描述性问题,而要从行动者视角进一步回答与阐发'受教育者应当做什么、如何做'等价值性和方法论问题"。因此,判定思政课的育人实效,要审查监测习近平新时代中国特色社会主义思想进课堂进教材进学生头脑的具体情况,跟踪、反馈教学对象在政治认同、思想认识、道德修养等方面的变化,也要使"大思政

课"面向社会、走进生活，真正把"大思政课"建设成为"实践大课"。

从师资投入情况来看，"大思政课"要求坚持专兼结合原则，将教师选配情况纳入考评指标。《高等学校思想政治理论课建设标准》规定，本科院校思想政治理论课专职教师按师生比1：（350—400）配备。因此，"大思政课"建设过程中，要在质量并重的基础上，根据实际情况审查思政课教师的配备比，重视思政课教师队伍的结构合理性，切实提高思政课的师资质量。

从统编教材使用情况看，"大思政课"要求贯彻党和国家"统一使用国家统编教材"的方针政策。国家教材委员会指导和统筹大中小学思政课课程标准、教学大纲和教材的统编统审统用。因此，"大思政课"要加大对思政课教材使用情况的审查力度，监测、评估和考核各级各类学校更新、使用统编教材的情况，督促广大思政课教师准确把握、运用教材，及时、有效地将教材体系转化为教学体系。

3. 拓展提升性指标，注重"大思政课"课程评价的发展性

"大思政课"建设是一个螺旋上升的渐进式发展过程，完善"大思政课"课程评价，要发挥评价的导向、调控和改进作用，推进"大思政课"守正创新，在改进中加强、在创新中提高，具体可从教学考评、教学方法、教学参与、教技应用等方面进行考察。

（1）对于教学考评，重在关注合理性问题，即"为何考评""考评何用"。"大思政课"评价是对思政课建设情况的综合考评过程，是对原有评价体系的"再评价"，其根本出发点是提升教学水平、实现教学目标。这就要求梳理现有考评体系，重点考查现有教学目标、内容、重难点和可检验的手段、方法，做到"无遗漏评价"，形成闭环考评体系。在此基础上，"大思政课"还要着眼于"发展型评价"，重点考查考评指标、考评方法、考评程序、考评应用等，及时总结现有考评体系的不足，针对问题改进和创新，从而提高教学考评的完整性、科学性和合理性，切实做到"以评促建、以评促改、以评促管"。

（2）对于教学方法，重在关注有效性问题，即"方法为内容服务""为学生的获得服务"。《新时代高校思想政治理论课教学工作基本要求》强调科学运用教学方法，鼓励思想政治理论课教师结合教学实际、针对学生思想和认知特点，积极探索行之有效的教学方法，自觉强化党的理论创新成果的学理阐释，努力实现思想政治理论课教学"配方"先进、"工艺"精湛、"包装"时尚。因此，"大思政课"必须加强对现有教学方法的考评和研究，既要整体考查教学方法的灵活选择与有效运用情况，又要着眼于课程内容和学生特点对其针对性、可行性作出评价，因地制宜、实事求是地推进教学方法改革与创新，确保思政课教学方法真有实效。

（3）对于学生教学参与，重在关注学生主体的内在需求，即"从成长看参与""从实效评参与"。"大思政课"是关于"人"的课程，必须结合学生成长成才的内在需求，把握"主导性和主体性相统一"的重要原则，提升学生在课程课堂中的参与度。

"一些思政课堂运用小组研学、情景展示、课题研讨、课堂辩论等方式教学，让学生来讲，这有利于发挥学生主体性作用。"因此，完善"大思政课"，就要将"学生课程参与度"纳入评价体系，考查学生课堂参与和师生教学互动情况，充分发挥教师"教"和学生"学"的"双主体"作用，将"教得好"与"学得好"密切结合，不断调动学生学习的主动性、积极性。

（4）对于教学技术应用，重在关注现代信息技术的使用目的和学生批判性思维培养，即强调建设深度学习和思考的"有获得的思政课"。"大思政课"要主动适应技术变革，将智能环境深入学习情况纳入考评系统，积极运用现代信息技术开展沉浸式、体验式、交互式教学等，拓展传统思政课的空间。同时，关注学生批判性思维的培养。习近平总书记指出，思政课要"坚持建设性和批判性相统一"，"要教育引导学生正确看待、辩证认识、理性分析现实问题，辨明大是大非、真假黑白，在对社会假恶丑现象的批判中弘扬真善美。"思政课的建设性与批判性是"破"与"立"的关系，批判性的"破"服务于建设性的"立"，"破""立"结合，都是为了办好思政课，引领青年学生树立正确的价值导向，规避和警惕错误的意识形态，二者统一于思政课改革创新实践。完善"大思政课"，要注重考查学生运用马克思主义的立场、观点、方法分析现实问题的能力，帮助其进一步澄清模糊观点、辨析错误思潮，不断增强思政课的建设性和批判性。总之，课程评价是"大思政课"的"大评价观"的基础。"三维评价"紧密相关、层层递进，有利于发现现有思政课课程评价中的不足，为改革和建设高质量思政课提供依据与参考，推动思政课课程评价不断优化。

4. 以"五教并进"革新"大思政课"教育评价

开展"大思政课"教育评价，要从教师、教材、教法、教研、教学等五个角度分析当前思政课建设综合考核中存在的问题，探究和分析原因，不断推动"大思政课"教学评价的革新发展。具体来看，可从两个层面进行探究：

（1）以评价为导向，聚焦思政课建设中的个性与共性问题。"大思政课"可通过职能部门测评、专家评估、学生评价等方式，挖掘思政课建设中的薄弱环节和具体问题，并在定性与定量分析中使问题的个体差异与特点显性化，从而归纳总结出思政课建设中的共性问题。其中，要特别关注"共性"问题，主要包括思政课的指导性、高阶性、复杂性、原创性和自主性等问题。在马克思主义理论的指导性问题上，分别考查思政课教师、教材、教法、教研、教学是否坚持马克思主义在意识形态领域的指导地位，是否坚持以习近平新时代中国特色社会主义思想为指导，是否全面贯彻党的教育方针；在思政课内容的高阶性问题上，考查教材体系和课程内容是否符合教学规律，是否符合学生特点和需求，是否有效体现知识、能力、素质各个方面的教育目标等；在思政课面临的环境复杂性问题上，考查思政课教师能否深刻认识、把握错综复杂的社会环境，能否有效针对社会环境的复杂性问题改进教法、教研、教学，思政课教材能否及时反映时代和社会环境变化，能否适时予以修订和完善等；在思政课教研的原创性问题上，考查教研工作是否深入思政课教师、教材、教法、教学各项工作实际，是否体现问题意识，是否"敏锐洞察和准确把握思想政治教育的研究热点及其变化规律，从中发现问题导向和演进趋势，预测下一阶段的研究主题"；在思政课话语体系的自主性建构问题上，考查思政课教师是否具备自主构建话语体系的意识，思政课教材是否自觉运用思政课话语体系，思政课教法、教研、教学过程是否自觉增强话语权意识等。

（2）以归因为抓手，分析思政课建设现存问题的表层与深层原因。"大思政课"要进一步分析和把握思想政治理论教育规律、教书育人规律、学生成长规律、教材建设规律、教学研究规律、教育教学规律等，从规律揭示的高度"传好思想政治理论课之'道'，授好思想政治理论课之'学'，立好思想政治理论课之'术'。"在思政课的基本方法上，对"大思政课"教学方式方法的反思要贯穿于教师、教材、教法、教研、教学等各个环节，考查教师是否善用方法、教材是否匹配方法、方法是否多元创新、教研是否把握前沿，教学是否科学有效等，找准思政课在基本方法上的症结所在。在思政课的本质特点上，思政课是落实立德树人根本任务的关键课程和主干渠道，这一特点应在思政课教育过程的各个要素中得以充分体现。因此，探讨涉及思政课本质特点问题的原因，就要逐次考查思政课教师、教材、教法、教研、教学的根本任务、总体要求等，不断强化思政课的根本属性和本质特点。

（四）完善"大思政"课教育资源的构建

1. 善用社会和乡土资源

"大思政课"善用社会资源，意味着强调思政课教学突破"学校"以融入"社会"，凸显"社会大课堂"的作用。有学者指出，"大思政课"善用社会资源主要有两方面途径：一是拓展内涵，把社会资源引入思政大课堂；二是拓展时空，让思政课堂走入社会大天地。还有学者认为，"大思政课"建设意味着需要突破传统的学校场域，向社会场域延展，实现思政课与社会现实的良性互动。为此，要建立对接社会现实的机制，抓住那些具有育人效果的社会资源，按照思政课的标准和要求转化为课程资源。有学者则强调，善用"大思政课"，必须拓展思政课的课堂范围，利用课堂之外的社会生活载体（如学校社团、课外实践基地、网络空间等），塑造浓厚的社会育人氛围。还有学者在解读善用"大思政课"时指出，"思政课+社会实践"是理解"大思政课"基本内涵的维度之一。这里的"+"和"社会实践"，就彰显着思政课堂的社会延伸。换言之，"思政课"强调从学校场域的局限性中突破出来，延伸到社会实践领域，善用广袤的、生动鲜活的社会资源。

2. 善用历史和党史资源

"大思政课"善用历史资源，意味着强调将历史资源融入思政课教学，突出历史与现实的鲜活联系。有学者指出，善用"大思政课"，必须具备历史大视野，即能够从中华民族五千年文明史中汲取思想政治教育的丰厚资源。有学者认为，历史长河中包含了数不胜数的可歌可泣的育人故事，五千年中华民族文明史、五百多年世界社会主义史、一百年中国共产党党史、七十多年新中国史、四十多年改革开放史中蕴藏着丰富的思政课教学资源。善用"大思政课"，就是善用好这些历史资源。有学者则强调，善用"大思政课"就要善于"活化"历史文化资源，包括文物、遗产等五千年中华文明积淀，以及中国近代以来特别是中国共产党成立以来的革命历史文化资源。有学者则指出，讲好"大思政课"需要以红色历史资源为鲜活素材，将党史教育融入"大思政课"。具体方式有"活化"红色文化资源、开展红色研学活动、创新红色文化供给。有学者认为，善用"大思政课"需要基于最厚重的百年党史，运用丰富的党史教育资源，在党史学习教育中铸魂育人。还有学者指出，善用"大思政课"需要抓住重要的历史节点，挖掘厚重的历史资源。例如，在建党百年这样的重要历史节点，在全社会上好"大思政课"，需要用好各种"四史"资源。

3. 善用时代和信息资源

"大思政课"善用时代资源，意味着强调要把握好"变"与"不变"的关系，在思政课教学中注入时代性元素。有学者认为，善用"大思政课"就是要强调顺应时代变化和善用时代资源的重要性。在其看来，"大思政课"不仅要"理直气壮"地开，而且要与时俱进常开、活学活用善开。也有学者指出，善用"大思政课"的重要向度就是要用时代任务激发时代担当、以时代精神孕育时代新人。也即是说，"大思政课"要引领学生走进新时代的伟大实践和社会生活，切身体悟时代之变、时代主题和时代使命。还有学者认为，只有结合时代背景，"大思政课"才能增强思想政治教育的时效性，促进学生的思想跟上时代脉搏。关于"大思政课"要善用好何种时代资源，一些学者也进行了有益的探索。有学者指出，新时代思政课的环境、对象、方式等和以往相比都发生了很大变化，要增强思政课的针对性、吸引力、感染力，就要以"大思政课"的思维搭乘新技术的潮流快车，推动"互联网+思政课"新模式。还有学者指出，"大思政课"立足的时代主线就是"两个大局"，讲好"两个大局"也就把准了时代的脉搏，也就找到了讲好"大思政课"的第一要义。

4. 善用实践和区域资源

"大思政课"善用实践资源，意味着强调思政课教学要处理好学理性与实践性的关系，实现理论诠释与实践回应的统一。有学者认为，实践与现实中蕴含着丰富的教育元素，当我们将这些教育要素挖掘、整合，并将其运用于立德树人的过程中时，实践与现实就会成为非常有效的"大思政课"。有学者强调，善用"大思政课"最显著的特征就是强调理论与实践的结合，"大思政课"最生动的教学主题就是社会现实与生动实践。还有学者指出，中国特色社会主义现代化建设的伟大实践，为"大思政课"提供了广阔的天地。善用"大思政课"就要善用好鲜活的实践资源，就是让学生不局限于学校课堂教学，而是要走进广袤的社会实践中，切身体会国家和社会的发展变迁。有学者也强调，实践教学是思政小课堂和社会大课堂的重要连接点，善用"大思政课"就是要既运用理论指导实践，也要通过实践悟得真知。还有学者认为，善用"大思政课"，必须用好"两本书"：一是理论的"有字之书"，二是社会实践的"无字之书"。此外，还有学者结合疫情防控实践指出，新时代中国人民波澜壮阔的抗疫斗争实践是一本思政课的"活教材"，善用"大思政课"就要善用好这本"活教材"，讲好疫情防控"大思政课"。

第十八章　高中思政课与初中道法课的衔接教学与一体化实施

　　构建"大思政课"体系，坚持用社会主义核心价值观铸魂育人，以讲好道理为本质要求开好思政课。从教学内容整合和课程开发的角度讲，首先要用好教育部编制的高思政课的统编教材、《习近平新时代中国特色社会主义思想学生读本》，还要梳理出高中思政课与初中道法课衔接的内容，加强优质教学辅助资源的开发和课程建设，做到"大思政课"的一体化实施，才能收到立德树人的整体效果。

一、政策背景

　　教育部于2004年颁布实施的《普通高中思想政治课程标准（实验）》中就提出："高中思想政治课与初中思想品德课相互衔接、相互配合，共同完成思想政治教育的任务。"中宣部、教育部于2005年颁发的《关于整体规划大中小德育体系意见》中提出："整体规划大中小德育体系是加强和改进大学生思想政治教育和中小学思想道德教育的重要举措，是贯彻党的教育方针的必然要求。"习近平总书记2019年在学校思想政治理论课教师座谈会上强调："在大中小学循序渐进、螺旋上升地开设思想政治理论课非常有必要，是培养一代又一代社会主义建设者和接班人的重要保障。"为深入贯彻落实习近平总书记的讲话精神，中共中央办公厅、国务院办公厅于2019年8月颁布了《关于深化新时代学校思想政治理论课改革创新的若干意见》，其中明确指出："坚持思政课在课程体系中的政治引领和价值引领作用，统筹大中小学思政课一体化建设"，并对不同学段思政课课程教材体系提出了针对性的建议，要求各地区各部门结合实际认真贯彻落实。2020年12月，中共中央宣传部、教育部印发了《新时代学校思想政治理论课改革创新实施方案》的通知，其中提到"要推进一体化，建立纵向各学段层层递进的课程教材体系，实现课程目标、课程设置、课程教材内容的有效贯通。"2022年11月教育部发布《关于进一步加强新时代中小学思政课建设的意见》，其中指出要强化统筹实施，注重学段衔接，完善大中小学思想政治教育体系。

二、初高中思政课教学衔接的必要性

（一）实现立德树人目标的必然要求

立德树人伟大目标的实现是一个循序渐进、螺旋上升的过程，需要各学段思政课同心协力、相互衔接，因此思政课在拆分各学段目标的同时，还需要做到坚守立德树人总目标，坚决不能脱离这一目标。在目前应试教育大环境下，教师、学生和家长受升学、高考、名校等意识形态的影响，忽视了对学生的心理健康和思想道德素质的教育，造成了学生心理承受能力弱、价值观扭曲等一系列问题。从初中到高中这一阶段，是学生的思想政治特点从不成熟到成熟、从不稳定到稳定的阶段。认识并正确处理好这些问题，在学生现有发展水平下，帮助他们树立正确的三观、良好的学习态度和学习方法，培育健康的心理状态，需要做好初高中阶段思想政治课的教学衔接，根据学生的身心发展规律合理组织教学内容，采用学生喜闻乐见的教学方法，才能达到立德树人的教育效果。

（二）提高思政课教学效果的重要途径

提高初高中思政课教学效果，是广大教育工作者的不懈追求，在不断的理论研究和实践探索中可知，做好各学段之间的教学衔接是提高思政课教学效果的重要途径，而初高中思政课之间的教学衔接更是关键一环。而要做好初高中思政课教学衔接，其中就必然需要教师整合初高中思政课教学内容、基于初高中思政课存在的差异选择合适的教学方式、尊重学生差异因材施教，这些过程不仅是教师专业化发展过程，更是教学活动、学习活动融为一体的过程。第一，有利于尊重学生主体地位。在这过程中，教师根据学生身心发展规律设置教学目标，安排教学内容，使学生更好地接受思政课教学，从而达到思政课立德树人培育目标。第二，丰富了教师的教学方式，由于教学内容的不同，初高中思政课在教学方式上有着明显的差异，高中思政课教学内容难度大，容量多，节奏快，两者的衔接需要教师告别纯理论的教学方式，更多地采用案例教学法、启发法和探究法等更适合学生的教学方式。第三，利于提升教师教学水平。做好初高中思政课教学衔接，需要教师分析两者之间教学内容的差异、学生的差异，这就需要教师向着更加专业的方向发展。以上三个方面相辅相成，都有利于提升思政课教学成效。

（三）思政课改革创新的关键环节

习近平总书记在学校思想政治理论课教师座谈会上指出，要把统筹推进大中小思政课一体化建设，作为一项重要工程，推动思政课建设内涵式发展。同年8月，中共中央办公厅印发了《关于深化新时代学校思想政治理论课改革创新的若干意见》，《意见》中指出思政课教师要从五个方面下功夫，推进大中小思政课一体化建设。可见，初高中思政课教学衔接是大中小思政课一体化建设的重要环节，推进大中小思政课一体化建设，是党和国家的要求，是落实立德树人根本任务的需要。思政教育的改革创新与科学发展，不仅需要党和国家的顶层设计，同时需要解决教学实践中出现的具体问题，科学设计教学内容，制定螺旋上升、多层次的教学方案，才能达到思政课一体化建设在宏观与微观上的统一。初高中思政课教学侧重点不同，初中更加注重学生的情感体验，高中重在开展常识性学习。初高中思政课教师需要根据不同学段的特点因材施教，注意不同学段思政教育目标的衔接，实现对学生思政教育的有序衔接、螺旋上升。因此，初高中思政课之间教学衔接得好坏，影响到学生大学思政课的学习，直接影响到整个思政教育系统的连贯性与整体性，影响到思政课在新时代背景下的科学发展。

三、初高中思政课教学衔接存在的问题

（一）课程目标衔接不足

课程目标是学生在学习了该课程之后，在知识、能力、情感态度价值观等方面要达到的预期效果，是教学目标和教学方法设计的依据。我国思政课课程目标从纵向看始终坚持以立德树人为根本目标。《关于深化新时代学校思想政治理论课改革创新的若干意见》中提到了高中阶段重在提升政治素养，引导学生衷心拥护党的领导和我国社会主义制度，形成做社会主义建设者和接班人的政治认同。初中阶段重在打牢思想基础，引导学生把党、祖国、人民装在心中，强化做社会主义建设者和接班人的思想意识。由此可见，同一门课程在不同的教学阶段，课程目标有一定的差异，初高中思政课是一个有机联系的统一整体，从整体来看初高中思政课课程目标的衔接，仍存在着初中上好初中的课，高中上好高中的课等各自为营的弊端，课程总体目标缺乏一以贯之的顶层规划。在对老师的调查问卷中，

在教学过程中会考虑对方学段目标的仅有11人，了解对方学段课程标准的仅有8人。初中阶段道德与法治课并不受重视，考试中在各科总分中也占比很少，加之部分省市中考中道德与法治课为开卷考试，因此道德与法治课程的知识性教育大大减少。这会导致学生的情感态度价值观的来源没有理论依据。而在高中思政课的教学中，迫于升学的压力，学生的高考成绩直接影响到教师的绩效，并且教学质量也是教师评定职称的重要因素，因此，在实际教学中，高中思政教师很自然地就将教学目标放到了理论知识上，教学目标的偏移自然会影响到课程目标的达成。部分初高中思政课教师尚未意识到在教学实践中贯彻课程目标一体化的重要性，未能意识到自身所处学段承前启后的作用，很大程度上影响了初高中思政课课程目标的系统衔接，难以形成系统的中学思政课程体系。

（二）教材内容重复与断层并存

首先，初高中思政课教材内容存在简单重复，层次不清的现象，在部分内容中没有体现出两学段间的层次性。大中小思政课一体化建设的过程中必然包括核心教学内容的部分重叠，但这并不意味着要对相同知识点进行简单低效的无意义重复。教材当中的大量篇幅的简单重复在高中思政课的旧教材中体现较为明显，在部编版新教材中此类现象明显减少，但在我国政治制度以及经济制度方面，其逻辑脉络高度相似，针对部分名词解释以及措施办法等知识内容深度也相仿。必要的重复会在老师和学生之中形成一种无形的影响力，引起教师和学生的重视。但针对同一主题的教学内容，在初高中不同学段的教学应有所侧重，若只是简单的低效重复，会使学生在心理上丧失对所学知识的积极性，降低对新知识的期待，不利于学生在情感价值上的成长，无法更好地凸显思政课的学科价值。

（三）学生对教学方法变化不适应

受到初高中思政课考试要求、学生思维习惯、学习习惯差异的影响，初高中思政课教师在教学方法上也存在着明显的差异。基于教学内容的特点，初中道德与法治课堂更加注重学生的课堂体验，更加注重开展体验式学习，大多采用讨论、案例分析、翻转课堂等教学方法。注重培养学生的学习兴趣以及提升课堂参与率。初中教师教学形式多样，课堂气氛活跃，注重通过联系学生的生活实际，让学生在实际参与中树立正确的三观。

高中阶段思政课迫于高考压力以及繁重的教学任务，教学节奏明显加快。课堂上以教师讲授为主，学生参与或者自主探究的机会较少，因此对于学生来讲课堂容易显得沉闷枯燥课堂缺乏灵活性。相较于初中，高中思政课更加注重知识的广度和深度，注重激发学生的理性思考、逻辑思维能力的培育。

（四）教师跨学段交流频次不高

通过对初高中思政课教师问卷调查发现，尽管目前各地区都已经逐渐开展以大中小思政课一体化建设为主题的教研活动，但很多时候这类活动只是局限于经济教育都相对发达的大城市，中小城市此类活动开展的相对较少。初高中思政课教师之间缺乏沟通交流会使得教师对学生心理状态、能力发展水平以及对方学段的教学内容、教学目标以及教学重难点掌握不到位，教师无法选择更有针对性的教学内容和教学方式。那么在教学过程中就会产生很多问题，比如超前教学，本应出现在下一阶段的教学内容却在本教学阶段提前完成，教学难度与本阶段学生身心发展不匹配，学生学习起来相对困难，因此严重打击学生学习积极性。同时还可能出现重复教学，在上一阶段已经详细讲授过的并且学生已经相对熟悉的知识点再次出现，会给学生带来一种老生常谈的感觉，容易激起学生的反感情绪，使得学生更加厌烦思政课，影响学生学习思政课的主动性。

四、初高中思政课教学衔接存在问题的归因

（一）初高中思政考试评价机制不同

在我国应试教育的大背景下，考试这一指挥棒在很大程度上影响了初高中思政课教师的教学内容，使得教师在选择教学内容时对课程标准中规定的课程目标并不多加考虑。

（1）我国部分地区在中考中对初中政治要求很低。因此在这样的情况下，教师和学生面对政治学科的升学压力就相对于其他科目较小。在日常教学中，书面作业也很少，实践作业更是几乎没有，学生对于政治课的想法就是上课做好笔记，考前背一背，能顺利通过中考，进入理想的高中就可以。在部分开卷考试的地区，部分教师和学生认为初中政治只需要在教材上划出相应的知识点、以便在中考时能够快速在教材上找到相应的知识点就好。相较于数学、英语、物理等其他科目，学生为政治付出的时间和精力少之又少，学生对教师的依赖性较强，更倾向于等待教师在课堂上将知识点传授给自己。且不太重视对知识点的深入理解和思考，且大部分学生都没有将教材上的知识点与自己生活实际相联系。

（2）相较于中考，高考中对政治科目的要求就高得多。高考的目的就是人才

选拔，要求学生掌握深厚的政治常识以及具备较强的逻辑思维能力。高中教学内容相比于初中更加深奥与抽象，因此学生不能仅靠死记硬背而取得好成绩，需要学生在理解的基础之上进行掌握。且近几年高考政治出题越来越灵活，不再局限于书本上的内容，更加考验学生的抽象概括能力、分析能力、时政掌握、逻辑思维能力等综合素养，目的在于考验学生结合社会现象，分析问题解决问题的能力，高考指挥棒越来越倾向于全面发展的人，而不是只会背一背会做题的人。如果学生进入高中以后，仍然继续采用初中政治的学习态度和学习方法来学习高中政治，不根据自身实际情况主动转变学习方式方法，不注重对知识的思考和运用，而只是死记硬背与实际生活脱节，不注重自身各方面素养的提高，那么高中阶段的学习效果必然不理想。

（二）初高中教材内容缺乏科学配置

初高中思政课教材内容出现简单重复和断层的最直接原因就是初高中思政教材的编写缺乏合理规划，其中既包括对教材编写人员的合理规划，更包括对教材内容的统一规划。

（1）在教材编写时间上，初中统编版《道德与法治》教材的编写工作开始于2012年，完成于2017年，而高中目前大多数地区已经开始投入使用的《思想政治》统编版教材的编写工作开始于2017年，完成于2019年。尽管两学段的教材编写都是由教育部统一牵头，但是由不同的部门具体负责。初高中思政教材的编订是由该学段的专家学者以及一线教师联合编撰而成，因此初高中教材是两个独立的编写组，这就会造成专家们在编写教材时或许存在各自为战，只关注研究本学段教材内容的现象。在没有健全的教材编写沟通体制的条件下，或者未能使相邻学段的专家教师参与到教材编写中，就会使得教材编写在理念、思路上存在差别。

（2）在初中思政课教学内容有大量相似主题的背景下，专家们就更加不可避免地将相关内容都编写进教材造成教材内容出现简单重复的问题。同样，由于缺乏沟通与交流，专家与一线教师们对对方学段的教学目标，教学内容，学生身心发展等情况了解不够深入与全面，对学生能力发展评估不合理，因此可能会导致教材内容出现断层的情况。

（三）学生思维方式学习习惯的差异

（1）初中学生与高中学生身处不同的年龄阶段以及不同的教学阶段，因此其思维方式也必然会有所不同。初中生思维水平发展较低，而高中生的抽象逻辑思维得到了一定的发展，高中思政课学习内容较为抽象且偏重理论，因此对学生的思维能力就提出了更高的要求，尤其是必修一"中国特色社会主义"以及必修四"哲学与文化"以及三册选修书目，用马克思主义方法论去看待问题、解决问题。但当学生从初三步入高一时，其思维能力并没有很大的转变，在其思维能力的基础之上理解高中政治的内容还是相对困难，这样的情况就给初高中思政课教学衔接造成一定的问题。

（2）初高中学生的学习习惯也会对初高中思政课教学衔接带来一定的影响。很多时候，学生虽然在形式上已经进入了下一阶段的学习，但面对同一门学科，很多学生都会在不知不觉中继续采用上一学段该学科的学习习惯。初高中思政课虽然属于统一整体，但其作为整体的一部分依然有着许多的不同，除了学习内容的难度增大，其适合采用的教学方法，应该设置的恰当教学目标，以及课标规定的教学内容都有所不同。因此，面对以上因素的变化，学生的学习方法也应该随之改变，教师需要帮助学生养成良好的学习习惯。初中政治教学内容贴近学生生活实际，学生理解起来相对容易，比较直观易懂。加上部分地区如重庆，中考政治为开卷科目，学生课堂认真听讲，再按照老师的要求认真做好笔记就可以。但高中内容抽象性、逻辑性相较于初中就大大提高，除了老师上课所讲，更要求学生具备独立思考、整理归纳的能力，重在对知识的应用和理解。这种学习习惯在初中是很少要求的。

（四）教师间跨学段沟通机制不健全

初高中学生思想道德的发展以及培育是一个十分漫长的过程，需要初高中思政课教师长期坚持不懈的培养，为保持学生思想道德素养的持续健康稳定发展，在客观上就必须打破初高中思政课教师"各扫门前雪"的现状，打破初高中之间的学段屏障，理顺初高中思政课教师之间的沟通交流机制。我国每年各地区都会组织相应的学术研讨会以及各种类型的授课竞赛，但这些活动很多都是局限在某一学段或者各学段分开进行，不同学段的教师很少聚在一起沟通交流。

无论在学校还是教育主管部门，都没有对初高中思政课教师之间的交流做出制度上的规范，更没有规定教师之间一学期需针对衔接沟通交流的次数，需要得出的成果。没有制度的保障，没有相应的奖惩措施，许多活动也是时有时无，因此在教师心中，初高中思政课教师之间的沟通交流也就可有可无。尽管教育部出台文件成立了大中小思政课一体化建设指导委员会，各地区也根据中央文件纷纷建立该省的大中小思政课一体化建设指导委员会，旨在加强学校思政工作，推动思政教育高质量发展，对改进该地区的思政工作进行领导、指导、咨询、示范、培训、研判的决策。但仔细研究发现，其中涉及初高中思政课教师之间的沟通交流也很少。因此，初高中思政课教师之间沟通交流的平台乃至体制保障都相当缺乏。

五、初高中思政课教学衔接的优化策略

（一）整体构建初高中课程目标

思政课的课程目标是学生在学习思政课后要达到的智力、品德、体质等方面所要达到的预期。同时也是确定思政课教学内容、教学方法、教学目标的基础。初高中思政课教学衔接，首先需要实现课程目标的一体化，整体构建课程目标，在大方向上坚守立德树人总目标。但由于初高中思政课教学内容以及学生身心发展整体水平的差异，课程目标还需细分到两学段，环环相扣、螺旋上升。实现立德树人总目标和学段目标相结合，才能更好实现初高中思政课教学衔接。

1. 坚守立德树人，落实根本任务

初高中思政课肩负着立德树人的神圣使命，贯穿于青少年成长成才的全过程，不论在哪个学段都应该坚守立德树人这一根本任务，以中国特色社会主义新时代为大背景，循序渐进、螺旋上升的设置思政课教学目标。在实践层面来看，初高中思政课教师的教学目标存在着忽视落实立德树人总目标的情况，反而以中考高考为指挥棒，存在将常考内容作为教学重难点的现象，而忽视对学生思想道德素养的培育。针对各学段相同主题的教学，教材内容明显是想要达到不同深度的教学，但在各学段教师的实际教学实践下却变成了同一层次，在这样的情况下，不同学段学生所接受到的教学内容自然也就成为同一深度。

立德树人根本任务的实现不可能一蹴而就，而是需要各学段环环相扣、是一个漫长的过程。因此思政课作为立德树人的关键课程，为了落实这一根本任务，教师在教学实践中需要根据思想政治教育规律以及学生身心发展规律对初高中思政课教学目标教学整体规划，将立德树人总目标贯穿初高中思政教育。

2. 研究课程标准，完善衔接工作

初高中思政课教师应充分研究对方教学阶段的课程标准，从整体上把握初高中思政课整体要求，依据课标的指示处理教学衔接。2018年颁布的《普通高中思想政治课程标准（2017年版）》在2020年5月在落实全国教育大会和学校思想政治理论课教师座谈会等会议精神后进一步修订完善。最新版《道德与法治课程标准（2022）》也在2022年秋季开始执行。

（1）初高中思政课教师要研究两个课程标准的整体要求，明确初高中思政课的性质、课程要求以及基本理念。初高中思政课是一个系统联系的有机整体，因此，教师不光需要研究本学段的课程标准，同时还需要分析对方学段的课程标准。学习课标，第一步就是将两阶段教育部最新出版的课标通篇浏览并理解，一字一句、确保理解无偏差、无盲点，初高中课标对比读，读出文字背后的深意。与不同学段的思政课教师相互交流，深入探讨初高中思政课课标的异同点以及衔接点，所有的课标要求都要通过教学活动体现出来，通过教学落实到实践中。同时可借助网络资源，了解专业学者们对课程标准的权威解读，掌握新旧课标的变化，掌握课标精神和编写思路。这样有利于初高中思政课教师从宏观上把握初高中思政课的异同，从而确定本学段的教学目标，合理规划教学内容，避免教学内容简单重复，从而促进初高中思政课教学有效衔接。

（2）研究课程标准，需要结合新时代发展趋势。当今时代正是网络高速发展的时代，学生们每天都能够通过各种各样的渠道接收到各种各样的信息，各类热点事件层出不穷，因此初高中思政课标的修订永远滞后于时代的发展。教师在研究初高中课程标准时，需要结合当前的时政热点，来把握初高中衔接的方向。对于初中生，可以采用贴近其生活的、比较直观的方式，举出正反两方面的案例，引导学生进行分析，使学生在直观感受中做出正确的选择。而面对同样的热点事件，高中生已经有了独立思考的能力，在教学过程中可以议题式教学，使学生自主探究，从而加深学生的理解，教师只需要在适当的时候做出积极的引导即可。

3. 分析课程目标，找准目标差异

各阶段的课程目标都引导着整个阶段的教学活动，因此，课程目标的制定在初高中思政课教学衔接中起着非常重要的作用。初高中思政课虽然是系统联系的有机整体，但作为组成整体的两个部分，初高中思政课在教学内容以及教学目标上还是会有所不同，这也是根据学生身心发展的阶段性的合理安排。

（1）初高中思政课课程目标应体现出层次性。初中阶段思政课，是一门以初中学生学习生活实际为基础，重点在于引导学生树立正确三观，促进学生思想道德发展的综合性课程，正确处理我与他人、我与社会、我与国家、与人类文明的关系培养学生做社会主义建设者和接班人的意识。

（2）高中政治相较于初中政治难度就提升很多，且涉及知识面更广。引导学生去认识世界、了解世界、探索世界。掌握有关中国特色社会主义的基本知识，学习政治、经济、哲学、文化等各个领域的知识，引导学生树立正确的价值观，培养学生学科核心素养。

（3）初中道德与法治课主要要求学生理解所学知识，并能在实际生活中简单运用，主要目的在于树立学生正确的观念，增强其社会责任感和担当意识。而高中学段的要求则更高一些，更加强调学生未来的发展素养培养。培育社会主义核心价值观，增强社会理解和参与能力，要求学生能够利用所学知识分析社会现象并指导其社会实践。从初高中不同的培养目标我们可以看出，高中思政课是初中思政课培养目标的拓展和延伸，高中是对初中的传承和延伸，课标中规定的培养目标具有螺旋上升的态势。在教学过程中，教师不仅需要从宏观上把握初高中思政课课程目标的差异，在实际教学过程中，还需要明确两阶段教学目标的差异，只有通过教学实施，课程目标才能够转化为现实。按照学生发展的阶段设计由易到难，由浅入深的每堂课的教学目标，因此教师在教学过程中需要认真分析初高中思政课教学目标的差异，充分了解学生认知基础，分析初高中学生之间的个体差异，因材施教，使学生在不同的教学阶段都能够感受到思政课的魅力。

（二）实现教材内容一体化

1. 协同推进，实现教材研发最优化

加强对初高中教材内容的统一规划，对初高中两学段教材内容进行合理编排。教材编写人员，需要牢固树立教材衔接理念，加强交流与合作。可以整合一支来自初高中不同学段的专家以及精通自己学段教学的一线教师组成的教材编写队伍，对教材内容进行统一布局，确保编写人员结构的多元化，打破以往初高中思政教材独立编写的困局。统一规划并不是不分主次、没有重点、不重视学段间的差异性的研究，而是明确中学思政课整体教学内容的前提下对各学段进行深入研究，再在此基础上进行整合，以此实现教材内容的统一规划。在教材编写过程中，明确初高中思政课教学内容是统一整体，各知识点之间并不是独立的存在而是相互联系，面对同一主题教学内容，初中阶段应是高中阶段的基础和铺垫，高中阶段应是初中阶段的拓展和深化。初中道德与法治教材以及高中部编版教材已经在全国范围内大量使用，那么如何减少两个学段之间教学内容的跨度，克服教学内容"断层"的现象，使初高中思政课教学更加符合学生身心发展规律，初中阶段可以研发选修教材、各地可以尝试研发地方教材，而各学校可以尝试研发校本教材。从而弥补初高中两学段教学内容之间的部分鸿沟。在其中，以初中教材内容为基础，但具有一定的拓展延伸，延伸高中教学内容。初中道德与法治教学内容相较于高中思政教学内容更加贴近学生生活实际，更加直观具体，更容易激发学生兴趣，而高中思政课教学内容，更加抽象，理论性更强，特别是高一第一学期学生

学习的必修一《中国特色社会主义》的教学内容涉及的历史唯物主义的相关知识，这样的教学内容之间的跨度一时间让很多学生难以接受。而选修教材和校本教材是初中教学内容和高中教学内容之间的桥梁和纽带。因此研发选修教材或者校本教材，不仅需要依据学生现有的知识能力水平，同时也需要考虑到高中教材内容，在初中教材的基础之上，逐步向学生渗透马克思主义哲学思想，用简单风趣幽默的材料或者故事讲透深奥的理论，从而增加学生对高中教学内容的接受度。

2. 梳理教材，增强教学内容连贯性

思想政治课教材是思政课课程内容的主体，其主要反映在不同教育阶段的教育目标、教育重点和教育方向。尽管初高中思政课教材在深度、难度以及广度上差异很大，但在教材具体内容上仍然存在许多可以衔接的点。因此，初高中思政课教师在日常教学实践中不能仅仅着眼于本阶段的教材内容，还需要兼顾对方学段的教材内容，统筹安排、合理规划，从而体现思政课教材的递进性和层次性，做好教材内容的衔接。初高中思政课教学衔接的有效保障，是教材内容的连贯性。

（1）教师需要研读教材，掌握了解初高中思政课教材内容。教师对教材的研究和实践程度直接关系到教材目标的实现程度，因此教师要努力做到钻进教材、读懂教材，跳出教材、重构教材甚至超越教材。才能统筹规划教学内容，为初高中思政课教学衔接助力。初高中思政课教师要改正唯分数论的观念，将中高考指挥棒对教材内容连贯性的影响降到最低，认识到中学阶段是学生成长成才、是为党和国家培育社会主义事业接班人的关键一环。将党的理论深入浅出地帮助学生入脑入心，将学生在课堂上学习到的理论知识转化为爱党爱人民爱国家爱社会主义事业的具体行动。将立德树人贯穿于整个教学过程，明确本学段教学内容在承前启后中发挥的重要作用，确保初高中思政课教学内容的连贯性。

（2）初高中思政课教材编写人员，也应该树立教材一体化意识，打破初高中思政课教材之间的壁垒。正确处理初高中两学段之间存在的教材内容的简单重复，对其进行合理删减。同时，教材的编写还需要开放视野，教材内容需要贴近学生生活实际，

跟随时代发展脚步，充实初中思政课教材内容，做到教材内容不是简单的知识点的堆积，而是能够促进学生知识和能力以及思想道德的协调发展，为学生开始高中阶段的学习奠定基础。在高中阶段，教材内容的编写应该以初中教材为基础，高中教师在备课过程中遇到与初中内容存在简单重复的地方，需要采取适当的处理方式，避免给学生留下政治课老生常谈的印象，适当加入符合学生能力发展水平的内容。

3. 对比教材，体现教学内容层次性

为体现教学层次性，初高中思政课教师可以将两学段教材内容可以进行衔接的地方进行重点关注，以求思政课教学内容的循序渐进，螺旋上升。本文将初高中思政课教材中可以互相关联的知识点进行了梳理（详见本章结尾附件）。

（三）优化教学过程

1. 根据学情培养学生主动衔接

（1）学生需要在初中政治课的基础之上养成良好的学习习惯。与高中学习相比，学生在初中阶段的政治学习带有很强的随意性和依赖性，自我控制能力不强，且部分地区的中考政治是开卷考试，难度不大，主要考查学生思想道德水平、对国情国策的了解，以及运用所学解决生活中实际问题的能力。而高考中，政治科目是闭卷考试，要求学生运用所学知识对当前政治热点进行分析论证、归纳总结、推演论证等，难度大大增加。因此，学生进入高中之后需要在初中的基础之上养成良好的学习习惯，其中包括课堂上的良好表现、课后的自我归纳总结、制定严格的学习计划、良好的作息习惯、关心时政并将所学知识密切联系生活实际等等。其中课堂上的良好表现以及课后的自我归纳总结是学生能否良好的吸收接纳教材内容的前提，有利于学生梳理出关于教材内容的思维导图，从而达到良好的学习效果。制定严格的学习计划以及养成良好的作息习惯，则有利于学生养成良好的生活习惯，提升学生自我控制力和自我规划能力，符合高中学生长战线学习的现实情况。总之，学生养成良好的学习习惯，有利于在培养学生思政核心素养的同时，助力其提高学习成绩。

（2）激发学生学习思政课的兴趣和动力。高中学生相较于初中生已经具备一定的独立能力，但是在进入一个全新阶段的学习时，面对陌生的老师、陌生的同学、难度跨度较大的学习内容以及陌生的学习环境时，部分学生依然会感受到不适应。这样的不适应在很大程度上会直接影响到学生的学习效果，情况严重的会使学生产生厌学、惧学的心理。许多学生在初中时可能学习成绩优异，但到了高中，不能适应新的学习环境，以至于上了高中之后成绩开始逐渐下滑，这种学习效果上的落差感会使学生逐渐减弱甚至丧失对思政课的自信心，从而影响整个学习效果。因此，学生需要树立初高中思政课衔接意识，自觉了解初高中思政课在教学内容、教学方法以及学习方法上的不同。教学内容上的差距与教学方法上的不同对于学生来说属于客观因素，学生无力改变，但学生可以充分发挥主观能动性，以克服面对新环境的不适应，正确认识自己，不骄不躁、积极向上，探索适合自己的学习方法，端正学习态度，寻求学习思政课的乐趣，在学习当中获得满足感，以求尽快适应新学习阶段的生活。只有这样，初高中思政课育人效果才能稳定健康持久，初高中思政课教学衔接才能有效推进。

2. 结合教材梯度开展阶梯教学

对于刚从初中阶段升入高一的学生来讲，高一思政课的教学内容有一定的难度，且教学节奏突然加快，面对这样的变化，许多学生一时间很难适应。若在这时，教师对学生进行阶梯式教学，将教学内容进行合理的二次安排，使其由易到难、由浅入深、由慢到快，采取不同的教学方式和教学模式，学生将会比较容易接受。

（1）教师需要依据不同学生知识能力水平以及教学内容难度差异等开展阶梯式教学。初中阶段学习内容较少且贴近学生生活实际，教师教学节奏也相对缓慢，能给学生留出许多的独立思考的时间，重点在于使学生掌握一些必备的基础理论知识和培养正确的情感态度价值观，学习氛围也较轻松愉悦，因此学生学习起来相对没有那么困难。高中阶段的学习容量增大，因此教师授课节奏也加快，高中教师更加注重培养学生的综合能力。面对这样的差异，高中教师需要根据两阶段学生的不同以及教学内容的差异开展循序渐进的阶梯式教学，引导学生对初中已学习知识进行回忆，为高中即将学习的知识进行铺垫，实现新旧知识的过渡，从而帮助学生尽快适应高中阶段的学习。

（2）教师在教学过程中要逐渐加快教学进度、加深教学难度。在高一的初始阶段，为了使学生更易于接受，更快适应高中阶段的学习，教师应当适当放缓教学速度。但在学生逐渐适应高中阶段的学习以及适应高中阶段教师的授课方式之后，教师可以适当提高教学速度，加深教学深度这样才能更好地帮助学生适应高中的学习生活。教师在一开始适当放缓教学速度，并不意味着暂停教学，而是通过恰当的教学方式，生动有趣的教学案例，包括给学生留足独立思考和消化教学内容的时间使其打牢知识基础。在学生掌握了基础知识以及适应了高中的教学节奏之后，再加快教学进度以及教学深度，帮助学生很好地从初中过渡到高中。

3. 遵循教学规律加强学法指导

（1）初高中思政课学习内容不同，教师要对学生进行听课策略的指导。让学生明确本堂课的教学重难点，使学生在有限的时间和精力的前提下集中注意力，有重点地听课，在课堂上一边听讲，一边积极思考。初中道德与法治课内容相对简单，但高中思政课内容较多、难度较大，加之教师授课节奏加快。因此学生需要更有重点地听课，并学会自己总结，形成自己的思考。在听课过程中对于初中学习过的概念原理等进行对比、比较和分类，在初中基础上进行深度学习，真正将老师课堂所讲内化于心，从而提升听课效率。

（2）教师应对学生进行思维策略指导，促进学生思维升级。初中道德与法治课程的学习中，学生主要以形象思维为主，而到了高中思政课阶段，教师着重培养的是学生的抽象思维能力。因此教师在教学过程中的教学语言要注重逻辑性，板书和课件上可以采用思维导图的方式帮助学生梳理逻辑，让学生初步形成综合分析、抽象概括、推理判断等能力。比如在进行必修四《哲学与文化》教学后，可以引导学生对整个哲学内容进行梳理，做成思维导图。这样一来，学生对哲学内容的框架已经有了全面的掌握。

（3）教师要对学生进行记忆策略的指导。鉴于部分省市中考时道德与法治课为开卷考试，因此从初中开始，学生对思政课内容的记忆能力略显不足，到了高中阶段记忆量突然增大，这将直接影响到学生学习高中思政课的效率。因此教师要指导学生采用科学的方法对学习内容进行记忆。指导学生理解消化相关内容，及时复习，多感官并用，对所学知识进行精加工，提高记忆效率，从而减少因初高中思政课学习方法的差异带来的影响。

（四）强化两学段师资队伍衔接

1. 健全不同学段学校及教师交流机制

（1）可以在初高中思政课教师之间建立定期的集体教研活动。教师在参与教研活动的过程中"手拉手"备课，了解对方学段的教学内容和教材体系，了解不同学段学生的学习特点。政治的教研组长可以组织每周一次，甚至是两周一次的初高中集体教研活动

（2）开展初高中学段思政课的同课异构活动。高中教师也需要了解初中教材，避免知识点的简单重复或者断层。同时还需关注对方学段的教学目标，以其为初高中思政课教学衔接的着力点。通过同课异构，初高中教师能够在短时间内对对方学段的相同主题教学内容进行了解，从而促进初高中学段的教学衔接。

2. 对初高中思政课教师进行衔接培训

首先，对教师进行衔接培训，可以提升教师衔接意识。其次，关于培训的具体内容，"育人者要先育"。一是需要对教师进行理想信念培训，初高中思政课教师是学生对党和国家政治认同情感产生的重要奠基人，初高中思政课教师更要首当其冲的坚定马克思主义理想信念不动摇，时刻保持政治清醒，将社会主义办学理念贯穿思政教育全过程，坚守教师职业道德。二是对专业知识和能力的培训，

丰富思政教师的专业储备，不断扩展知识的广度、深度，主动对标国家需求和科技前沿的知识，保证知识传授符合人才培养的要求。

3. 提升初高中思政教师队伍关键素养

（1）政治素养。旗帜鲜明讲政治是中国共产党治国理政的优良传统，特别是初高中学生正处于三观形成、扣好人生第一粒扣子的关键期，初高中思政课教师要坚持为党育人、为国育才，坚持正确的政治方向，这就要求教师要有高度的政治素养。其一要有坚定的政治信仰。传道者须先得道，初高中思政课教师要真学真懂马克思主义，坚定对马克思主义始终如一的信仰。面对初入学的高中生，突然从易理解且直观的初中知识过渡到较为抽象的高中知识，高中教师要能够深入浅出、春风化雨为学生讲授马克思主义的真理，真正坚定中学生的政治信仰。其二要有明锐政治觉察力。当前社会，学生每天接收到的网络信息中掺杂着许多错误的思想观点。加之中学生辨别力不强，很容易受其影响。若是初高中思政课教学衔接效果欠佳，很容易给学生造成思政课老生常谈、假大空的印象。因此，初高中思政课教师要作为学生思想的守护者。将社会上学生关注度的热点问题以政治角度分析，传递主流意识，向学生传递党治国理政的智慧。其三要有勇毅的政治定力。习近平总书记指出："在原则问题上决不能含糊、决不能退让。"初高中思政课教师在大是大非问题面前，能够抵制住各种不良诱惑，经受住考验。以身作则，成为学生思想的引领人。

（2）能力素养。一是创新思维，习总书记在多次讲话中提到了创新思维的重要性："思政教师要做学生创新思维"的引路人，初高中思政课教师的思维特点会直接影响到学生的思维发展。创新思维要求思政教师顺应时代和科技的发展运用各种手段进行思政课教学，从而提升思政课感染力和亲和力。同时要求能够通过辩证、历史的角度看待社会事件，尊重不同学生发展水平，使每一位学生都能受到思政课的感染。二要拓宽视野。要做好初高中思政课教学衔接，要求教师必须有丰厚的知识储备，否则面对衔接中出现的各种问题，教师必然会捉襟见肘，要有超越学生的知识水平和视野，才能够游刃有余、深入浅出的为学生讲解理论知识。

（3）师德素养。习总书记强调，评价教师队伍的第一标准应该是师德师风。"自律要严""人格要正"是习总书记对思政课教师提出的严格要求。初高中思政课教师作为学生的引路人，要做到课上课下一致、网上网下一致，对待网络上、社会中的言论要带头识别、不轻易相信、不轻易传播。把握好自己的行为界限，明白作为一名思政课教师什么行为可以做，什么行为不可以做。要求学生做到的事情，思政课教师首先要带头做到。向学生弘扬主旋律，为学生提供成长动力。用自己的高尚人格感染学生，"做一个高尚的人、纯粹的人、脱离了低级趣味的人。"同时，教师高尚的人格可以促进教师与学生之间良好师生关系的培养，亲其师才能信其道，对于初高中思政课教学衔接有着很好的促进作用。

（五）完善衔接制度保障

1. 改进衔接工作责任机制

（1）要认真贯彻党委领导下的校长负责制，校长需要主动承担责任，认识到初高中思政课教学衔接在大中小思政课一体化建设中起到的至关重要的作用，针对本校教师和学生特点，制定有针对性的衔接计划及方案，真正做到指导和关心初高中思政课教学衔接，并针对本校教师培训、师风师德建设、学生衔接适应性等方面提出有力措施。同时，管理人员可以在不同学段和不同部门之间轮岗，到不同学段进行交流，增强同理心以及初高中思政课教学衔接的实际操作能力。在交流借鉴中发现初高中思政课教学衔接中出现的问题，并解决问题。

（2）地方各级教育主管部门要改善领导，协同配合。明确部门间职责分工，将科学有效的衔接理念以及具体可操作性强的衔接方法传播给教师以及学校领导。同时做好具体的衔接奖惩措施，促使教师和学校相关负责人主动衔接。在大方向上将衔接目标进行拆分，细分到每一阶段，推动学校负责人和教师在具体实践中落实大中小思政课一体化建设的相关理念。同时，联系宣传部门、团委等引导社会风向，明确衔接的时代意义。目前我国大中小思政课一体化建设已经有了专门指导委员会，初高中思政课教学衔接是大中小思政课一体化建设的重要环节，因此初高中思政课教学衔接也应该接受指导委员会的指导，才能从制度上、管理上实现初高中思政课教学有效衔接，才能规避初高中思政课之间各管一摊的现状。

2. 创新师生评价考核机制

（1）以生为本，实现评价标准多元化。现行初高中思政课对学生的评价内容主要是对教材内容掌握情况的评价，将周考、月考、期末考、考试的考试分数作为评价学生的唯一标准，这样会导致初高中学生对教材内容的学习只是停留在表面的浅显知识而缺乏自己的思考与感悟，更没有综合素养的培育。初高中阶段都应该注重对学生核心素养的培育，但又有所侧重。在初中阶段的教学评价中，需注重对学生基础知识掌握评价，以及解决生活中实际问题的能力的评价，同时注重学生情感态度价值观的培育。高中阶段对学生的评价上要突出学生对教材内容以及政治观点的理想思考以及批判思维。如在考察关于我国社会主要矛盾的相关知识时，初中阶段重点考查学生是否理解并知道我国社会主要矛盾的变化，而高中阶段则要求学生能够将新旧主要矛盾进行对比，理解解决新时代中国发展主要问题的根本着力点，要求学生具备分析问题、解决问题的能力，在初中评价内容的基础上有所加深和拓展。

（2）注重评价方式多元化。目前初高中思政课对学生的评价方式还主要是通过考试评价。教师与家长的观念中还存在着部分唯分数论的思想，但如果在教学评价中只是一味关注学生的考试分数，则会忽视对学生思想道德素质以及各方面综合素质的评价，卷面分数并不能完全体现出思政课育人成效，更多地要在学生的日常生活中、情感态度中考察其思想道德品质。因此在教学评价中要注重形成性评价与终结性评价相结合、单向评价与综合评价相统一，建立动态科学多元化的评价机制。不要只关注学生在考试中的分数，要重视学生在学习过程中的现实表现，通过即兴演讲、辩论赛、社会调研等活动培养学生语言表达、逻辑思维能力。在教学评价中不仅要注重学生对课本内容的掌握情况，更要考查学生理论联系实际的能力，归纳分析的能力，情感态度价值观的培育等，实现初高中思政课教学评价方式多元化，助力初高中思政课教学衔接。

（3）为完善初高中思政课教学衔接，也需要创新对教师的考核评价，科学合理的评价考核能够为初高中思政课教学衔接激发出源源不断的活力，从而为大中小思政课一体化建设提供助力。在评价内容和方法上，将师风师德作为第一评价标准，要破除"五唯"对思政课教师的制约。除了考察教师所教授理论成绩之外，还可以加上部分衔接以及一体化内容，如参与初高中集体备课、交流研讨、同课异构等频率以及效果的考察。在评价教师的主体上，可以采用多元评价，社会、学生、家长、校外主体都可以成为评价教师衔接成效的主体，广泛接受不同意见，形成系统完备、多元协同的评价体制。

附　初高中思政课教材关联知识点梳理

1. 改革开放主题
（1）教材位置

初中	九年级上册第一课《踏上强国之路》
高中	必修一第三课《只有中国特色社会主义才能发展中国》

（2）教材内容分析

初中	改革开放的原因、意义，中国腾飞的表现、改革开放的地位。为什么以及如何全面深化改革、为什么以及如何让人民共享发展成果。
高中	相较于初中，增加了党和国家做出改革开放历史决策的时代背景，以及农村到城市、从经济特区到沿海开放城市、南方谈话和建立社会主义市场经济体制、加入世贸组织这一系列全面深化改革开放的进程。实践先锋、重大意义以及成功原因。中国特色社会主义的创立、发展和完善。其中初中与高中对改革开放的意义描述相似。但高中阶段增加了关于中国特色社会主义的内容。

（3）衔接要求

初中阶段对本主题的教学要求达到学生能够初步了解我国改革开放的时间、取得成就，以及地位。感受中国共产党带领中华民族从站起来、富起来到强起来的伟大历程，认识改革开放是当代中国的强国之路、富民之路。

高中阶段在初中基础之上，学习更加复杂的改革开放的时代背景和改革开放的进程，理解改革开放的必要性；通过学习改革开放40多年的成就，理解改革开放对实现中华民族伟大复兴的重大意义，在新时代持续深化改革的必要性，更深层次认识到中国共产党为实现民族复兴带来中国人民做出的不懈努力。

2. 法治教育主题

（1）教材位置

初中	七年级下册第四单元《走进法治天地》 八年级下册第一单元《坚持宪法至上》 八年级下册第四单元《崇尚法治精神》 九年级上册第四课《建设法治中国》
高中	必修三第三单元《全面依法治国》 选择性必修二《法律与生活》

（2）教材内容分析

初中	七年级下册第四单元《走进法治天地》：法律的基本知识以及与生活的关系，了解哪些是保护未成年人的专门法律、学会依法办事、树立法治意识。
	八年级下册第一单元《坚持宪法至上》：宪法的地位、组织国家机构、为什么以及如何规范权力运行、坚持依宪治国、加强宪法监督。

续表

初中		八年级下册第四单元《崇尚法治精神》：自由与法治的关系、法律面前人人平等的表现、如何在法律范围内追求自由和平等、珍视自由、践行平等、知道公平正义的基本内涵、理解公平正义的价值、明确个人以及司法如何维护公平正义。
		九年级上册第四课《建设法治中国》：法治对个人、社会乃至国家的重要意义，依法行政的基本知识、如何建设法治政府、法治与德治的关系。
高中	必修三第三单元《全面依法治国》	第七课讲授我国法治建设的历程以及如何全面推进依法治国，和七年级下册学习的法律的基本知识内容相似，部分内容在初中讲解过，比如全面推进依法治国的总目标、基本原则、意义、具体要求等。但理论性更高，更具有中国特色。
		第八课初中阶段只是初步了解法治国家以及法治政府的建设，而高中阶段对三者分别设立了三个框题的专项内容，更加具体明晰。
		第九课为全面推进依法治国的基本要求，在初中的基础之上更加细致、深入地讲解科学立法、严格执法、公正司法、全民守法等基本要求。
	选择性必修二《法律与生活》	在初中学生以及具备初步的法治意识的基础之上，重点介绍如何依法维护自己的权益，介绍了公民的一般公民权利和义务，婚姻和家庭中的法律关系和法律责任，就业关系中的法律保障，以及解决纠纷的方式与途径。

（3）衔接要求

初中阶段教师在教学中应使学生初步感受法律与生活的关系、树立法治意识、努力成为法治中国建设者和参与者。基本养成遵法守法的习惯及意识；并能逐步成为社会主义法治的忠实崇尚者，自觉遵守者以及坚定捍卫者。树立自由平等公正的意识、认同法治是实现自由平等的保障、努力践行平等与公正。知道全面推进依法治国，明白如何厉行法治；能够分析生活中法治现象、明辨法治行为。

高中阶段学生能了解全面依法治国的基本知识；掌握全面推进国家治理体系和治理能力现代化的意义，具备有序参与国家政治生活的能力。学生能够结合生活实际，认识到自己作为公民的民事权利与义务；理解婚姻家庭法律关系中应当承担的法律责任，以及与创业和就业相关的法律制度；能够站在法律的角度运用法律知识看待生活中的矛盾和纠纷，懂得调解、仲裁、诉讼等不同手段的具体运用场景；增强学习法律知识的意愿、在生活中合理运用法律的能力。

3. 中国梦主题

（1）教材位置

初中	九年级上册第八课《中国人中国梦》
高中	必修一第四课《实现中华民族伟大复兴的中国梦》
初中	党的三步走战略、两个一百年奋斗目标的内容、为什么要实现中国梦、如何共圆中国梦。
高中	"中国梦的本质是国家富强、民族振兴、人民幸福"和发展战略是学生在初中阶段已经了解得较为全面，因此高中在此基础上侧重讲解第二三目，新时代中国共产党的历史使命以及分两步走的相关内容。

（2）衔接要求

初中阶段，学生能够理解中国梦的内涵、实现路径以及意义，知道新时代中国特色社会主义发展的战略安排。

高中在初中基础之上进一步坚定理想信念，为实现中国梦贡献自身力量，增强学生的政治认同和公共参与素养等学科核心素养。

4. 基本经济制度主题

（1）教材位置

初中	八年级下册第五课第一框《基本经济制度》
高中	必修二第一单元《生产资料所有制与经济体制》、第二单元第四课《我国的个人收入分配与社会保障》

（2）教材内容分析

初中	初步了解市场经济体制和社会主义市场经济体制，介绍政府宏观调控和市场经济对促进经济发展的过程中起到的不同作用以及其各自的优缺点，按劳分配基本内容，除按劳分配外，还存在哪些分配方式。
高中	必修二第一单元《生产资料所有制与经济体制》 高中教材内容从结构上看与初中差别不大，但是从更深层次上对公有制经济以及非公有制经济的组成、地位，以及意义做出了更详细的讲解，更详细地解释了政府的经济职能，但除此之外，还着重讲解了生产资料所有制与生产力生产关系以及人类社会发展之间的联系，体现出马克思在主义政治经济学的影响。
	第二单元第四课《我国的个人收入分配与社会保障》 在初中基础之上，第一框阐明在我国现阶段，必须实行现有分配制度的原因，解释为什么生产资料所有制决定分配方式，阐述了实施这种分配制度对于我国经济社会发展的意义。
	第二框如何完善个人收入分配以及意义所在。我国社会保障的基本知识以及实现社会保障的手段，这是初中教材中没有涉及的内容。

（3）衔接要求

初中学生能够初步了解我国经济制度，能够将教材内容联系到生活实际。高中在初中基础之上，明确公有制经济与非公有制经济在社会主义市场经济体制中起到的不同作用。然后在此基础上理解经济生活中政府与市场的关系，了解政府如何实现宏观调控。了解我国个人收入分配的方式与途径，理解我国分配制度及其意义，坚定制度自信；理解我国社会保障的主要形式，明确我国社会保障体系建设的目标。

5. 基本政治制度主题

（1）教材位置

初中	八年级下册第五课第三框《基本政治制度》
高中	必修三第六课《我国的基本政治制度》

（2）教材内容分析

初中	中国共产党领导的多党合作和政治协商制度：明白我国政党制度为什么要坚持中国共产党的领导，我国的民主党派，多党合作的方针，人民政协的相关知识。
	民族区域自治制度：民族区域自治的含义、内容以及意义。
	基层群众自治制度：基层群众自治制度的相关内容。
高中	中国共产党领导的多党合作和政治协商制度：高中与初中教学内容 大体一致，但高中阶段更加强调我国政党制度的"新"，更加具有中国特色，并且在初中一带而过的基础上详细解释说明了政协职能。
	民族区域自治制度：初高中教材中都开篇介绍我国民族现状，初中课本只是单纯地在学习民族区域自治制度，但在高中教材中，对自治地方的自治权做出了更详细的解释，严格按照是什么、为什么、怎么做的行文逻辑为学生讲述我国这一基本政治制度。
	基层群众自治制度：与初中内容相比，高中在这一板块上教材内容更加丰富且理论化，高中对基层群众自治制度的阐述更加深入，且所用教材语言更加专业，初中只提了一句话的"人民群众直接行使 民主权利"，在高中教材中被从选举、协商、决策、监督、管理五个方面对公民的民主权利进行了细致的讲解。

（3）衔接要求

初中知道我国三大基本政治制度并掌握其基本内容及其运行情况；在此基础之上理解我国基本政治制度具有的优势。培养出热爱中国共产党和各族人民的情感，并在日常生活中付出实际行动。

高中在初中基础之上认同中国共产党领导的多党合作和政治协商制度是适合我国国情的新型政党制度，增强制度自信。理解我国的民族布局特点，了解我国行政区域划分的类型及地方与中央的关系，理解我国新型民族关系以及处理民族关系三条原则，理解我国为什么爱实行民族区域自治制度以及其要求，理解我国的自治地方和自治机关及其自治权；理解党的宗教工作基本方针。提高运用所学分析政治现象的能力。了解基层群众自治的组织形式，熟悉我国为何要发展基层民主，掌握我国公民直接行使民主权利有哪些途径。认同我国的基层群众自治制度，具备自觉依法参与民主选举、民主监督民主决策、民主管理的意识。

6. 人民代表大会与人民代表大会制度主题

（1）教材位置

初中	八年级下册第五课第二框《根本政治制度》 八年级下册第六课第一框《国家权力机关》
高中	必修三第五课《我国的根本政治制度》

（2）教材内容分析

初中	根本政治制度：人民代表大会制度的内容，为什么以及怎样坚持和完善人民代表大会制度、人大代表的职权和义务。
	国家权力机关：国家权力机关即人民代表大会的性质、代表的选举以及地位、职权等。
高中	第五课包含两框，分别是人民代表大会：我的国家权力机关，以及人民代表大会制度：我国的根本政治制度。 对比初高中教材，关于我国的国家权力机关，教材中都开篇表明，我国的一切权利属于人民，全国人民代表大会代表人民统一行使国家权利，初中对人民代表大会的职权只是以简单的文字叙述，但高中教材中，利用探究与分享以及图表的形式详细阐述了其主要职权，更加深入具体。并在教材中对全国人民代表大会常务委员会进行了专门介绍，用图表的形式形象地展示了全国人民代表大会及其常务委员会组织系统。 关于人民代表大会制度的内容，高中教材中对学生提出了"政体"的概念并对其加以解释，并在初中的基础上对我国根本政治制度的优势分为六段来解释，其内容更加丰富。

（3）衔接要求

初中理解我国根本政治制度的性质和完善方法，能够运用知识分析相关的政治现象。理解人民代表大会的性质、职权、地位和作用。

高中在掌握我国根本政治制度基础知识之上，理解人民代表大会制度的运行方式和制度优势，坚持制度自信。认同坚持和完善人民代表大会制度能够保证人民实现当家作主，坚持全过程民主、保证和发展人民当家作主的制度保障是深化党和国家机构改革、促进国家管理制度和管理能力现代化的实际需要。

7. 党的领导主题

（1）教材位置

初中	八年级下册第一课第一框第一目《坚持中国共产党领导》
高中	必修三第一单元《中国共产党的领导》

（2）教材内容分析

初中	中国共产党的领导地位的确立过程，新时代我们为什么以及如何坚持党的领导，党与宪法法律之间的关系。
高中	学习坚持中国共产党的领导是历史的选择和人民的选择，党的先进性以及坚持和加强党的全面领导的相关知识。关于党的领导地位是如何确立的，在初中教材中只是用一小段话解释，但在高中教材中则是从近代中国的基本国情和主要矛盾以及近代中国各种政治力量解决中国问题的方案和没有共产党就没有新中国等三个方面来详细解释，最后从中国共产党领导人民站起来、富起来、强起来总结中国共产党的领导是历史和人民的选择，是正确的选择。关于共产党的先进性，高中阶段用大量的篇幅详细介绍了党的性质和宗旨、党的执政理念以及党的指导思想，以上内容在初中阶段仅仅是一笔带过。但在高中阶段则从党的政治、思想以及组织等三个方面详细阐述党的领导以及新时代如何加强巩固党的领导。

（3）衔接要求

初中了解中国共产党领导人民的奋斗历史，了解有关党的基本知识。高中能够理解中国共产党领导地位的历史必然性，掌握党的性质宗旨以及指导思想，明白党的先进性，坚持党的领导是中国特色社会主义的最大优势，培养学生政治认同。使学生主动参与从严治党伟大斗争，主动参与党的科学、民主、依法执政过程。培育社会责任感。

8. 文化主题

（1）教材位置

初中	九年级上册第五课《守望精神家园》 九年级下册第一课第一框《共享多样文化》
高中	必修四《哲学与文化》第三单元《文化传承与创新》

（2）教材内容分析

初中	守望精神家园：了解中华文化、中华美德的具体内容，体会中华民族精神的深刻含义及其重要作用；了解构建中国价值的重大意义。
	共享多样文化：认识到文化多样性带给人们的各种好处，正确对待优秀外来文化，正确认识文化差异。
高中	本单元将初中所学有关文化的零散知识聚拢起来，在初中基础之上学习要取其精华弃其糟粕的正确认识与对待中华传统文化，如何认识外来文化及其在中国的发展，如何运用马克思主义、中华优秀传统文化和国外优秀文化的资源建设中国特色社会主义文化强国，更具理论性，更符合高中生思维水平。

（3）衔接要求

初中学生在学习本主题后，能够体验中华民族精神从古至今对推动中华民族生存与发展的重要作用；认识到使各族人民团结的巨大精神力量是中华民族精神；感受到社会主义核心价值观重要作用，增强对中华文化的认同感和归属感。体验世界文化的多样性，学会尊重其他民族文化，增强辨别优秀文化的能力，提高全面认识复杂世界的能力。高中要培养学生正确对待传统文化的意识，弘扬我国优秀民族文化，理解文化交流互鉴的途径和意义；在与其他文化交流的过程中坚定中国特色社会主义文化自信。

第十九章　高中思政课程与课程思政融合模式的探索与实践

课程思政，引领高中思政课进入新阶段。课程思政是党和国家在全面加强思想政治工作的大背景下，在加强和改造学校教育教学的过程中，特别是强调进一步加强思想政治课程与其他课程同向同行、协同发力的形势下提出的重要概念。它以立德树人为目标，以"全员、全程、全方位"育人为引领，推进课程思政建设，促进各类课程与思想政治教育理论课协同发展，直接关系着"为谁培养人、培养什么样的人、怎样培养人"等重大理论与实践问题。

一、为什么要推进"课程思政"

（一）新时代落实"立德树人"根本任务的应然要求

课程思政是新时代教育改革背景下提出的创新教育理念，是落实立德树人根本任务的重要举措。习近平总书记对"立德树人"四个字做过明确指示，要求每个教育者要将思想政治工作落实到教育教学中，将思想政治理论课程和其他各类课程相结合，形成一种协同效应。且不管是古代，还是当代，社会对教师的要求始终都是围绕"立德树人"这个核心，而对于非思政课程教师来说，完成这个根本任务的具体举措，就是"课程思政"。同时普通高中承担着培养社会主义建设者和接班人的神圣使命，高中阶段是提升学生政治素养的关键时期。因此，要想落实立德树人的根本任务，引导学生扣好人生第一粒扣子，除了上好思想政治理论课之外，还应把课程思政作为铸魂育人的新渠道，努力开创全科育人、全员育人新格局。

（二）新时代提升思想政治教育实效性的实然要求

育人先育德，育德先育魂。随着社会的发展，人们对教育的要求也随之提高。除了传授知识和技能，教育还应该注重培养学生的思想道德素质，引导学生坚定的理想信念，承担历史使命，明确政治方向，从而为实现中国梦增添力量和保卫护航。这就是思想政治教育的重要性所在。而课程思政则是思想政治教育的一种具体实践方式。习近平总书记在全国高校思想政治工作会议上的讲话明确指出，"要用好课堂教学这个主渠道，思想政治理论课要坚持在改进中加强，提升思想政治教育亲和力和针对性，满足学生成长发展的需求和期待，其他各门课都要守好一段渠、种好责任田，是各类课程与思想政治理论课同向同行，形成协同效应"。因此，学校不仅要重视学生基础知识的教育，更应该重视思想政治的教育，在课堂教学中应巧妙地融入思政元素，以培养学生崇高的社会责任感，正确的生命观和严谨求实的科学态度，提升思想政治教育的实效性。

（三）新时代形成协同育人合力的必然要求

普通高中课程体系，无论是思政课程，还是"课程思政"均发挥着重要的育人功能。而当前，对于培养学生品格，塑造学生正确的价值观以及人格品质的养成方面，主要还是依赖普通高中专门的思政课程，相比较而言，其他的课程在育人方面则显得明显不够。特别是当前网络的发达和渗透，导致市场化和全球化加速扩散，社会文化形态多元化，人们的思想更加多元化，加之百年大变局中各种意识形态的强力传播使意识形态斗争日趋激烈。面对这些新形势新任务新要求，过去思政课唱"独角戏"的方式已难以适应培育时代新人的教育要求，需要多方面合力奏响课程思政"大合唱"，破解思想政治教育工作的孤岛困境，形成协同育人合力，为整合育人资源、汇聚育人力量开辟新天地。

二、"课程思政"内涵解读及发展历程

（一）对"课程思政"概念的理解

"课程思政"是各门课程在梳理课程蕴含思政元素的基础上，将各门课程教育与思政教育融合，目的是实现知识体系教育与思政教育的有机统一，进而发挥专业课程的思政教育功能与价值。"课程思政"的前提是言传身教，载体是各门课程，路径是显隐结合。教师是普通高中"课程思政"实施的主体，是课堂的主要

负责人，其应具备一定的思政能力，并依托政治格局，在坚定"四个自信"的基础上做好学生的引路人。普通高中的课程体系结构完整，各门课程要充分挖掘课程所蕴含的思政教育元素，做好立德树人教育的载体，以为育人质量的提高奠定基础。"课程思政"要通过显性教育与隐性教育的结合，有计划、有组织地影响学生，使学生在各门课程的学习过程中依托课程内容的思政教育因子树立正确的价值观念，进而坚定中国特色社会主义道路。

（二）"课程思政"的提出与实践

"课程思政"是近年来在教育教学改革的实践当中，通过对各类课程进行功能定位，推进思想政治理论课方式方法创新，在其他各门课程中融入思想政治教育元素等一系列改革，强调发挥课堂教学的主渠道作用，实现全课程育人。这项改革率先在高校开展。

2014年上海最早开始探索"课程思政"，上海大学《大国方略》和上海中医药大学《人体解剖学》先试先行，探索在课程中融入思想政治教育元素。

2016年10月—12月，文汇报、中新网等期刊、网站在报道中开始提及"课程思政"这一理念。高德毅、宗爱东在《中国高等教育》2017年第1期发表了《从思政课程到课程思政：从战略高度构建高校思想政治教育体系》一文，这是学术界首次明确进行"课程思政"研究。

2017年6月，教育部在上海召开了全国高校"课程思政"现场推进会，会议肯定了上海"课程思政"改革探索工作，构建了以思想政治理论课为核心，为各类课程与思想政治理论同向同行、形成协同效应的课程体系。

2017年9月，中共中央办公厅和国务院办公厅印发了《关于深化教育体制机制改革的意见》，要求"全员育人、全过程育人、全方位育人的体制机制，充分发挥各门课程中的德育内涵，加强德语课程，思政课程，注重学科德育，课程思政"，这是党中央第一次将"课程思政"纳入稳健的教育体系。2017年12月，教育部颁发了《高校思想政治工作质量提升工程实施纲要》，详细规划了课程、科研、实践、文化、网络、心理、管理、服务、资助、组织等"十大育人"体系，要求大力推广以课程思政为目标的课堂教学改革，"梳理各门课程所蕴含的思想政治教育元素和所承载的思想政治教育功能，融入课堂教学各环节，实现思想政治教育与知识体系教育的有效统一"。

2018年9月，《教育部关于加快高水平本科教育全面提高人才培养能力的意见》，明确将"课程思政"提升到中国特色高等教育制度层面来认识。

2019年10月教育部在"教育奋进看落实系列通气会"中提出了《全面推进高校课程思政建设》相关材料，认为"课程思政建设是落实立德树人根本任务的战略举措，是建设高水平人才培养体系的基础工程，是构建全员全程全方位育人格局的关键环节"，并提出了明确课程思政内容体系、构建课程思政课程体系、创新课程思政工作方法、建设课程思政工作机制等要求。

2020年5月，教育部印发《高等学校课程思政建设指导纲要》，明确全面推进高校课程思政建设是落实立德树人根本任务的战略举措。在高校价值塑造、知识传授、能力培养"三位一体"的人才培养目标中，价值塑造是第一要务。

（三）"课程思政"的教育教学特征

可见，课程思政强调"知识是载体，价值是目的，要寓价值观引导于知识传授之中"。如果要将课程视作"载体"，"思政课程"是思想政治教育的显性灌输，而"课程思政"则是思想政治教育的隐性渗透，两者的呈现方式不同，但其目标是相通的，都是有目的、有计划地使受教育者形成符合一定社会所要求的思想品德的社会实践活动。"思政课程"是一种实体课程，有明确的教育目标、内容、方法等，同其他众多课程一样是课程体系中的一种。它在我国特色社会主义课程体系中又独具特殊，贯穿在大中小的学校教育中，是专门用来开展思想政治教育的课程，有非常显著的德育教育模式。思想政治理论课的育人特性是伴随着思想政治理论课的产生就存在的，而且思政课承担的育人任务更重。习近平总书记在学校思政课教师座谈会上就指出："思想政治理论课是落实立德树人根本任务的关键课程。""课程思政"并不是要增加一门课程，而是将现有课程作为开展思想政治教育的载体，同样也有明确的教育目标、内容、方法，但与思想政治理论课有严格的区分，强调将思想政治教育通过渗透等方式进行开展，以实现立德树人的根本任务，突破了以前只教书不育人的藩篱。

三、"课程思政"如何推进

（一）构建协同模型，推进知识传授和价值引领的有机结合

课程思政是一个复杂、开放、动态的生成性系统，如何做到"育知"与"育德"的有机结合、达到"育才"与"育人"的真正统一，是各级各类学校（包括高校）必须落实的根本任务和解决的问题。

当前形势下，我国普通高中如何从整体上看待和理解课程思政建设并从整个

学校思想政治教育视野深化课程思政协同体系的构建，既是时代呼唤，又是应对与解决思想政治教育"孤岛效应"的现实所需。在此意义上，明晰高校思想政治课程，课程思政以及普通高中"大思政课"的本质内涵，明确课程思政建设的范围边界，设计课程思政建设的合理化路径成为促进各门学科课程与思想政治理论课程同向同行的必然选择。一般而言，"思政课程"即具有思想政治性的诸多课程。"课程思政"是指将思想政治教育内容、活动等嵌入各学科课程教学中，为增强各学科课程育人效果而构建起的一种全员、全程、全课程于一体的综合性思政育人课程体系，二者共同构成了普通高中思想政治工作中的"课程育人体系"，普通高中"大思政课"是调动学校范围内一切积极因素，凝聚一切育人资源，以整个学校与社会生活作为教育蓝本和素材开展的教育教学实践活动。

课程思政协同建设是一项长期性和系统性工程，《课程思政建设指导纲要》明确指出，全面推进课程思政建设要"紧紧抓住教师队伍主力军、课程建设主战场、课堂教学主渠道"，让所有普通高中、所有教师、所有课程都承担好育人责任。循此而论，我们可以按照育人课程、育人课堂和育人主体三个维度系统构架高校课程思政圈层协同模型。

1. 育人课程维度：构建起思政课程—学科课程—普通高中"大思政课"丰富精品课程

育人课程是在普通高中全面开展思想政治工作过程中专门从事思想政治教育的课程与非专门从事思想政治教育课程的有机统一。普通高中各类育人课程虽然目标指向不同、课程形态各异，但最终目的都是引导学生立德成人、立志成才。值得注意的是，育人课程作为高校思想政治教育课程体系的具体表达，常常受到普通高中人才培养目标、普通高中思想政治工作体系以及高校自身特点等因素的制约。同时，普通高中作为我国高等教育人才培养的场域，也遵循党和国家对思想政治教育的总体目标与顶层规划，普通高中课程思政圈层协同模型的育人课程维度构建也是如此。

育人课程三个维度并非像大中小学思政课建设那样循序渐进、螺旋上升，而是各类课程与思政课课程同向同行、协同共进。因此，普通高中在构建课程思政圈层协同模型的课程育人维度时，要依据各门学科课程的特点与思政课程的政治引领、价值引领作用分圈层协同推进。综合而言，育人课程由内而外可以划分为思政课课程、学科课程与普通高中"大思政课"课程三个圈层。其中，思政课课程是核心圈层（内部圈层），在这一圈层中，发轫于国家意志、集体诉求的深层社会意识被条理性、逻辑化后形成的系统的知识体系，为学生系统化学习思想政治教育知识奠定了基础；学科课程是关键圈层（中间圈层），脉络清晰的学科课程通过学科知识与思想政治理论知识的有机结合，将正确的价值理念融入组织严密的学科课程之中，在专业课程讲授的同时塑造学生的价值观念；高校"大思政课"课程是辐射圈层（外部圈层），通过在学校场域内建构其系统知识符号诠释的完整情景，促进思政课课程在学校全过程、全方位复演，为学生健康人格与正确行为意愿的生成提供可能。

三种类型的课程相辅相成、相互渗透，表现出两个特点：一是自组织性，各门课程思政育人要素从最开始各行其是、各自为战、互不合作的杂乱无序的状态，逐渐向有序发展转变，并最终形成相互支持、协调、合作的有序结构；二是向心性，育人课程在向有序结构转换的过程中，各圈层作用逐渐凸显，核心圈层发挥价值引领的作用。

表1　课程思政、思政课程、普通高中"大思政课"之间的关系

圈层	圈层范围	圈层界限	圈层特性	圈层构成	圈层功能
核心圈层	思政课程	课程育人	理论宣教性	思想政治理论课程 思想政治理论课堂 思想理论课教师	生成正统、合法性的思想政治理论知识，并支配知识的表征方式促进个体感知、习得与深入理解知识
关键圈层	课程思政	课程育人	价值负载性	学科课程 学科课堂 学科教师	促进思想政治理论知识与学科课程的有机融合，深入挖掘学科课程的思政元素，并确保知识表征的内在逻辑与核心圈层同向同行，个体认知的三角互证，情感的脉络性生成
辐射圈层	大思政课	实践育人、文化育人、网络育人、心理育人、服务育人等等	行为重塑性	隐性课程 隐性课堂 全体教职人员	思想政治理论课程在生活场域的延伸——在实践中促进行为意识的生成 通过道德品质、情感等以隐性影响，也有规章、制度等刚性要求

2. 育人课堂维度：构建起思政课课堂—学科课堂—普通高中"大思政课"多维生动课堂

思政课课堂是以习近平新时代中国特色社会主义思想为核心内容的思政课课程群开展的主要场域，是传授新时代思想政治理论课程所包括的系统知识的空间；学科课堂是使学生在习得专业知识、增长专业技能过程的同时坚定理想信念、厚植爱国主义情怀、加强品德修养、提升综合素质的场域；普通高中"大思政"课

堂是学生在学校生活中达到学思结合、知行统一，在实践中增长才干、润智启心的场所。循此而论，在普通高中课程思政圈层协同模型中，思政课课堂处于核心圈层（核心圈层），是"习近平新时代中国特色社会主义思想，党史，国史，改革开放史、社会主义发展史，宪法法律，中华优秀传统文化"等知识的"生产场域"。学科课堂处于关键圈层（中间圈层），是学生情感生成的空间。在这一圈层中，课堂不仅广泛众多，而且多姿多彩，各门课程依托自身的优势，将课堂多样性的特点转化为魅力和优势，促使学生在不同的课堂中自觉完成所习得知识的三角互证，进而在内心深处发出对这些知识的积极评价与积极情感。普通高中"大思政课"课堂处于辐射圈层（外部圈层），为个体正确人格与行为意愿生成提供活性场域与制度环境。一方面，普通高中"大思政"课堂通过构建的创造性生活场域，使认知体验、价值评价延伸至整个学校空间与个体生活空间，使思政课课堂中所传授的知识得以跨空间延续与维持，为行为意愿的生成提供情境；另一方面，普通高中"大思政课"课堂所包含的制度文化将相关知识映射于完整的学校生活情境，以刚性的要求促进着个体行为意愿的生成。在教育教学实践中，三类课堂坚持问题导向与目标导向相结合，全面提升学生思想政治理论素养，促进学生知情意行的协调发展。

3. 育人主体维度：构建起思政课教师—学科教师—教学行政人员组成的多元协同主体

依据育人课程与育人课堂维度的圈层划分，普通高中思政圈层协同模型的育人主体从内向外分别为思政课教师—学科教师—教学行政人员与教辅人员。思政课教师处于核心圈层，是让学生对思政课课程所涵盖的知识从"朦胧"走向"清晰"的关键。一方面，思政课教师作为系统知识的拥有者，可以通过知识的传授促进知识的再生产；另一方面。其作为思政课课程的组织者与实践者，可通过恰当的方法与策略有效促进相关知识的内化。学科教师处于关键圈层，是学科领域思想政治理论知识的"观念凝聚体"，承担着挖掘学科课程思政元素，并将思政元素融入专业课程的重要使命，帮助学生深刻理解中华优秀传统文化、革命文化、社会主义先进文化，增强个体历史自信、文化自信，强化中华民族共同体意识的同时，潜移默化地激发学生的家国情怀和使命担当，强化学生对中华民族身份的价值意会。教学行政人员处于辐射圈层（外部圈层），是在校园生活中与学生交流互动的重要主体，其作为普通高中思想政治工作的顶层设计者，全面规划者以及学生行为的矫正者，主要通过"润物无声"的行为引导以及显性的行为期许促进学生政治人格的发展。

（二）创新教学方式方法，实现学科显性教育与思政隐性教育的有机融合

"课程思政"建设是要将思想政治教育深入和融入各学科教学过程中，以拓宽学科课程的育人价值。教学方法的创新是学科课程思政教育实现的关键。

首先，教师要加强课程教学设计，把握学生思想动态，把社会主义核心价值观、社会主义先进文化和中华优秀传统文化融入课程。结合学科特点，不断凝练课程特色，增强课堂吸引力，引导学生用马克思主义立场、观点和方法分析解决问题。在授课方式上，可以考虑采用项目式、案例式、研讨式与微课相结合的教学模式，增强课程思政教学实效，加强师生教学模式，推进教案、课件、微课、案例融入思政内容，引导学生主动学习、自主学习。

如，"东北大学教育部课程思政教学研究中心"提出了"任务驱动"教学模式，教师分类确定知识传授与价值导向高度融合的教学内容，结合专业特色有机融入思政元素，使其符合学生的认知特点，实现教材内容精选及其向课堂教学体系转化。在课堂教学中，通过小组讨论互评、实验实训、情景模拟、游戏互动等，丰富学习形式，加强知识共享，强化师生互动，生生互动，引导学生在讨论、批判与反思中培养学生解决复杂问题的综合能力、高阶思维和创新精神。

其次，教师要将课堂教学延伸到课外，以信息技术为载体构建多元化教学模式，为思政教育价值的发挥提供更多空间。同时教师要构建与学生沟通的渠道，将教书与育人，言传与身教结合起来，运用好第一课堂和第二课堂，增强学生的价值判断力、选择力和塑造力，以实现其全面发展。初中道法课和高中思政课教学都强调实践活动教学，特别是高中思政课推崇"活动型课堂教学"。理论性和实践性相统一是思政课的根本要求，引导学生走出课堂、走出校园，让学生在参与社区活动和社会实践活动中获得真实的体会进而归纳出知识，又在获得知识的过程中对社会生活有更加深刻的认识，充分发挥实践性课程的育人功能。所以，作为学科教师、特别是思政教师要充分开发和利用各种校本资源，注重场馆资源的参观体验，带领学生开展访谈性的社会实践等活动，把思政小课堂真正与社会大课堂结合起来，提高课程思政的针对性和有效性。

最后，2019年1月25日，习近平总书记在中共中央政治局第十二次集体学习时指出："全媒体不断发展，出现了全程媒体、全息媒体、全员媒体、全效媒体。"这一重要论断，标志着我国全媒体时代的正式到来。全媒体时代的到来是全面推进"课程思政"课堂协同建设不可回避的重要时代背景，给我国高校"课程思政"课堂建设带来全新机遇的同时，也面临着全新的挑战：课堂教学面临着外部信息

环境更加复杂化、多样化，教育对象即高中生的认知方式、思维方式与心理结构受外部环境影响不断变化，难以掌握，传统的教育教学手段和新的教育方式之间的矛盾冲突。2020年2月24日，教育部党组学习贯彻中央关于统筹推进经济社会发展工作部署会议时着重强调：要深化教育领域"供给侧结构性改革"。当前，不断改进创新"课程思政"课堂教学方式，必须立足于全媒体视域下系列教育教学改革成果，以"精准掌握"为前提，以新时代大学生基本需求为基础，以"精准供给"为核心，以"精准考核"为推手，革新教与学之间的供给结构，优化教师供给内容，创新教学供给手段，提高"课程思政"课堂教学的精准度，从而协调推进"课程思政"课堂教学过程中思政教育的"供给"与学生"需求"之间的供需平衡和良性互动，落实"课程思政"课堂协同教育的合力作用。

如，在高中生物学科课程思政实施的过程中，可以采取榜样学习策略开展爱国主义教育，教师可以通过介绍为国家做出杰出贡献的科学作者及事迹帮助学生增强爱国信念，激发学习热情，树立远大理想。如在必修二序章"毕生追求的禾下乘凉梦"部分中，教师通过介绍袁隆平院士在杂交水稻研究方面的突出贡献，以及他禾下乘凉梦，培养学生将个人理想与社会、国家的发展紧密联系起来，形成正确的人生观和价值观。在"细胞中的糖类和脂质"一节中，创设"作为一名营养师，如何指导肥胖人群健康减肥"的情境，组织学生搜集有关食物营养成分的资料，制定合理的减脂食谱，引导学生关注身体健康，合理搭配饮食。而在课外活动中，生物教师可以通过校园种植活动，组织学生种植大豆、蚕豆和豌豆，观察豆科生根、开花、结果等生长过程，学生在种植劳动中，将理论与实践相联系起来。通过观察，了解豆科职务各组织的具体形态和生长规律，激发学生对生命的呵护、热爱之情，增强学生对自然的尊重和敬畏之情。此外，教师还可以结合教材内容组织学生观察校园植物的水平镶嵌和垂直分层现象，通过抽样方法估算草地上蒲公英的种群密度，观察池塘变水禽捕鱼的行为等，激发学生的学习兴趣，感受生命力的美好，珍惜生命。

又如，在高中地理课程思政的实施过程中，教师可以利用现代信息技术创设适当的课程思政教学情境，基于学生充分的思考空间，引导学生能够真实的生活经验中学习地理知识。以"人地协调"一课为例。课程思政渗透到地理情境教学中的思路如下：在不同天气的情境下，邀请学生亲身体验，设置一系列问题情境，引导学生思考该天气产生的原因，如何采取措施。让学生联系生活实际，表达和分享自己的看法，引导学生思考人地关系，树立正确的人地协调观。

再如，在高中语文课程思政的实施过程中，可以加强工匠精神的融入，激发学生的奋斗精神，促进学生创新思维的培养。以《喜看稻菽千重浪》课文教学为例，教师可以结合学生的认知特点，以"共和国勋章"为基础，来引入袁隆平的相关事迹。另外，学生在学习新闻评论《以工匠精神雕琢时代品质》后，可以让学生去自主思考什么是工匠精神，去具体分析工匠精神的时代内涵，树立劳动精神，促进学生德育素养的提高，为社会主义事业的建设而努力学习。

（三）健全保障评估机制，成就"育人"与"育才"的有机统一

推进课程思政建设不断走向深入，健全保障机制尤为重要。当前，普通高中课程思政建设整体呈现积极向好的态度，但也存在统筹不全、重视不足、定位不准、推进不实等问题，导致课程思政驱动不力、实效不强。因此，要从构建正向激励机制和评估考核机制双重维度切入，健全课程思政建设保障机制。

1. 建立健全正向激励机制

教育心理学认为，通过正向激励可以促进行为主体获得内部驱动，进而保持积极进取的状态，对于课程思政建设而言，建立和完善正向激励机制，有利于激发教师的潜在积极性。在目标激励方面，激励理论认为，人的思维和实践具有鲜明的目标指向性和目标驱动性。因此，课程思政建设要注重强化目标激励，明确任务和方向，既要注重目标设置的可行性、层次性，又要注重目标设置的递进性、可控性、促使教师激发工作动力、实现自我激励。在精神激励方面，要充分尊重教师的自尊心和人格尊严，增强教师的职业自豪感和职业认同感，虚心听取他们的批评建议，为教师创造方便的教学科研环境和条件，形成重视课程思政、尊重教师的良好氛围。同时要加大褒奖激励力度。紧紧围绕课程思政建设实效设置奖励办法，通过对优秀教师进行表扬和奖励使被褒奖者受到激励和鼓舞，是未受褒奖者及时向先进看齐。此外，要在发挥个人荣誉激励的同时，充分发挥集体荣誉的激励作用，通过表彰和奖励先进集体激发成员的集体意识和归属感，从而积极自觉地参与课程思政建设。精神激励以必要的精神激励为基础，二者相互配合才能发挥最大功效。因此，还要在教学津贴、绩效核算、评奖评先、职称评定等方面给予课程思政建设以倾斜性支持，设立专属课题和教育教学项目，使广大教师深切感受到精神激励的同时也获得相应的物质激励。

2. 建立健全评估考核机制

课程思政建设评估机制是围绕课程思政的组织设计、推进换届、育人成效等方面进行考核评估，是学校思想政治教育工作评价体系的构成部分，推进课程思政建设螺旋式上升、递进式发展，要通过建立健全主体性评价、过程性评价、实效性评价相结合考核评价体系，为课程思政建设营造积极健康的教育生态。从主体

性评价视角来看，教师是课程思政建设的主要实施者，对广大教师做出主体性评价是考察教师能否推进课程思政建设取得实效的必要环节。因此，要对广大教师的课程思政意识、教学内容、教学成效等做出定性分析和定量分析，对标检视教师在课程思政建设过程中的最大增量，要将课程思政成效纳入听课评课体系以及经常性的检查评比竞赛环节，分出优劣，激发教师竞争意识。从过程性评价视角看，要立足课程评价与教学质量评价的有机统一、学生评教与教师自评相接的有机统一，把体现课程思政实效的指标参数纳入课程思政建设质量的指标体系。注重将科研成果融入课程和教学，综合运用先量化评价，后质性评价的模式对融入效果做出系统、全面的评价，"防止标签化和功利化"，注重构建过程性效果反馈机制，对课程思政的建设过程做出整体性考核评估，推动师生实现全要素发展、全人格成长。从实效性评价的视角看，要把实效性与可持续性统一纳入课程思政建设质量评价体系。把"课程要素"能否发挥应有价值作为衡量课程思政建设质量的前提基础，把方式方法是否契合实际需要作为衡量课程思政建设质量的基本条件，把学生的满意度作为衡量课程思政建设质量的价值归宿，把课程思政的可持续性作为衡量课程思政建设质量的现实标准，坚持"量化评价和质性评价相结合"，"充分发挥评价的反馈改进作用"，通过构建以实效为导向的评估机制有效解决专业课程与思政课程"二元分立"的状态，真正实现"育人"与"育才"相统一。

3. 建立课程思政质量监控体系

首先是针对课堂教学的质量监控，建立起动态化检查制度。比如，可以通过课堂教学的参与度、课程思政的作业和练习、菜单式和任务驱动式实践教学以及志愿者活动的参与情况来进行跟踪评价。另外，充分运用教育大数据来监测学生的思政教育效果。比如高中阶段目前实施的综合素质评价，在各学科教学和活动中，来收集学生的各种信息和数据，可以从多个维度来测量学生的思政教育的质量和水平。

总之，课程思政作为学校的一项系统工程，必须加以整体构建。它涉及学校整体课程建设、课堂教学改革、教学评价改革等方面。涉及学校德育、教学，后勤和人事工作。如何让人、财、物等各种资源的有效使用，涉及学校的各项管理和综合改革。除了各种硬件条件的改善，各种保障供给的加强外，最大和最困难的是教师的观念和行为的转变，这又涉及学校的思想建设和教师专业发展。所以，必须发挥教育主体、客体、环体等要素的整体协同，充分调动教师、学生、家长积极性，充分利用好校内和校外的各种资源，坚持问题和目标的双重导向，推进高中新课程改革，推进高中育人方式的变革，实现教育教学方式的改革和创新，这样做才能提高学校思政教育和课程思政的质量和水平。